Rodolfo Amando Philippi

Aufzählung der chilenischen Dipteren

Rodolfo Amando Philippi

Aufzählung der chilenischen Dipteren

ISBN/EAN: 9783742891228

Hergestellt in Europa, USA, Kanada, Australien, Japan

Cover: Foto ©ninafisch / pixelio.de

Manufactured and distributed by brebook publishing software
(www.brebook.com)

Rodolfo Amando Philippi

Aufzählung der chilenischen Dipteren

Nemocera.

Culicides Latr.

1. Culex L.

1. *Culex flavipes* Macq. Gay VII. p. 332. t. 1. f. 1.

„Findet sich in den südlichen Provinzen." Mit gelben Schuppen auf den Flügeln, ist mir unbekannt.

2. *C. annuliferus* Blanch. Gay VII. p. 333.

„Coquimbo, Illapel." Ebenfalls mit gelben Schuppen auf den Flügeln, mir unbekannt.

3. *C. variegatus* Blanch. Gay VII. p. 333.

„Arqueros." Habe ich noch nicht gesehen.

4. *C. serotinus* Ph. C. rufo-fuscus, capite thoraceque piloso parce aureo-squamulosis; squamulis fuscis in alarum nervis; abdomine fusco, albido annulato; pedibus pallide fuscis, femorum basi albida. Long. 2⅓ lin.

Santiago, Valdivia usque ad mensem Majum captus, imo Junio h. c. initio hyemis.

Kopf und Rücken der Brust sind rothbraun, letztere mit aufrechten Härchen und sparsamen goldgelben Schüppchen bekleidet. Der Hinterleib ist bei den ♂ dunkelbraun, die Basis der Segmente mit silberweissen Schuppen bekleidet und so schön schwarz und weiss geringelt, bei den ♀ ist das Braun heller und der weisse Ring weniger auffallend. Die Schenkel sind an den Seiten weiss beschuppt, die Tarsen einfärbig, hellbraun. Der Rüssel ist gerade, die Beine nicht gewimpert.

5. *C. articularis* Ph. C. nigro-fuscus; thorace piloso et aureo-squamuloso; squamulis alarum fuscis (abdomine nigro et albo annulato?); pedibus fusco-griseis; basi femorum albida, apice femorum tibiarumque niveo; tarsis nigris. Long. 2½ lin.

Prope Corral cepi.

Dunkler als die vorhergehende Art und namentlich durch die schwarzen Tarsen und die silberweissen Spitzen der Schenkel und Schienen sogleich zu unterscheiden.

6. *C. vittatus* Ph. C. fuscus; thorace pilis destituto, densissime aureo-squamuloso; abdomine albo annulato vittaque media alba ornato; squamulis alarum fuscis; pedibus pallide fuscis, apice femorum tibiarumque nigricante; tarsis unicoloribus. Long. 2½ lin.

Feminas duas servo, prope Santiago lectas.

Kopf und Brustrücken sind ganz dicht mit goldgelben Schüppchen bekleidet, wogegen die Härchen auf dem Rücken selbst fehlen und auch an den Seiten weniger merklich sind, als bei der vorigen Art. Die Flügel sind wie bei den vorhergehenden Arten, d. h. farblos mit braunen Adern und diese mit graubraunen Schuppen besetzt. Sehr ausgezeichnet ist die silberweisse Längsbinde auf dem Hinterleib. Die Basis der Tarsenglieder ist heller, bei einem Exemplare weiss. Die Borsten der Hinterbrust sind hellgelb.

7. *C. apicinus* Ph. C. nigro-fuscus; capite et thorace piloso densissime aureo-squamulosis; abdomine albo-annulato; squamis alarum fuscis; genubus, apice tibiarum omniumque tarsi articulorum niveis. Long. 2½ lin.

Prope Santiago occurrit.

Der Mangel des weissen Streifens auf dem Rücken des Hinterleibes und die stark behaarte Brust würden diese Art sogleich von der vorigen unterscheiden, selbst wenn die Beine fehlten, welche durch die silberweissen Punkte am Ende sämmtlicher Glieder der Beine sehr auffallen. Die Haare der Hinterbrust sind braun, der Rüssel gerade, die Beine nicht gewimpert.

8. *C. pictipennis* Ph. C. niger; antennis pallide cinereis, apice nigris; alis hyalinis antice maculis nigris ornatis; pedibus cinereis, tarsis (saltem ♂) longissimis, nigris, albo annulatis. Long. fere 3 lin.

Julio 1859 ♂ in domo mea cepi, Sept. 1863 alium in prov. Aconcagua.

Der Brustrücken ist mit schneeweissen Härchen spärlich bekleidet, der Hinterrücken bei beiden Exemplaren kahl (ob zufällig?). Am Vorderrand der Flügel sind zwei grössere schwärzliche Flecken durch einen milchweissen Fleck getrennt und ausserdem kleinere, punktförmige schwarze Fleckchen. Die Beine sind auffallend fein, die Tarsen der Hinterbeine reichlich zwei Mal so lang als ihre Schienen, am Grunde hellbraun, in der Mitte mit einem schwarzen Ring, vor welchem ein schmälerer, weisser ist, der Spitzentheil hinter dem schwarzen Ring ganz weiss. Schwinger schwarz. *C. variegatus* Bl. hat ähnliche Flügel, aber eine rothgelbe Brust mit braunen Striemen und die Spitze sämmtlicher Glieder der Beine ist schwärzlich.

9. *C. marmoratus* Ph. C. griseo-fuscus; abdomine fusco et albo marmorato; squamis alarum fuscis; pedibus pallide fuscis, concoloribus. Long. 3 lin., extens. alar. 4½ lin.

Ubi proveniat oblitus sum.

Ich besitze zwei Männchen und ein Weibchen. Rüssel, Palpen, Fühler, Beine sind blass, bräunlich grau; die Brust ist etwas dunkler; mit anliegenden Schüppchen bekleidet, aber, wie es scheint, ohne aufrecht stehende Haare. Der Hinterleib ist hellbraun, mit feinen dunklen Pünktchen und etwas grösseren, weissen Fleckchen marmorirt, von denen je einer auf jeder Seite der Segmente besonders auffällt. Die Taster des Männchens sind sehr lang behaart und seine Hinterbeine lang gewimpert.

2. Anopheles Meig.

Anopheles *annuliventris* Blanch. Gay VII. p. 334.
„Von Valdivia," ist mir noch nicht vorgekommen.

3. Plettusa Ph. [1]). *qt. virescens (Coq. 1910)*

Oculi ovati, integri. Ocelli nulli. Antennae in utroque sexu conformes, caput cum thorace aequantes, 14 articulatae, moniliformes, verticillatim pilosae. Proboscis filiformis, elongata, ut in Culice, sed palpi rudimentarii. Alae cellulis marginalibus duabus, discoidali, submarginali unica, posticis quatuor, anali, axillari et spuria munitae, omnino ut in Tipula, sed cellulae posticae omnes sessiles. Pedes elongati, tenues, ecalcarati, tenuissime pubescentes.

Ein sonderbares Geschlecht, welches den Rüssel von *Culex* mit den Flügeln von *Tipula* vereint und von allen durch rudimentäre, eingliedrige, nach unten gerichtete Palpen abweicht. Ich kann nicht sagen, ob sie Blut saugen oder nicht. Sollten wohl bei *Tipula* stehen.

1. *Plettusa* *virescens* Ph. Pl. antennis, corpore pedibusque pallide viridibus; oculis nigris; proboscide nigricante; thoracis vittis tribus, halteribus coxisque laete viridibus, vitta dorsali abdominis fusca; alarum hyalinarum venis viridibus. — Long. corp. 3½ — 4 lin., ext. alor. fere 11 lin.

---

[1]) πληττω stechen, die Stechende.

In praedio meo Valdiviano Januario 1860 ♀ cepi.

Der Kopf ist oben mit weisslichen Härchen bekleidet, sonst ist die
Mücke ziemlich kahl. Die beiden ersten Fühlerglieder sind dicker als die
übrigen, die ziemlich gleich lang sind und allmälig an Dicke abnehmen;
das letzte Glied ist länglich eiförmig, spitz. Der Rüssel ist anderthalbmal so lang als die Fühler. Die Mediastinalzelle der Flügel ist sehr
deutlich. Schwinger grün.

2. *Pl. testacea* Ph. Pl. antennis, capite, corpore, pedibusque testaceis; proboscide oculisque nigris; alarum hyalinarum nervis testaceis. —
Long. 3 lin., extens. alar. 8½ lin.

Pariter in praedio meo inveni.

Ich habe zwei Weibchen, dem einen fehlt der Hinterleib grösstentheils, die Mediastinalzelle ist kaum zu unterscheiden. Schwinger schalgelb.

3. *Pl. fulvithorax* Ph. Pl. oculis antennisque nigris; proboscide,
abdomine, pedibus fusco-griseis; dorso thoracis laete fulvo, nigro univittato; capite, coxis et lamina supraanali ♀ fulvis; alis hyalinis, nervis
fuscis, macula stigmatica pallide cinerea. — Long. corp. 3⅓ lin., extens.
alar. 7 lin. E prov. Valdivia.

In demselben Jahre, in welchem ich die beiden vorigen Arten fing,
fing ich von dieser ebenfalls zwei Weibchen. Die Schwinger sind hellbraun. Eine breite braune Binde trennt die rothgelben Hüften von dem
rothgelben Brustrücken.

4. *Pl. stigmatica* Ph. Pl. antennis, oculis, proboscide nigris; capite,
pedibus, abdomine nigricantibus; thorace rufo, nigro univittato; alis hyalinis, nervis fuscis, macula stigmatica pallide fusca. — Long 3 lin., extens.
alar. 7 lin.

In colli S. Cristoval prope Santiago cepi.

Der vorigen Art durch die röthliche Brust mit schwarzer Strieme
und die Flügel ähnlich, allein Kopf und Hüften sind grau, der Rüssel
dunkler etc.

Tipulariae culiciformes Meig.

1. Chironomus Fabr. Meig.

Von diesem Geschlecht führt B l a n c h a r d bei G a y folgende
Arten auf:

1. *Chironomus maculipennis* Bl. Gay VII. p. 335.

„Von la Serena."

2. *Ch. pallidulus* Blanch. Gay VII. p. 335.

„Von Coquimbo." Ich rechne hierher eine bei Santiago häufige Art,
die jedoch gewöhnlich 2½, nicht 2 Linien lang ist, und bei der die Fühler
oft deutlich weiss und braun geringelt sind. Schwinger weiss.

3. **Ch.** *obscurellus* Blanch. Gay. VII. p. 336.

„Von Coquimbo."

4. **Ch.** *tessellatus* Blanch. l. c. p. 336.

Ohne Angabe des Fundortes; jeder Flügel mit zwei braunen Flecken. Findet sich bei Santiago. Schwinger sind weiss, die Flügelränder lang und dicht gewimpert, wenigstens beim ♂.

5. **Ch.** *articuliferus* Blanch. l. c. p. 336.

„Von den mittleren Provinzen." Mir unbekannt.

Das Museum besitzt folgende 11 unbeschriebene Arten.

6. **Ch.** *pictipennis* Ph. Ch. niger; dorso thoracis cinereo, fusco-tri-vittato; scutello pallido; alis hyalinis, utraque maculis circa 14 fuscis ornata; pedibus fuscis ad extremitatem articulorum nigricantibus. — Long. 2½ lin.

Prope Santiago.

Die Augen sind tiefschwarz, die Fühler schwärzlich. Der Hinterleib ist mattschwarz, mit weisslichen Rändern der Segmente. — *Ch. maculi-pennis* Bl. soll den Hinterleib von blasser Farbe auf jedem Segmente mit drei schwarzen Flecken verziert und nur 7 Flecken auf jedem Flügel haben. Die Schwinger sind braun mit weissem Stiele.

7. **Ch.** *punctulatus* Ph. Ch. capite thoraceque fuscis; abdomine, alisque albis, nigro-punctatis; pedibus eburneis nigro-annulatis. — Long. 2¼ lin.

In prov. Valdivia nec non prope Catemu in prov. Aconcagua cepi.

Scheint über den grössten Theil Chile's verbreitet, aber überall selten zu sein, und ist eine höchst zierliche Art. Die Fühler sind weisslich, ihr erstes sehr dickes Glied aber sowie die Augen schwarz. Die Palpen sind braun. Der Hinterleib ist weiss und hat auf jedem Segment drei schwarze Flecken (wie *Ch. maculipennis*), von denen der mittlere der grösste ist; auf den letzten Segmenten fliessen dieselben beinahe zu Querbändern zusammen. Jeder Flügel hat etwa 14 schwärzliche Punkte, wie die vorhergehende Art, allein die Beine sind sehr hübsch; die Grundfarbe ist ein reines Weiss; die Schenkel haben vor der Spitze einen schwarzen Ring, die Schienen zwei schwarze Ringe und eine schwarze Spitze, das erste Tarsenglied einen schwarzen Ring und eine schwarze Spitze, die folgenden Tarsenglieder eine schwarze Spitze. — Die Schwinger sind schneeweiss.

8. **Ch.** *eburneo-cinctus* Ph. Ch. corpore omnino atro; alis hyalinis, nervo transversali atro, maculis 5 pallide fuscis in nervis longitudinalibus; pedibus atris, annulo tibiarum eburneo. — Long. 1½ lin.

E prov. Santiago.

Es liegen zwei Weibchen dieser leicht kenntlichen Art vor. Die Schwinger sind weiss.

9. **Ch. balteatus** Ph. Ch. corpore aterrimo, nitidissimo, segmento quarto abdominis niveo; alis hyalinis; pedibus nigris; basi femorum et annulo tibiarum anticarum pallidis. — Long. 1⅔ lin.

Prope Santiago cepi.

Auch die Fühler und die Haare des Federbusches beim ♂ sind schwarz; die Basis der Schenkel ist weisslich, der blasse Ring der Vorderschienen fällt bisweilen wenig auf. Die Schwinger sind weiss.

10. **Ch. lacteo-cinctus** Ph. Ch. corpore omnino atro; alis hyalinis, immaculatis, nervo transversali atro; pedibus atris, annulo tibiarum eburneo. — Long. fere 2 lin.

Prope Santiago legi.

Ich habe zwei Männchen vor Augen. Die Fühler sammt Federbusch sind schwarz; Körper und Beine ganz wie bei *Ch. eburneo-cinctus*, allein keine Spur von schwärzlichen Flecken auf den Flügeln. Die Schwinger sind ebenfalls weiss.

11. **Ch. carbo** Ph. Ch. capite corporeque aterrimis; alis omnino hyalinis; pedibus nigro-fuscis, halteribus nigris. — Long. 1⅓ lin.

E prov. Santiago.

Ein Männchen. Der Federbusch ist ganz schwarz; die Brust kohlschwarz aber sehr glänzend.

12. **Ch. melas** Ph. Ch. capite et parte antica thoracis virescentibus; vittis tribus et parte postica thoracis nec non abdomine atris; alis omnino hyalinis; halteribus albis; pedibus fuscis. — Long. 1⅔ lin.

Von Santiago.

Die Fühler und die Augen sind schwarz und fällt der helle grünliche Kopf sehr auf, ebenso die grünliche Farbe der Vorderbrust mit ihren drei schwarzen Striemen; die Schwinger sind weiss.

13. **Ch. pica** Ph. Ch. corpore nigro: alis omnino hyalinis: antennis pedibusque albidis. — Long. 1½ lin.

Von Santiago und Catemu in der Prov. Aconcagua.

Der vorigen Art sehr ähnlich, aber selbst im Leben ist Kopf und Vorderbrust schwärzlich, und die weisslichen Fühler und Beine unterscheiden diese Art auch nach dem Tode ohne Schwierigkeit. Schwinger weiss.

14. **Ch. delicatulus** Ph. Ch. corpore omnino pallide testaceo: alis hyalinis; pedibus anticis, tarsisque omnibus fuscis. Long. 1¼ lin.

Santiago, in domo mea cepi.

Die Fühler sind schwärzlich, die Augen kohlschwarz. Auf der Brust erkennt man, wenn man genau zusieht, die blassbraunen Striemen. Die Schwinger sind weiss.

15. **Ch. holochlorus.** Ph. Ch. corpore, antennis, palpis, pedibusque pallide viridibus; alis omnino hyalinis. — Long. 1⅓ lin.

E prov. Santiago.

Die Brust hat wahrscheinlich hellbraune Striemen, sonst ist sie wie Kopf und Hinterleib von einem schönen, reinen Hellgrün. Fühler, Palpen und Beine sind mehr grünlich gelb; die Schwinger weiss.

16. **Ch .cinereus** Ph. Ch. pallide fusco-griseus; thorace obsolete fusco-vittato, abdomine nigro- et albo-articulato; alis hyalinis; pedibus albidis, hirsutissimis. — Long. 2 lin.

Prope Catemu in prov. Aconcagua ♂ cepi.

Auch die Fühler sind grau. Jedes Segment des Hinterleibes hat eigentlich drei dreieckige dunkelbraune an der Basis zusammenfliessende Flecke, von denen der mittlere mit seiner Spitze bis nahe an den Hinterrand reicht. Sämmtliche Adern der Flügel sind blass; die Schwinger weiss. — Von *Ch. pallidulus* durch mindere Grösse, die drei spitzigen schwarzen Binden des Hinterleibes, die blassen Flügeladern verschieden, (bei *Ch. pallidulus* sind die ersten beiden Längsadern braun und die Querader schwarz, wenn ich anders die Blanchard'sche Art richtig erkannt habe), sowie durch die stark behaarten Beine.

2. Ceratopogon Meig.

Ceratopogon chilensis Ph. C. omnino ater; pedibus nigro-fuscis, tarsis pallidis; femoribus inermibus; alis hyalinis, macula stigmaticali elongata, pallide fusca, nervisque primis longitudinalibus in parte interiore nigris, reliquis pallidis. — Long. 1⅓ lin.

Prope Santiago cepi.

Ein Männchen. Die Fühler sind ganz von *Ceratopogon*, aber die Flügeladern weichen etwas ab, indem die ersten Adern kaum die halbe Flügellänge haben. Sie sind durch einen weisslichen Fleck von dem blassbraunen Randmal geschieden.

Folgende kleine Fliege scheint mir ein neues Genus bilden zu müssen. Ich kenne zwar nur ein weibliches Exemplar, allein schon die Bildung der Flügel reicht hin, dasselbe von allen andern verwandten Geschlechtern zu unterscheiden. Es scheint mir am meisten mit *Chironomus* verwandt, und daher nenne ich es *Podonomus*.

3. Podonomus [1]) Ph.

Thorax supra caput valde prominens. Antennae ♂..., ♀ breves, subcylindricae, verticillatim longe pilosae 8 (?) articulatae, articulo ultimo antecedentes duos vel tres aequante. Palpi.... Alae cellulis basalibus duabus aequalibus, cellula marginali et quatuor posticis subaequalibus, anali et axillari imperfecte separatis. Pedes elongati, aequales; tarsi elongati, articulus primus tibiam subaequans, secundus dimidium primi aequat, reliqui breves aequales.

---

[1]) πούς Fuss, νωμάω bewegen.

Podonomus *stigmaticus* Ph. P. capite, corporeque nigris; antennis pedibusque pallide fuscis; alis hyalinis, macula stigmaticali oblique fusca. Long. corp. vix 1 lin., extens. alar. 2¼ lin.

Ignoro locum ubi cepi.

Die Flügel sind im Verhältnisse zum Körper weit länger als bei *Chironomus*, und auch breiter, stark gewimpert, namentlich am Hinterrande, ihre Adern braun. Der schmale braune Stigmafleck verläuft schräg von der zweiten Ader bis zur Spitze der ersten. — Die Fühlerglieder sind schwer zu unterscheiden, und möglicherweise sind nur 6 wie bei *Chironomus* vorhanden, allein dann müssten die mittleren Glieder von ungleicher Länge sein, was nicht wahrscheinlich ist.

Tipulariae terricolae Latr.

1. Ctedonia [1]) Ph.

Caput parvum, globosum, postice attenuatum, antice in rostrum horizontale, crassum productum. Oculi globosi, satis distantes. Ocelli nulli. Antennae circa ¾ longitudinis unitae capitis et thoracis aequantes, 15 ad 24 articulatae! articulus primus crassus, cylindricus, secundus tertiam partem primi aequans, subglobosus; sequentes octo (vel duodecim) cylindrici, subaequales, filamentum gerentes, et pectinem formantes, et quidem dens tertii extrorsus, brevis, articulo quarto dens extrorsus et alius introrsus, articulis 5, 6, 7, 8, 9, 10 et pluribus dens introrsus longus, articulo 11 dens brevis introrsus; articuli 9 sequentes cylindrici, aegre distinguendi. Palpi quadri-articulati, articulis cylindricis, quartus crassiusculus, satis brevis, etsi tertium paullo superans. Alae fere omnino ut in Tipula, sed cellula stigmatica longior, cellulae submarginales duae, prima elongata, breviter petiolata; (cellulae marginales duae, posticae quinque etc.). Pedes ut in Tipulis, tibiae apice bicalcaratae.

Dieses Geschlecht unterscheidet sich von *Ctenophora*, woran die gekämmten Fühler erinnern, durch zwanziggliederige, auch beim Weibchen gekämmte Fühler und kurzes Endglied der Palpen; von *Ozodicera* durch zwanziggliederige Fühler, die neun Zähne (nicht bloss 6) tragen, gestielte zweite Hinterzelle etc.; von *Rhipidia* durch einseitig gekämmte Fühler, fünf Hinterzellen etc.

1. ***Ctedonia*** *flavipennis* Ph. Ct. corpore griseo; capite nigricante; alis flavicantibus, macula stigmaticali pallide fusca; pedibus flavicantibus, femoribus ante apicem fuscis. — Long. corp. 10 lin., extens. alar. 17 lin.

Ad lacum Ranco in prov. Valdivia ♀ cepi.

---

[1]) Von κτηδών der Kamm.

Der Kopf ist schwärzlich grau, die Augen dunkel rothbraun, die 22gliedrigen Fühler und die Palpen beinahe schwarz. Die Brust ist hellgrau, ins Gelbliche ziehend, mit braunen Striemen, der Hinterleib aschgrau. Die Flügel sind gelblich, die Adern gelbbraun, ziemlich hell; die Schwinger aschgrau. Die Beine sind hell braungelb mit schwärzlichem Ring vor dem Knieende der Schenkel. ⎯ q/t. (Enderlein 1917)

2. **Ct.** *bicolor* Ph. Ct. capite cum antennis palpisque, pectore cum coxis, apice abdominis, tibiis tarsisque atris; abdomine reliquo femoribusque luteis; alis e luteo-fuscis. — Long. corp. ♂. 7 lin., extens alar. 14 lin.

Specimen prope Corral lectum servo.

Die Fühler dieser Art haben 24 Glieder, von denen 12 innen kammartige Fortsätze, 2 dergleichen aussen haben.

3. **Ct.** *pictipennis* Ph. Ct. corpore griseo; abdomine ♀ supra in omnibus segmentis vittis duabus abbreviatis, obliquis, albidis notato; alis fusco nubeculosis; pedibus fuscis, basi femorum tibiarumque pallidiore. — Long. corp. 8 lin., extens. alar. 14 lin.

In praedio meo Valdiviano feminam cepi.

Der Kopf ist graubraun, die Gegend um den Ursprung der Fühler herum rostroth. Die Fühler sind schwarzgrau, 22gliedrig. Die Brust ist hellgrau mit zwei schwarzen, dreieckigen Flecken im Vordertheil, und zeigt die gewöhnlichen braunen Striemen, aber wenig deutlich. Der Hinterleib ist aschgrau mit zwei schrägen, weisslichen Streifen auf jedem Ringe, die namentlich auf den vier mittleren sehr auffallen. Die Flügel sind wasserhell mit graubraunen Wolken; die Beine dunkler und kürzer als bei *Ct. flavipennis*.

4. **Ct.** *bipunctata* Ph. Ct. ♂ corpore griseo; thorace fusco-vittato; abdomine immaculato; alis hyalinis, nigro-bimaculatis; pedibus pallide fuscis. — Long. 4 lin., extens. alar. 7½.

? ♀ alis rudimentariis; antennis serratis; pedibus brevioribus, crassioribus, fulvis. Long. cum terebra 5½ lin.

In praedio meo, loco Pantanos dicto, cepi.

Beim ♂ sind Palpen und Fühler braun, letztere nur 15gliedrig, mit 7 Kammfäden auf der Innenseite und 2 auf der Aussenseite. Am Anfang der Mittelbrust zwei vertiefte schwarze Flecken, in denen sich die Stigmata öffnen. Der kleinere schwarze Fleck der Flügel ist auf der innersten Querader, der andere, weit grössere, reicht von der Discoidalzelle bis zum Randmal.

Das Insekt, welches ich auf denselben Sträuchern und an demselben Tage fing, und daher geneigt bin, für das Weibchen dieser Art zu halten, hat ebenfalls 15gliedrige graue Fühler, an denen das 5., 6., 7., 8., 9. Glied nach innen einen grossen Zahn absenden, so dass dieser Theil des Fühlers gesägt erscheint. Die Flügel sind blosse Stummel, kaum 1 Linie lang. Die Legeröhre ist lang, rothgelb, etwas säbelförmig nach oben gekrümmt. Die Beine sind im Verhältniss dicker und mehr gelb.

2. Tipula L.

Bei Gay VII., p. 337 sq. finden wir von Blanchard folgende drei Arten als chilenisch aufgeführt:

1. *Tipula rufostigmosa* Macq. l. c. p. 337, t. 1. f. 3 ala. „Concepcion." Mir unbekannt.

2. *T. albifasciata* Macq. p. 338. „Provinciae centrales." Mir unbekannt.

3. *T. trimaculata* Macq. p. 338. t. 1. f. 2. Blanchard zweifelt, dass diese Art von Chile sei.

Das Museum besitzt keine dieser Arten, wohl aber folgende zehn andere:

4. *T. decorata* Ph. T. capite ferrugineo; oculis, antennis, palpis nigris; thorace albido, fusco-vittato; abdomine luteo in ♂ fusco-annulato, in ♀ ad latera fusco-maculato; pedibus fulvo-fuscis; alarum nervis fere omnibus fusco-marginatis, macula stigmaticali et apice cellulae submarginalis infuscatis. — Long. corp. in ♀ usque ad 16 lin., et tunc extens. alar. 30 lin.

In omni Chile satis frequens, Illapel, Santiago, Valdivia.

Die Fühler sind kaum viel länger als die Schnauze und kurz oberhalb ihres Ursprunges ist ein auffallender Höcker. An den Seiten der Brust verläuft von Kopf bis zum Ursprung der Flügel eine weisse, oben orangegelb eingefasste Binde. Die Queradern an der Flügelwurzel sind weiss, die Schwinger braun. Die Schenkel sind ziemlich gelb, an der Spitze schwärzlich, ebenso die Schienen; die Tarsen sind braungrau.

5. *T. glaphyroptera* Ph. T. capite cinereo; antennis apice cinereis basi ferrugineis medio luteis nigro-annulatis; thorace fusco-cinereo, strigis albidis variegato; abdomine flavescente, linea mediana maculisque lateralibus nigris; pedibus pallide fuscis, apice femorum tibiarumque nigris; alis infumatis, maculis hyalinis aliisque obscuris secus nervos pictis. — Long. ♀ 10 lin., ♂ 7½ lin.

In prov. Valdivia prope Santiago etc.

Die ersten drei Fühlerglieder sind gelb, die folgenden vier gelb mit schwarzem Grund, was den Fühlern, namentlich beim Männchen, ein sehr hübsches Ansehen gibt; die Taster sind beinahe schwarz. Die Mittelstrieme des Brustrückens ist durch zwei weisse Längslinien getheilt. Der Hinterleib ist beim lebenden ♂ hell bräunlich gelb, mit schmaler schwärzlicher Rückenlinie und einer schwärzlichen Linie auf jeder Seite, auch sind die letzten Segmente bis auf die Afterklappe schwärzlich. Beim ♀ erscheint der Hinterleib fast grau und die Zeichnung ist undeutlich. Die Flügel sind recht bunt. Ein ziemlich grosser graubrauner Fleck hat das Randmal in der Mitte, darauf folgt ein wasserheller oder weisser Fleck, welcher von der Discoidalzelle incl. bis zum Vorderrand reicht. Die äusserste Spitze der ersten hinteren Zelle ist ebenfalls weiss, ebenso ein Fleck in der zweiten Basilarzelle nicht weit von den hinteren Zellen, zwei kleinere in der Analzelle, einer in der Mitte der ersten Basilarzelle, hart an deren vorderem Rand und eingefasst von zwei schwärzlichen Flecken. Schwinger braun.

Var. a. Die Zeichnung der Flügel ist beinahe verloschen. Die eigenthümlichen Fühler lassen immer diese Varietät sicher von anderen chilenischen Tipulararten unterscheiden.

6. *T. subandina* Ph. T. capite cinereo; antennarum articulis basalibus testaceis, reliquis nigrescentibus; thorace cinereo, fusco-vittato; abdomine luteo-testaceo, lineis tribus nigris ornato; pedibus pallide fuscis, ad genu nigricantibus; alis pallide fuscis, guttis hyalinis et ad nervum marginalem guttis tribus fuscis. — Long. ♀ 8 lin., ♂ 6 lin.

Ad radicem Andium in prov. Santiago, nec non in prov. Aconcagua inveni.

Der Kopf ist hell mäusegrau mit einem braunen Fleck auf seinem Scheitel. Fühler und Taster sind kürzer und dunkler als bei der vorhergehenden Art, und die Flügel sind bei genauer Betrachtung sehr verschieden. Weisse Tropfen finden sich hinter dem bräunlichen Stigmafleck, am Ende der Submarginalzelle, sämmtlicher hinteren Zellen, der Analzelle, zwei an der Axillarzelle und zwei hart am Flügelrand, ferner am Anfang der ersten hintern Zelle, in der Discoidalzelle und in jeder der Basilarzellen, sowie vor dem Randmal.

7. *T. concinna* Ph. T. capite luteo; antennis palpisque nigris; thorace fusco, lateribus flavo; scutello luteo, abdomine luteo, apice fusco; alis valde infumatis, lunula gemina alba ante apicem ornatis. — Long. ♂ 6 lin., extens. alar. 17 lin.

Specimen prope Corral captum in Museo servatur.

Die Fühler sind mit Ausnahme des ersten Gliedes kahl und nur 11- oder 12gliedrig. Das vierte Glied der Taster ist zwar dünner aber kürzer als das dritte. Die Flügel sind genau wie bei *Tipula*. Das Randmal und die vordere Marginalzelle sind braun, und davor ist ein kleines wasserhelles Fleckchen. Die erste Hälfte der zweiten Marginalzelle ist ebenfalls wasserhell. Der zweite wasserhelle Fleck nimmt die Basalhälfte der dritten hinteren Zelle und ein Stück der ersten, sowie der vierten ein. Die Adern der zweiten Basilarzelle sind in der zweiten Hälfte mit einem fast schwarzen Saum eingefasst.

8. *T. annulipes* Ph. T. capite, palpis, antennisque nigris; thorace atro, nitidissimo, antice lateribusque flavo-marginato; abdomine luteo, medio nigro-lineato et albo-bivittato; tibiis nigris, medio albo-annulatis;

alis hyalinis, ad marginem anticum subnigris, macula stigmaticali nigra, ad apicem marginemque posticum subinfuscatis. — Long. corp. 10 lin.

In prov. Valdivia ♀ ornat. Landbeck invenit.

In den Fühlern finde ich, so viel ich auch zählen mag, wie bei der vorigen Art, nur 11 oder 12 Glieder. Die erste Zelle der Flügel ist schwärzlich, ebenso das Randmal, die erste Marginalzelle und die Basis der Submarginalzelle, auch die Queradern der Flügelwurzel. Das Schildchen ist braun mit gelblichem Rande; der Hinterleib gelb mit schwarzen Rändern der Segmente und einer schwarzen Mittellinie auf den ersten, während die folgenden jederseits eine gelbe (?) weissschimmernde, durch den schwarzen Hinterrand unterbrochene Strieme zeigen. Die Schenkel sind braungelb mit schwarzer Spitze und einem helleren Ring vor derselben; die Tarsen schwarz. Der breite weisse Ring der schwarzen Schienen fällt sehr auf.

9. **T. Paulseni** Ph. T. capite, thorace fuscovittato, abdomineque cinereis; rostro antennoisque testaceis; pedibus e fusco-fulvis; alis hyalinis, margine antico stigmateque flavescentibus. — Long. ♀ usque ad 12 lin.

Prope Santiago invenit orn. F. Paulsen, mecumque communicavit.

Der Kopf ist oben röthlich aschgrau, der Rüssel gelblich, besonders an den Seiten, die Taster schwärzlich. Die Beine sind bräunlich gelb mit dunkleren Gelenken. Der blassgelbe Stigmafleck nimmt die äussere Hälfte der ersten Marginalzelle ein. Die stärkeren Adern sind gelb. — Bei einem etwas kleineren, von mir in Valdivia gefangenen Weibchen ist der Hinterleib nicht einfärbig aschgrau, sondern gelb mit schwarzer Rückenlinie, sonst kann ich keinen Unterschied finden.

10. **T. valdiviana** Ph. T. testacea; thorace nigro-vittato; abdomine vitta mediana nigra ornato; antennis palpisque nigris; alis vix infumatis macula stigmaticali pallida; pedibus pallide fuscis. — Long. 6 lin.

In prov. Valdivia ut videtur satis frequens.

Die schwarzen Striemen auf der gelben Brust fallen sehr auf. Das Schildchen ist blassgelb, seine senkrecht abfallenden Ränder aber bräunlich. Das Hinterschildchen hat zwei braune Striemen.

11. **T. apterogyne** Ph. T. ♂ prothorace cinereo, fusco-vittato; abdomine flavescente lineis tribus longitudinalibus nigris ornato; antennis fuscis, ⅔ longitudinis corporis superantibus; alis hyalinis, nervis anguste nigro-limbatis; pedibus fuscis; ♀ aptera. — Long. 4—6 lin.

In Prov. Valdivia et prope Santiago semel ♂ cepi; ♀ mihi ignota remansit, sed ab orn. F. Paulsen detecta est.

Männchen. Der Kopf ist aschgrau, die beiden ersten Fühlerglieder hell, gelblich, die Palpen braun, das zweite und dritte Glied verdickt. Die dunkelbraune Mittelstrieme fällt auf dem hellaschgrauen Brustrücken sehr auf; die Seitenstriemen gehen bis zum Ursprung der Flügel und sind, von oben gesehen, wenig sichtbar. Die Länge der Fühler ist sehr abweichend und die einzelnen Glieder derselben sind cylindrisch, ganz wie bei *Cylindrotoma* Macq., allein sonst finde ich keinen Unterschied von *Tipula*, namentlich nicht in den Flügeladern; es sind fünf hintere Zellen vorhanden, von denen die zweite gestielt ist.

Das Weibchen ist sehr abweichend. Die Fühler sind kaum halb so lang als beim Männchen, indem die einzelnen Glieder vom dritten an höchstens halb so lang sind, das zweite und dritte Palpenglied sind sehr auffallend verdickt. Der Brustrücken ist graubraun und die Striemen sind undeutlich; die schwarze Rückenlinie des Hinterleibes ist oft undeutlich. Statt der Flügel sind nur kurze, ⅔ Linien lange Stummel vorhanden, wogegen die Schwingkölbchen kaum kürzer als beim Männchen sind. Die Beine, welche ziemlich einfärbig braun sind, sind dagegen auffallend kürzer und kräftiger, die Schenkel kaum halb so lang, und Schienen und selbst Tarsen kaum länger als die Schenkel. — Die Gestalt der Fühler unterscheidet das Weibchen auf den ersten Blick von dem gleichfalls ungeflügelten Weibchen der *Ctedonia bipunctata* Ph.

12. *T. vittigera* Ph. T. capite fulvo; thorace in parte antica rufo, vittis tribus albidis, in postica cinereo, fusco-univittato; abdomine fulvo, linea mediana fusca, in parte postica segmentorum fuscescente; alis pallide ferrugineo-fuscis, nervis interno-medio et axillari in parte postica fusco-limbatis; pedibus e fusco fulvis. — Long. ♀ 12½ lin., extens. alar. 26 lin.

In prov. Valdivia Januario 1864 feminam cepi.

Die Fühler fehlen, ihre ersten Glieder sind hell, gelblich braun, ebenso die Taster. Von den weisslichen Streifen der Brust ist der mittlere eine schmale Linie; die seitlichen sind vorn linienförmig, werden aber nach hinten etwas breiter. Eine breite, weissliche, oben orangegelb eingefasste Strieme verläuft auf jeder Seite bis zum Ursprung der Flügel. Die untere Hälfte der Brust und die Hüften sind hellbraun. Die blassbraune Farbe der Flügel zeichnet diese Art auf den ersten Blick vor allen andern chilenischen aus. Auffallend ist ein kleiner oblonger, weisser, schwärzlich gesäumter Fleck, dessen Diagonale die Basalader der Discoidalzelle ist.

13. *T. flavipennis* Ph. T. fronte flava; antennarum basi nigra; thorace supra fusco; abdomine fusco, unicolore; alarum flavescentium nervis luteis; pedibus pallide luteis; apice femorum fusco. — Long. 10 lin., extens. alar. 19 lin.

In prov. Valdivia marem cepi.

Leider fehlt die Spitze der Fühler und alle Beine sind beschädigt. Der Scheitel ist dunkelbraun, aber die Stirn gelb, das erste Fühlerglied ist dunkelbraun, das zweite ist kugelig und so dick oder noch dicker als das erste. Die Striemen des Brustrückens fallen wenig auf; die Seiten sind hell, röthlich gelb. Schildchen und Hinterschildchen sind blass, bräunlich gelb;

der Hinterleib ist oben und unten braungrau. Hüften und Trochantere sind sehr hell, fast weisslich; die Spitze der Schienen und die Tarsen fehlen. Die Flügel sind blassgelb, die Adern kaum dunkler als die Flügelhaut; eine besondere Stigmazelle fehlt, und das Randmal ist wenig auffallend: die zweite hintere Zelle ist gestielt. Schwinger sehr blass braun.

3. Polymoria [1]) Ph.

Caput in proboscidem productum, ut in Tipula. Palporum articulus peunltimus crassus, ultimus tenuis. Antennae breves, 16. articulatae; articulus primus elongatus, cylindricus, crassus; secundus crassus, subglobosus; reliqui sensim crassitie decrescentes, breves, longe pilosae. Alae cellulis porticis sex, tertia pedicellata; nervis, apicalibus praesertim, pilosis. Caeterum Tipulis similis.

Von allen andern Geschlechtern durch die grosse Zahl der hinteren Zellen, die behaarten Fühler etc. leicht zu unterscheiden.

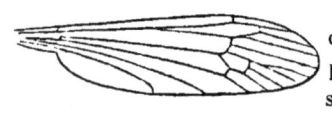

Polymoria lutea Ph. P. corpore pedibusque luteo-fulvis; capite griseo, antennis palpisque nigris; alis lutescentibus, macula stigmaticali fusca, utrinque gutta hyalina cincta. Long. corp. 4⅓ lin., extens. alar. fere 11 lin.

E prov. Valdivia ♂ attuli.

Der Kopf ist grau, auf dem Scheitel lang behaart; die Brust rothgelb, mit rothbraunen nicht sehr in die Augen fallenden Striemen; der Hinterleib braungelb. Die Flügel sind gelb, am Vorderrand dunkler; das braune Randmal wird durch die Querader, welche die Marginalzelle theilt, ebenfalls getheilt; der hintere Theil der zweiten Randzelle ist ganz wasserhell, und vor dem Randmal ist auch ein kleiner wasserheller Fleck in der ersten Submarginalzelle. Sämmtliche Nerven sind rothgelb. Die Schwinger sind blassgelb. Die ganz gelben Beine sind auffallend lang und dicht behaart. Die Schienen haben keine Dornen.

2. *P.* irrorata Ph. P. fusco-grisea; antennis rufo-fuscis, thorace fusco-vittato; alis hyalinis, maculis parvis fuscis irroratis, circa sex ad marginem anticum, ad posticum nullis; pedibus pallide testaceis; apice femorum, tibiarum, tarsisque nigris. — Long. ♀ 4⅔ lin., extens. alar. 9 lin.

In prov. Valdivia inveni.

Es liegt ein ♀ vor. Die Flügel haben eine Discoidalzelle und die zweite hintere Zelle ist gestielt. Der grösste braune Fleck ist der Stigmafleck; vor demselben stehen vier am Vorderraude, von denen der erste und der vierte die kleinsten sind. Die hintere Hälfte der ersten Basilarzelle zeigt eine Reihe zusammengeflossener heller Flecken; im Anfang der

---

[1]) πολύς viel, μόριον Theil.

Submarginalzelle und der ersten hinteren Zelle ist ein brauner Tropfen, ein anderer am Ursprung der gestielten hinteren Zelle. Die Adern sind braun. Es sind sechs hintere Zellen vorhanden, und beide Basilarzellen gleich lang; die Submarginalzelle ist so lang als die erste hintere Zelle; die dritte hintere Zelle ist gestielt.

3. *P. cinerea* Ph. P. omnino cinerea; pedibus pallide fuscis, coxis albidis, apice femorum tibiarumque nigrescente; alis subhyalinis, macula stigmaticali pallide fusca. — Long. 4 lin.

In prov. Valdivia inveni.

Die Fühler sind kurz, das erste Glied dick und lang, die folgenden beinahe perlschnurförmig. Auf der Brust sind keine Striemen deutlich. Da das Stigma blass ist, sieht man deutlich die Quertheilung der Marginalzelle. Die Submarginalzelle ist k ü r z e r als die erste hintere Zelle. Die beiden Basilarzellen sind wie bei den vorigen Arten lang, die erste am Ende fast gerade abgeschnitten, die hintere ein wenig länger. Die Discoidalzelle ist sehr schmal, fast dreieckig, die dritte hintere Zelle gestielt.

4. *P. punctipennis* Ph. P. cinereo-fusca; prothorace vittaque utrinque usque ad alas deducta, nec non articulis 3 et 4 antennarum testaceis; alis satis infumatis, antice fuoso-punctatis; pedibus fuscis, annulo pallido ante apicem femorum. — Long. 5 lin., extens alar. 12½ lin.

Locum ubi cepi ignoro.

Ein Männchen. Der Kopf ist aschgrau, die fast halb so lange Schnauze mehr gelblich, die Taster graubraun. Die Fühler sind ziemlich so lang wie Kopf und Brust zusammengenommen, und haben nicht unter 16 Glieder, deren letzte schwer zu unterscheiden sind. Die beiden ersten sind schwarz; das dritte, welches reichlich so dick als das zweite und doppelt so lang ist, ist nebst dem vierten hellgelb; die folgenden sind graubraun und ziemlich stark behaart. Die Mittelbrust ist graubraun mit dunkelbraunen Striemen; der Hinterleib ist ebenfalls graubraun, sowie die Schwinger. Die Hüften sind weisslich. Am Vorderrand der Flügel unterscheidet man fünf braune Punkte, den ersten am Ursprung der Marginalzelle, den zweiten am Ende der Mediastinalzelle, die sehr deutlich ist, den dritten am Ende der Costalzelle, den vierten am Ende der Marginalzelle, den fünften am Ende der Submarginalzelle, auch sind sämmtliche Queradern schwärzlich eingefasst. — Die Submarginalzelle ist fast so lang als die erste hintere Zelle; die dritte hintere Zelle ist gestielt; die erste Basilarzelle nimmt ⅗ der Flügellänge ein, die zweite ist etwas länger; die Discoidalzelle ist ziemlich gross und fünfeckig. Der Thorax ist mit einzelnen abstehenden Härchen besetzt. — Die Färbung der Flügel wie bei *Limnobia stictica* B l a n c h.

5. *P. tenella* Ph. L. capite cinereo, thorace (cum coxis halteribusque) testaceo, fusco-vittato; abdomine cinereo; alarum hyalinarum costa ner-

78 °

voque submarginali testaceis; reliquis pallide fuscis; pedibus pallide fuscis.
Long. 2½ lin., extens. alar. 6 lin.

In prov. Valdivia ♀ cepi.

Die Fühler sind vom Ursprung an schwärzlich, ihr zweites Glied ist
dicker als bei den andern Arten, dicker als das erste Glied, so lang als
dick. Auch die Palpen sind schwärzlich. Die Marginalzelle ist ungetheilt
und endet mit dem Flügelmal selbst, welches wasserhell ist. Die Submarginalzelle ist ein ziemliches kürzer als die erstere hintere Zelle; die
dritte hintere Zelle ist lang gestielt, der Stiel fast zweimal so lang als
die Zelle selbst.

4. Limnophila Macq.

1. *Limnophila* chilensis Blanch. Gay VII. p. 339.
„Coquimbo." Ist mir unbekannt.

2. *L.* stigmatica Ph. L. capite antice thoraceque testaceis; antennis
nigris, basi testaceis; abdomine fusco, apice testaceo; alarum hyalinarum
nervis pallide fuscis; macula stigmaticali fusca; pedibus testaceis. Long·
3⅕ lin., ext. alar. 9 lin.

In Valdiviana provincia ♀ cepi.

Der Kopf ist grösstentheils aschgrau, nur die kurze Schnauze ist
gelblich; die Palpen sind schwärzlich. Der Thorax ist hell, ziemlich gelb
und lässt nur mit Mühe etwas dunklere Striemen erkennen. Die Flügel
haben keine Discoidalzelle, die vierte hintere Zelle ist gestielt.

3. *L.?* pallens Ph. L. pallide testacea, antennis obscurioribus; alis
hyalinis immaculatis, nervis pallide testaceis, cellula postica secunda ses-
sili. Long. 3 lin., extens. alar. 7½ lin.

In prov. Valdivia inveni.

Das erste Fühlerglied, welches blassgelb ist, ist kurz, wie es bei
Limnobia sein soll, allein es sind fünf hintere Zellen vorhanden. Die Basilarzellen sind verlängert, gleich lang, aber die Submarginalzelle ist noch
kürzer als die zweite Marginalzelle. Es ist eine Discoidalzelle vorhanden.

4. *L.* trichopus Ph. L. corpore pedibusque griseo-fuscis, thorace
brunneo-trivittato; alis infuscatis, nervis — praesertim transversalibus —
fusco-marginatis; pedibus omnibus dense hirsutis. Long. 3¼ lin., extens.
alar. 8 lin.

Prope Santiago frequens praesertim Novembri.

Die sechszehngliedrigen Fühler so wie die Palpen sind schwärzlich.
Kopf, Brust und namentlich Hinterleib sind mit abstehenden Haaren be-
kleidet, die sehr auffallen; noch mehr fällt die starke Behaarung der
Beine auf, die dicht mit senkrecht abstehenden, ziemlich langen Haaren
bekleidet sind. Vor der Spitze der gegen das Ende ziemlich verdickten
Schenkel ist ein dunklerer Ring. Die Seitenränder des Hinterleibes sind

weisslich. Die Flügel sind hinten sehr lang gewimpert, hell bräunlich grau; am dunkelsten gesäumt ist der Hinterrand der ersten Marginalzelle, welche bereits im dritten Theil der Flügellänge beginnt; die Marginalzelle ist kürzer als die erste hintere Zelle; die Discoidalzelle fünfeckig, bisweilen mit einem kleinen Anhängsel. Ist fast doppelt so gross als *Limnobia obscurata* Blanch. hat braune, nicht gelbliche Beine, fünf hintere Zellen etc.

5. *L. apoecila* Ph. L. grisea, fusco-vittata, satis hirsuta; pedibus pallide fuscis, femoribus obscurioribus; alis vix infumatis. Long. 2⅔ lin. Locum ubi cepi annotare omisi.

Ebenfalls auffallend behaart, jedoch nicht so stark wie die vorige Art, der sie sehr nahe steht, von welcher sie jedoch auf den ersten Blick durch die fast wasserhellen Flügel sich unterscheidet, welche weder Randmal noch dunkel gesäumte Nerven haben. Der Verlauf der Flügeladern ist derselbe, auch ist der Hinterrand lang gewimpert.

6. *L. verecunda* Ph. L. pallide fusca, subglabra, antennis obscurioribus; pectore evittato; alis fuscescentibus, immaculatis; pedibus pallide fuscis; femorum tibiarumque apice, nec non tarsis obscurioribus. Long. 3 lin., extens. alar. fere 8 lin.

Locum ignoro.

Die Fühler sind braun, beinahe perlschnurförmig. Der Kopf ist grau und mit einzelnen Börstchen besetzt, der übrige Körper trägt nur wenige kurze Härchen. Die Flügel sind schwach gebräunt; die Adern fein und braun. Eine Discoidalzelle ist vorhanden, die erste Submarginalzelle ist so lang als die zweite, und alle hintern Zellen sind sitzend.

7. *L. cineracea* Ph. L. grisea, subglabra; antennis nigris, unicoloribus; thorace fusco-vittato; alis subhyalinis, immaculatis, nervis obscure fuscis; pedibus pallide fuscis. Long. 4 lin., extens. alar. 9 lin.

Prope Santiago autumno (Aprili) ♂ et ♀ cepi.

Die Körperfarbe ist grauer als bei der vorigen Art; die Fühler sind schwarz, auch die ersten Glieder. Die mittlere Strieme des Brustrückens fängt am Rande des Prothorax an; die seitlichen reichen nicht so weit nach vorn. Der Verlauf der Flügeladern ist sehr verschieden von voriger Art: es ist zwar auch eine Discoidalzelle vorhanden und alle hintern Zellen sind sitzend, aber die zweite Marginalzelle ist kürzer als die erste und weit kürzer als die erste hintere Zelle.

8. *L. venosa* Ph. L. glabriuscula, pallide fusca; antennis fuscocinereis, basi pallidioribus; thorace supra obscuriore, obsolete fusco-trilineato; abdomine nigricante; alis infumatis, guttulis pallide fuscis parum determinatis ad nervulos transversos. Long. 2¾ lin., extens. alar. 9½ lin.

E coll. ornat. Ferd. Paulsen.

Ein Weibchen. Die Seiten der Brust sind beinahe testacea zu nennen; der Rücken ist blassbraun und nur mit Mühe erkennt man im Vordertheile drei schmale, dunkler braune Striemen. Die Beine sind fein und ziemlich lang behaart, was aber wenig in die Augen fällt. Sämmtliche hintere Zellen der Flügel sind sitzend; die Discoidalzelle ist beinahe dreieckig. Die Marginalzelle ist kürzer als die Submarginalzelle und diese kürzer als die darauf folgende Zelle. Die Flügeladern sind braun und mit einem schmalen, dunkeln Saum eingefasst; ausser den blassbraunen schlecht begrenzten Flecken auf den Queradern ist noch ein solcher Fleck in der Mitte der Marginalzelle, an der ich keine Theilung wahrnehme.

5. Limnobia Meigen.

1. *Limnobia pallida* Macq. Gay VII. p. 340.

„Provinciae centrales et meridionales."

2. *L. elquiensis* Blanch. Gay VII. p. 341.

„Andes de Elqui."

3. *L. stigmatica* Blanch. l. c. p. 841.

„Prope la Serena etc." Etiam prope Santiago inveni.

4. *L. lineicollis* Blanch. l. c. p. 341.

„Prope la Serena."

5. *L. ornatipennis* Blanch. l. c. p. 342.

„Prope la Serena etc."

6. *L. stictica* Blanch. l. c. p. 342.

Locus nullus.

7. *L. obscurata* Blanch. l. c. p. 343.

Illapel.

8. *L. flavida* Ph. L. omnino testacea; alis hyalinis, nervis testaceis. Long. corp. 2½ lin.

Prope Corral 1859 cepi.

Die Fühler sind kaum etwas dunkler schalgelb als der Körper und die folgenden Glieder von derselben Farbe wie das erste. Die Augen sind schwarz. Die Submarginalzelle ist länger als die erste hintere Zelle, an der Discoidalzelle finde ich kein Anhängsel, auch ist sie nicht verlängert und dreieckig, wie Blanchard von seiner *L. pallida* angibt, sondern breit und ziemlich fünfeckig.

9. *L. vernalis* Ph. L. cinerea, antennis omnino cinereis; thorace subtestaceo, fusco vittato, abdomine cinereo, interdum albo-annulato; alis hyalinis macula stigmaticali subquadrata fusca; pedibus pallide fuscis. — Long. 3½ lin.

Prope Catemu in prov. Aconcagua mensi Sept. cepi.

Das erste Glied der Fühler ist kaum heller als die folgenden. Die gelbliche Farbe des Thorax fällt wenig auf, und ebenso seine braunen Binden. Der Hinterleib ist bei einem der drei ♀, die ich vor mir habe, schön grau und weiss geringelt, indem das hintere Viertel der Abschnitte rein weiss ist, allein bei den beiden anderen Exemplaren ist der Hinterleib einfärbig grau. Die Flügeladern sind schwarz. Zwei Marginalzellen, die Submarginalzelle ist länger als die erste hintere Zelle; die Discoidalzelle ist breit, beinahe viereckig.

10. *L. infumata* Ph. L. obscure fusca, pedibus pallidioribus; alis infumatis, hyalino-guttatis, macula quadrata stigmaticali fusca. — Long. 4 lin., extens. alar. 10 lin.

Prope Corral Aprili 1859 ♂ cepi.

Die Fühler sind schwarzbraun, der Kopf mäusegrau, die Brust dunkelbraun, die Furchen jedoch, welche die einzelnen Abtheilungen derselben einfassen, sind heller. Die beiden Anhängsel des Hinterleibes sind bei dieser Art kurz gestielt. Die Flügel sind hellgrau mit viereckigem dunkleren Randmal, einem wasserhellen sichelförmigen Fleck unmittelbar hinter demselben, einem zweiten in der ersten Basilarzelle vor dem Beginn der Marginalzelle und hellere Stellen in der zweiten Basilarzelle und der Analzelle. Zwei Marginalzellen; die erste Basilarzelle weit länger als die zweite; ebenso die Submarginalzelle länger als die erste hintere Zelle.

11. *L. guttata* Ph. L. grisea, antennis nigricantibus; thorace fusco-vittato; abdomine nigricante, margine postico segmentorum albido; alis hyalinis, guttis fuscis. — Long. 2½—3 lin., extens. alar. 6 lin.

Prope Valdiviam nec non in prov. Aconcagua legi, ut videtur igitur magnam partem reipublicae inhabitat.

Alle drei Exemplare, die vorliegen, sind Männchen. Ich zähle 16 Fühlerglieder von gewöhnlicher Beschaffenheit. Die beiden Basilarzellen sind sehr lang und die erste länger als die zweite; die Submarginalzelle ist halb so lang als die Marginalzelle und etwas länger als die erste hintere Zelle, alle hinteren Zellen sind sitzend. Die braunen Tropfen der Flügel sind bald heller bald dunkler, variiren aber nicht in Zahl und Stellung. Die erste Basilarzelle hat vier Flecke, der dritte ist der grösste und nimmt auch den Ursprung der Marginalzelle ein; diese hat einen Tropfen auf dem Quernerven, der sie in zwei theilt, einen davor und einen vor der Flügelspitze auf der Ader, die sie von der Submarginalzelle theilt; diese hat einen grösseren in der Mitte. Die erste, zweite, dritte hintere Zelle haben jede einen Tropfen, die vierte einen grösseren, viereckigen Fleck; auf den Queradern ist ebenfalls je ein Tröpfchen; die Analzelle und die Axillarzelle haben jedoch einen grösseren Fleck und einen Tropfen nahe am Flügelrand, auch die cellula spuria hat zwei runde Tropfen.

12. *L. polysticta* Ph. L. pallide rufo-fusca; vittis tribus latis castaneis antice abbreviatis in thorace picta; alis hyalinis, guttis numerosissimis rufo-fuscis. — Long. fere 4 lin., extens. alar. 8½ lin.

E prov. Valdivia ♀ attuli.

Die Fühler sind grau, auffallend perlschnurförmig, die einzelnen Glieder kugelig, durch einen dünnen Faden verbunden; vom zweiten an nehmen sie allmälig an Dicke ab. Die Flügeladern sind wie bei der vorigen Art, aber braun, nicht schwarz, und die Färbung ganz anders, die Tröpfchen sehr zahlreich; zwei Flecke sind merklich grösser, der eine am Ursprung der Marginalzelle, der andere auf dem Quernerven, der sie in zwei theilt. Auch die Costalzelle, welche bei *L. guttata* ungefleckt ist, ist bei dieser Art mit zahlreichen Tröpfchen verziert.

13. *L. phatta* Ph. L. capite griseo; thorace griseo, fusco-vittato; abdomine albido, margine postico segmentorum fusco; alis hyalinis; nervo secundo s. submarginali lineis tribus nigris ornato, nervulis transversalibus pallide fusco-limbatis. — Long. 3¼ lin., extens. alar. 7½ lin.

In praedio meo valdiviano cepi.

Die Fühler des einzigen Weibchens, welches ich besitze, sind ebenfalls **stark perlschnurförmig.** Die Flügeladern sind wie bei den beiden vorigen Arten, d. h. die beiden Basilarzellen sind lang, die vordere etwas länger als die hintere, keine hintere Zelle ist gestielt, es ist eine fünfeckige Discoidalzelle vorhanden, die beiden Marginalzellen nehmen die halbe Flügellänge ein, allein die Submarginalzelle fängt bereits mit der halben Länge der ersten Marginalzelle an. Eigenthümlich sind die drei schwarzen Striche auf der zweiten Ader, deren mittelster am Ursprung der Marginalzelle sich befindet. Die Schwinger sind sehr blassbraun.

14. *L. chlorotica* Ph. L. testacea; antennis fuscis, basi testaceis; thorace fusco-univittato; alis flavescentibus; cellula discoidali quinquangulari. Long. 4½ lin., extens. alar. 12 lin.

E collect. ornat. Ferd. Paulsen.

Ein Weibchen. Der Brustrücken ist blass rothbraun; die dunkelbraune Strieme fängt mit dem Vorderrand des Mesothorax an und verliert sich in der halben Länge desselben, nachdem er durch eine feine Linie gespalten ist. Die Flügeladern sind blass, grünlichgelb; die Querader, welche die Marginalzelle theilt, kaum zu erkennen, und ebenso das Randmal. Vorderhüften und Schwinger sind blassgrün. — Unterscheidet sich von *L. pallida* Mcq. durch bedeutendere Grösse, fünfeckige Discoidalzelle ohne Anhängsel etc.; von *L. flavida* mihi durch bedeutendere Grösse, braungraue Fühler etc.

6. Cylindrotoma Macq.

Cylindrotoma hyaloptera Ph. C. fusca, lateribus pectoris subnigris, vitta albida a dorso separatis; alis hyalinis, nervis pallide fuscis; pedibus pallide fuscis. — Long. 4 lin. extens. alar. 9½ lin.

Locum ignoro, ubi eam cepi.

Das erste Fühlerglied ist sehr kurz, das zweite ist eben so lang, napfförmig, die folgenden sind beinahe cylindrisch, das vierte ist noch ziemlich dick. Die Flügel haben eine Marginalzelle, eine etwas längere Submarginalzelle, die aber doch etwas kürzer ist als die erste hintere Zelle. Es sind fünf hintere Zellen vorhanden und alle sitzend. Der Begattungsapparat des Männchens trägt jederzeit einen schwarzen, nach innen eingeschlagenen Haken. Weibchen unbekannt.

Die folgende Mücke hat so eigenthümliche Flügeladern, dass ich daraus ein neues Geschlecht bilde.

7. Idioneura [1]) Ph.

Caput in proboscidem brevem productum. Antennae breves, 14 (?) articulatae, moniliformes, pilosae; articulis tertio sequentibusque ovatis. Palporum articulus quartus (crassus, tertium aequans?). Alae cellulis marginalibus duabus, prima latissima ex qua tres apice oriuntur, secunda angusta, fere aequilonga; submarginali in medio nervo transversali recto in duas divisa; cellulis posticis quinque omnibus sessilibus; basilaribus elongatis, circa ⅔ longitudinis alae occupantibus, prima paullo longiore; cellula quarta postica in cellulam discoidalem intrante; nervo axillari valde flexuoso. Abdomen maris forcipe subelongata obtusa terminatum. Pedes elongati, graciles.

Idioneura macroptera Ph. I. capite pectoreque cinereis; antennis, abdomine, pedibusque nigris; forcipe ♂ cinereo-testacea; alis hyalinis, nervis nigris; transversis obsolete fusco-marginatis. — Long. corp. 1⅓ lin., extens. alar. 5 lin.

Ignoro locum ubi cepi.

Zu der oben gegebenen Beschreibung wüsste ich nichts hinzuzusetzen, das nöthig wäre, dieses Insekt von anderen zu unterscheiden.

8. Lachnocera [2]) Ph.

Antennae (in mari saltem) longitudine corporis, 13 articulatae? articulo primo crasso, cylindrico, elongato, secundo sensim attenuato, primum aequante; reliquis tenuibus, medio crassioribus, utrinque pilis longis patentibus hirsutissimis; ultimis aegre distinguendis. Proboscis brevis, palporum articulus quartus tertium aequans? Alae cellulis marginalibus duabus, prima maxima, secunda brevi, nervo obliquo a priore divisa; cellula submarginali una; posticis quatuor; discoidal quinquangulari; basilaribus elongatis, secunda longiore. Pedes graciles.

Durch die langen, stark behaarten Fühler und die Verhältni beiden Marginalzellen sehr ausgezeichnet.

---

[1]) ἴδιος eigenthümlich, νεῦρον Nerve.
[2]) λάχνη wolliges Haar, κέρας Horn.

Lachno cera delicatula Ph. L. articulo primo antennarum testaceo, reliquis palpisque cinereo-fuscis; thoraco testaceo, fusco-vittato; coxis trochanteribusque pallidis; abdomine pedibusque fusco-cinereis; alis parum infuscatis; macula stigmaticali obscuriore. — Long. corp. $2\frac{1}{2}$ lin., extens. alar. $6\frac{1}{2}$ lin.

Valdiviae marem cepi.

9. Erioptera Meig.

1. *Erioptera* uniformis Blanch. Gay. VII. p. 343.

„Fast in ganz Chili, Santiago, la Serena etc."

E.? longipes Ph. E. capite, thorace, halteribus, coxisque testaceis; thorace unicolore; antennis (primo articulo testaceo excepto) cum palpis, pedibus, abdomineque pallide fuscis; alis omnino hyalinis, nervis fuscis, exquisite pilosis. — Long. corp. $4\frac{1}{2}$; extens. alar. 9 lin.

In prov. Valdivia ♀ inveni.

Diese Mücke muss vielleicht ein eigenes Geschlecht bilden. Die Schnauze ist fast so lang wie der eigentliche Kopf, das vierte Glied der Taster scheint mir aber nicht länger als das dritte zu sein. Die Fühler sind beinahe länger als Kopf und Brust zusammengenommen, stark und lang behaart, mit cylindrischen, schwer zu unterscheidenden Gliedern, deren Zahl 16 zu sein scheint. Die Flügel sind zusammengerunzelt, doch sehe ich deutlich, dass die Basilarzellen lang, und die zweite etwas länger als die erste, die Marginalzelle fast halb so lang wie der Flügel, und dass fünf hintere Zellen vorhanden sind, von denen die dritte gestielt ist; wogegen die Discoidalzelle zu fehlen scheint. Sehr eigenthümlich ist es, dass die Adern mit ziemlich langen, aus einem Knötchen entspringenden Haaren besetzt sind.

3. *E.*? pallida Ph. E. pallide testacea; palpis cinereis; alarum venis pallide testaceis. — Long. corp. fere 2 lin., alarum extensio 5 lin.

Prope Catemu in prov. Aconcagua ♀ cepi.

Die Augen sind schwarz. Die Fühler, von denen nur die erste Hälfte vorhanden ist, sind gelblich, und nur die letzten Glieder sind möglicherweise dunkel. Die Flügel sind schmal und lang wie bei der vorigen Art; sie haben ebenfalls keine Discoidalzelle; die beiden Basilarzellen sind lang und schmal, die erste etwas länger als die zweite. Es sind eine oder wahrscheinlich zwei Marginalzellen vorhanden, doch kann ich wegen der Haare auf den Flügeln die Querader, welche beide wahrscheinlich theilt, nicht deutlich erkennen. Dann folgt eine lange schmale Submarginalzelle und fünf hintere Zellen, von denen die vierte kurz gestielt ist.

Ist offenbar mit der vorigen Art ein Genus, ob aber eine *Erioptera*?

10. Megistocera Wied.

Megistocera chilensis Ph. M. pallide fusco-testacea; ano luteo; alis hyalinis antice lutescentibus, macula stigmaticali pallide fusco-lutea. Long. corp. 10 lin., antennarum 2 poll. 10 lin., extens. alar. 20 lin.

Prope Santiago invenit orn. Ferd. Paulsen.

Der Kopf ist in eine lange Schnauze vorgezogen und nebst der Brust dicht und lang behaart; der Stirnhöcker hat jederseits eine Warze am Grund. Die Fühler sind ganz kahl; die Augen dunkelbraun, der Hinterleib ist nur schwach behaart; die Beine flaumhaarig, die Knie dunkel.

Tipulariae fungicolae Latr.

1. Macrocera Meig.

1. *Macrocera* valdiviana Ph. M. capite testaceo; antennis corpus sesquies aequantibus, basi testaceis, apicem versus nigris; thorace glaberrimo, nitido, testaceo, vittis tribus latis nigro-fuscis. — Long. 2⅓ lin.

Prope Corral in prov. Valdivia cepi.

Kopf und Taster sind hell bräunlichgelb und das erste Glied der letzteren sehr dick; die kugeligen Augen und die Punktaugen sind schwarz. Die Fühler sind flaumhaarig, die beiden ersten Glieder dick und kurz, die letzten schwer zu unterscheiden. Die braunen Striemen der Brust sind sehr eigenthümlich; die mittlere vorn breit, so dass sie fast die Gestalt eines T hat, die seitlichen halbkreisförmig, mit der Convexität nach innen gerichtet. Die Seiten der Brust haben ebenfalls zwei braune Striemen, und das Schildchen ist oben glänzend braun. Die mittleren Hüften sind gleichfalls braun, sonst sind der mässig behaarte Hinterleib und die kurz flaumhaarigen Beine schalgelb. Die Flügeladern sind hellbraun und die Schwinger weiss.

2. *M. testacea* Ph. M. testacea; antennis fusco-cinereis; thorace antice fusco-trimaculato; scutello concolore, alis hyalinis. — Long. 2⅓ lin., extens. alar. 4½ lin.

E coll. orn. Ferd. Paulsen.

Die Fühler sind etwa 1¼mal so lang als der Körper; ihre zwei ersten Glieder sind gelblich, die übrigen bräunlichgrau, gegen die Spitze hin dunkler. Von den drei nicht scharf begränzten Flecken am Vordertheil der Brust ist der mittlere der grösste. Die zweite Marginalzelle ist kurz, die Basilarzelle kurz, die gestielte hintere Zelle lang und kurzgestielt.

79 *

2. Cnephaeophila Ph. [1]).

Ocelli duo. Antennae caput cum thorace superantes, 16-arti-
culatae; articulis duobus primis crassis reliquis cylindricis. Alae cellula
basilari unica brevi; marginalibus duabus, prima brevissima subquadrata,
secunda longissima arcuata, apicem alae formante; submarginali longa,
arcuata, posticis tribus (secunda cum cellula basilari secunda confusa).
Tibiae apice calcaratae, caeterum inermes.

Von *Bolitophila* durch 16gliedrige, nicht 12gliedrige Fühler und
andere Flügeladern verschieden, von *Sciophila* durch die Länge der
Fühler und die unbewehrten Schienen.

Cnephaeophila fenestralis Ph. Sc. fusca; antennarum articulis duobus
basalibus fulvis; thorace antice fulvo, nigro-trivittato, vitta intermedia
bifida, coxis segmentorumque abdominalium margine postico albidis. —
Long. corp. $2^1/_2$ lin., extens. alar. $4^1/_2$ lin.

Santiago in domo mea ♂ cepi.

Das ganze Thier ist mit kurzen Härchen bekleidet; auf den Fühlern
sind die Härchen noch kürzer und dichter. Die Oberseite des Kopfes ist
dunkelgrau. Die beiden Punktaugen berühren sich beinahe und treten
stark hervor. Die Palpen sind gelblich. Die Hüften sind weisslich mit
schwarzem Fleck, die Trochanteren schwärzlich, die Schenkel hell,
Schienen und Tarsen dunkelgrau.

3. Ceroplatus Bosc.

Ceroplatus obscurus Ph. C. capite, antennis abdomine nigris;
thorace nigro, antice luteo maculato; alis nigricantibus; coxis femoribusque maxima ex parte albis, apice basique nigris; tibiis tarsisque nigricantibus. — Long. $3^1/_3$ lin., extens. alar. $6^1/_3$ lin.

Valdiviae Januario 1863 specimen cepi.

Die drei Punktaugen stehen in einer geraden Linie. Die Brust
zeigt jederseits eine schmale gelbe Linie, die vom Vorderrand bis zum
Ursprung der Flügel reicht, und daneben nach innen einen gelben Fleck.
Der Marginalnerv ist deutlich. Beide Basilarzellen sind in eine ver-
schmolzen; die erste Marginalzelle ist etwas offen; es sind vier hintere
Zellen vorhanden, von denen die zweite kurz gestielt ist; der Analnerv
schliesst sich dicht an den vorhergehenden an und reicht nicht bis zum
Flügelrand, wohl aber thut dies der Axillarnerv. Die Flügel sind schwärzlich
und haben noch einen dunkleren diagonalen Fleck in der ersten Marginalzelle und der Basis der ersten hintern Zelle. Die Schwinger sind
schwarz. Die Schienen sind, die Endsporen abgerechnet, unbewehrt.

---

[1]) κνεφαῖος finster und φιλέω lieben.

4. Centrocnemis [1]) Ph.

Antennae mediocres, glabrae compressae, articulis aeque longis ac latis, primis duobus distinctis. Ocelli duo in vertice. Palpi pluriarticulati. Alae nervo marginali destitutae; cellulae marginales duae, prima longe aperta; posticae quatuor, secunda petiolata; cellulae basilares in unam confusae; nervus analis fere cum antecedente confluens. Tibiae omnes bifariam spinosae. Abdomen compressum.

Dieses Genus weicht von *Mycetophila* durch zusammengedrückte Fühler, zwei Marginalzellen etc., von *Leia* durch zwei Punktaugen, doppelte Marginalzelle; von *Sciophila* durch die grosse, weit geöffnete erste Marginalzelle etc. ab; von *Ceroplatus* durch schmale Fühler, gedornte Schienen; durch dies letzte Merkmal und den zusammengedrückten Hinterleib auch von *Platyura* ab, etc.

Centrocnemis stigmatica Ph. H. antennis fuscis, basi luteis; thorace lutescente, fusco-vittato; abdomine nigro, segmento quinto, apiceque luteis; alis subhyalinis; macula stigmaticali fusca; pedibus pallide testaceis, tarsis nigricantibus. — Long. $4\frac{1}{2}$ lin., extens. alar. 8 lin.

E prov. Valdivia specimen attuli.

Die Fühler sind beschädigt und haben nur noch 9 Glieder; die beiden ersten sind deutlich von einander abgesetzt, die folgenden sind es nicht; sie sind zusammengedrückt und nur so breit wie lang. Die Palpen sind mehrgliedrig, wohl viergliedrig, aber ich kann die Glieder nicht wohl zählen. Die Brust ist gelb; zwei breite, ziemlich dunkelbraune Streifen reichen, indem sie allmälig schmäler werden, bis zum Schildchen, fangen aber erst etwas hinter dem Vorderrande an; in der Mitte ist eine wenig deutliche Strieme, die vom Vorderrande anfängt und sich gegen die Mitte hin verliert. Das Schildchen ist ebenfalls gelb. Der Hinterleib ist zusammengedrückt, grösstentheils sammtschwarz; das vierte Glied ist am Grunde dunkel braungelb, das fünfte dunkelgelb mit schwarzem Hinterrande, das letzte Glied blassgelb. Unten sind die ersten Glieder schwarz mit gelbem Rande, das vierte und fünfte grösstentheils gelb, die folgenden — bis auf das letzte — ganz schwarz. Die Brust trägt ausser feinen, anliegenden, seidenartigen Härchen jederseits eine Reihe Borsten. — Der schräge Nerv, welcher die Marginalzelle in zwei theilt, ist sehr lang. Die zweite gestielte Zelle fängt nicht mit einem spitzen Winkel, sondern mit zwei rechten an, indem ihre vordere Ader an der Basis geknickt ist. Zwischen der Submarginalzelle and der zweiten hinteren Zelle ist ein brauner ziemlich dunkler Fleck, auch ist die Spitze und die äussere Hälfte des Hinterrandes graulich getrübt, und die Trübung zieht sich längs den Adern etwas nach innen. Die Schwinger sind blassbraun.

---

[1]) κέντρον Stachel und κνήμη Schienbein.

5. Gnoriste Hoffmsg.

Gnoriste chilensis Ph. Gn. capite antennisque nigris; thorace fulvo, fusco-univittato; abdomine depresso, atro, flavo-annulato; alis parum infuscatis; coxis femoribusque pallide testaceis, tibiis obscurioribus, tarsis nigris. — Long. $2\frac{1}{2}$ lin., extens. alar. 5 lin.

Specimen unicum, quod ni fallar in prov. Valdivia cepi, servo.

Von vorn gesehen erscheint die Verlängerung des Kopfes fadenförmig, von der Seite betrachtet ist aber die erste Hälfte, welche etwa die Länge des eigentlichen Kopfes hat, weit höher als die zweite, fast doppelt so lange, fadenförmige Hälfte; dieser fadenförmige Theil trägt etwa in zwei Fünfteln seiner Länge die fadenförmigen viergliedrigen Taster; der folgende Theil ist von seiner Mitte an gespalten (in zwei Lippen?), die braune Strieme des Brustrückens erreicht den Hinterrand desselben nicht; das Schildchen ist ebenfalls röthlichgelb, und so auch das Hinterschildchen, das aber eine schwärzliche Mittellinie hat. Der Hinterleib ist vorn zusammengezogen, dann breit, kahl, glänzend, kohlschwarz, mit breiten, gelben Hinterrändern der Abschnitte. Die Flügeladern haben den normalen Verlauf von *Gnoriste.* Die Schwinger sind dunkelbraun mit weisslichem Stiele. Die Hinterschienen sind, mit Ausnahme der Enddornen, unbewehrt, während sie bei *Gn. apicalis* nach Macquart (Schlüssel zu den Geschlechtern der Fungicolen) mit Dornen bewehrt sein sollen, wogegen sie in der Abbildung bei Cuvier Règne animal accompagné de planches gravées sehr fein gewimpert sind.

6. Platyura Meig.

Platyura subannulata Ph. Pl. thorace luteo, vittis tribus castaneis ornato; scutello luteo; postscutello nigro; abdomine nigro; segmentorum margine luteo; alis hyalinis, apice infuscatis; pedibus pallide fuscis, tarsis nigricantibus. — Long. $2\frac{2}{3}$ lin., extens. alar. 7 lin.

Locum ignoro.

Der Kopf ist schwarz und ebenso die schmalen aber zusammengedrückten Fühler bis auf die beiden ersten Glieder, die hellgelb sind. Der Hinterleib ist verdickt, ist aber wohl plattgedrückt gewesen. Die Flügel haben zwei Marginalzellen, von denen die erste in einer kurzen Strecke offen ist. Es sind vier hintere Zellen vorhanden, von denen die zweite äusserst kurz gestielt ist. Eine Basilarzelle. Die Analnerven und Axillarnerven sind deutlich, der erste erreicht den Flügelrand nicht. Die Spitze der drei ersten hinteren Zellen, die der Analzelle und ein kleiner Fleck im Grundwinkel der ersten hinteren Zelle sind getrübt. Schwinger weiss. Schienen kahl, bis auf die Endsporne unbewehrt.

7. Mycetophila Meig.

Blanchard führt vier Arten auf; das Museum besitzt deren fünf andere.

1. *Mycetophila ornatipennis* Blanch. Gay VII. p. 344.

„Coquimbo." Ich besitze sie von Santiago. Die innere Binde ist in der Mitte unterbrochen.

2. *M. vitticollis* Blanch. l. c. p. 345.

„Coquimbo."

Ich halte eine bei Santiago gefangene Mücke für diese Art. Ueber die Flügeladern, diess so wichtige Kennzeichen, sagt Blanchard kein Wort. Bei meiner Mücke ist die erste gestielte Zelle an dem Ursprung offen, und die zweite gestielte Zelle beginnt in gleicher Höhe mit der Submarginalzelle, in welcher die beiden braunen Tropfen stehen; der Hinterrand der zweiten gestielten Zelle ist hinten an seinem Ursprung bräunlich gesäumt.

3. *M. punctipennis* Blanch. l. c. p. 345.

„Carelmapu."

4. *M. obscuripennis* Blanch. l. c. p. 546.

„Coquimbo."

5. *M. cognata* Ph. M. capite, antennis, thoraceque evittato fuscis; abdomine nigro; alis infuscatis, antice flavidis, maculis duabus nigricantibus; pedibus testaceis; coxis posterioribus macula pallide fusca notatis. Long. 1²/₃ lin.

In prov. Valdivia cepi.

Die Flügel sind schwach gebräunt, vorn gelblich. Die Basilarzelle nimmt etwa zwei Fünftel der Flügellänge ein; die erste (zweite) hintere Zelle ist ganz kurz gestielt, beinahe sitzend, die dritte hintere (vierte Marg:) lang gestielt, die zweite fliesst mit der zweiten Basilarzelle zusammen, indem die Querader fehlt, welche beide trennen sollte. Ein schwärzlicher Fleck ist rund um die Querader, ein zweiter in der halben Länge der Marginal- und Submarginalzelle, dieser verliert sich allmälig nach der Flügelspitze hin, welche nebst dem hinteren Theil der Flügel bräunlich getrübt ist, während die Basalhälfte des vorderen Theiles gelblich erscheint.

6. *M. fascipennis* Ph. M. cinereo-fusca, thorace obsolete vittato; antennis basi vix pallidioribus; alis hyalinis, fusco-bimaculatis, macula secunda in fasciam pallide fuscam, flexuosam continuata, gutta pallide fusca in apice alae; pedibus testaceis, tarsis obscurioribus. — Long. 2 lin.

In prov. Santiago cepi.

Die Fühler sind ganz grau, kaum etwas heller am Grunde. Die erste gestielte Zelle ist etwas länger gestielt als bei der vorigen Art,

und die zweite gestielte Zelle entspringt in derselben Höhe. Die Flügel
sind wasserhell, die Adern braun; der blassbraune Tropfen wird von der
Spitze der zweiten Ader in zwei gleiche Hälften getheilt.

7. *M. heteroneura* Ph. M. capite ferrugineo; antennis basi luteis,
apice fuscis; thorace luteo, evittato, subtus ad latera nigro; abdomine
basi luteo, deinde nigro; alis lutescentibus, apice macula nigra notatis,
nervo tertio longitudinali basi incompleto; pedibus-luteis; trochanteribus
posticis nigris. — Long. $1\frac{3}{4}$ lin.

Prope Corral specimen cepi.

Die Palpen sind hellgelb, der Kopf dunkelrostgelb. Auf dem Brustrücken sind keine Striemen zu unterscheiden, die Seiten sind hinter der
ersten Hüfte dunkelbraun. Die Basis des Hinterleibes und die Seiten der
ersten Ringe desselben sind gelb, das Uebrige schwarz. Die Dornen der
hinteren Beine sind tief schwarz, die Tarsen schwärzlich. Die Flügel sind
im vordern Theil gelblich; die Basilarzelle ist schmal und nimmt mehr
als die halbe Länge des Flügels ein; die erste Ader der ersten gestielten
Hinterzelle reicht nicht bis zum Ursprung der Zelle, wogegen die erste
Ader der zweiten gestielten hinteren Zelle fast bis zur Flügelwurzel reicht

8. *M. apicata* Ph. M. capite griseo; thorace luteo, fusco-vittato;
abdomine nigro, apice testaceo; alis hyalinis, antice flavescentibus, fascia
flexuosa transversa fusca in medio, apiceque pallide fusco; pedibus testaceis, coxis immaculatis, tarsis nigricantibus. Long. 2 lin.

In prov. Valdivia cepi.

Die Fühler sind braun, die beiden ersten Glieder blasser, aber doch
nicht schalgelb, die Striemen der Brust sind nicht sehr dunkel. Die
beiden gestielten hinteren Zellen der Flügel fangen in gleicher Höhe an,
die braune Querbinde nimmt den Ursprung derselben ein, und wird gegen
den Vorderrand des Flügels hin immer dunkler; die bräunliche Spitze
des Flügels ist nach innen scharf begrenzt und daselbst am dunkelsten,
nach der Spitze hin wird sie allmälig blasser. — Das Schildchen ist
braun, das Hinterschildchen schwarz. — Ist der *M. cognata* ähnlich, aber
leicht durch den deutlich gestriemten Brustrücken, die helle Spitze des
Hinterleibes etc. zu unterscheiden.

9. *M. atricornis* Ph. M. obscure fusca; antennis nigris, basi pallidioribus; thorace hispido, obsolete nigro-vittato; alis subhyalinis, fusco-
binotatis, cellula petiolata prima petiolum suum aequante; pedibus testaceis, apice femorum posticorum tarsisque nigricantibus. Long. $1\frac{2}{3}$ lin.

Prope Santiago cepi.

Diese Art ist sehr leicht durch die lang gestielte erste hintere
Zelle zu kennen; die zweite gestielte hintere Zelle entspringt in gleicher
Höhe mit der Submarginalzelle, welche sehr breit ist und die beiden
braunen Flecke in sich enthält. Die hintere Ader der zweiten gestielten

hinteren Zelle ist an ihrem Ursprung hinten dunkelbraun gesäumt, was ich bei keiner andern chilenischen Art finde als bei der *M. vitticollis?*

10. *M. nigriventris* Ph. M. antennis testaceis, apicem versus obscurioribus; thorace testaceo, supra rufo; abdomine atro; alis paullulum infumatis, fusco-bimaculatis; pedibus testaceis, trochanteribus, tarsisque nigricantibus. Long. 1¾ lin.

E prov. Valdivia specimen attuli.

Der Scheitel ist hell aschgrau. Die Flügel schillern gelb. Der erste schwärzliche Fleck derselben ist um die Querader, der zweite blässere in der Mitte der Länge der Randzelle und der ersten hinteren Zelle. Die zweite hintere Zelle ist sehr kurz gestielt und die andere gestielte Zelle entspringt in gleicher Höhe mit der ersten. Die Hüften sind sehr blass, beinahe weiss.

8. Leia? Meigen (seu potius novum genus?)

Leia? poeciloptera Ph. L. corpore fusco; antennarum articulis duobus primis, femoribusque pallide testaceis; alis hyalinis, macula subquadrata ad medium apiceque fuscis. Long. 2½ lin.

Habitat in prov. Valdivia.

Die beiden ersten napfförmigen Glieder der Fühler sind schalgelb, die übrigen graubraun; die Augen schwarz. Die Punktaugen stehen in einer Querlinie hinter den Augen. Der Brustrücken ist schalgelb, aber mit drei breiten braunen Striemen, so dass er auf den ersten Blick braun erscheint. Der Hinterleib ist haarig, dunkelbraun; die Ränder der Abschnitte gelblich. Die Flügeladern sind sehr eigenthümlich. Es fehlen die Mediastinalzellen gänzlich; es ist eine Basilarzelle vorhanden, welche etwa den dritten Theil der Flügellänge einnimmt; zwei Submarginalzellen, vier hintere Zellen, von denen die zweite gestielt und wenig kürzer als ihr Stiel ist; hierauf folgen noch zwei Zellen. Die Haut ist mit feinen anliegenden Härchen bekleidet. Der erste viereckige braune Fleck nimmt die Basis der ersten Submarginalzelle und der ersten hinteren Zelle ein, ein zweiter die hintere Hälfte der Submarginalzelle und die Spitze der Costalzelle; die ganze Spitze des Flügels von diesem Fleck an bis an das Ende des nervus interno-medius ist getrübt. Die Schwinger sind gelblich. Die Vorderhüften sind wie ihr Schenkel blassgelb, die hinteren sind schwärzlich. Die Hinterschienen sind zweizeilig bedornt.

9. Sciophila Hfmsg.

Blanchard führt zwei Arten aus Chile auf, das Museum besitzt sieben andere.

1. **Sciophila** *chilensis* Blanch. apud Gay VII. p. 347.

„Coquimbo." Ich rechne dahin eine von mir bei Corral gefangene Mücke.

2. **Sc.** *obsoleta* Blanch. l. c. p. 347.

„Valparaiso etc." Ich rechne hierher eine in Valdivia gefangene Art. Sie ist indessen beinahe schwarz, während die Blanchard'sche Art braun sein soll, und die Schenkel sind blassgelb. Von den Flügeladern sagt Blanchard nichts; bei meiner Art ist die erste Marginalzelle klein und viereckig und die zweite gestielte hintere Zelle so lang als ihr Stiel. Die Schwinger sind gelb.

3. **Sc.** *valdiviana* Ph. Sc. antennarum articulis duobus basalibus flavis, reliquis nigris; capite flavo; thorace fulvo, fusco-univittato; abdomine luteo, vitta mediana margineque postico segmentorum fuscis; pedibus testaceis, tibiis tarsisque infuscatis. Long. $2\frac{2}{3}$ lin.

Prope Corral inveni.

Von *Sc. chilensis* Blanch. sogleich durch den nur mit einer breiten blassbraunen, aber doch sehr deutlichen Längsbinde versehenen Brustrücken verschieden. Die Flügel sind etwas gelblich und ihre Adern braun. Die erste Marginalzelle ist klein und viereckig, die zweite gestielte hintere Zelle etwas länger als ihr Stiel.

4. **Sc.** *thoracica* Ph. Sc. pallide testacea; capite supra nigro, opaco; thorace supra maxima ex parte atro, nitido; abdomine nigrescente, margine segmentorum testaceo; antennis apicem versus nigrescentibus; alis subinfumatis. Long. fere 3 lin.

Prope Corral cepi.

Die ersten Fühlerglieder sind gelb, die folgenden schwärzlich. Die Vorderbrust ist oben nur in der Mitte schwarz, die Mittelbrust ist oben ganz schwarz. Die erste Marginalzelle ist klein, aber doch zweimal so lang als breit; die zweite hintere gestielte Zelle ist etwa so lang als ihr Stiel. Die Schwinger sind bräunlich.

5. **Sc.** *praecox* Ph. Sc. fusco-grisea; antennarum articulis basalibus concoloribus; thorace lineis tribus obscurioribus vittato; abdomine margine postico segmentorum albido, interdum parum conspicuo, ornato; pedibus pallide fuscis, tarsis obscurioribus, fere nigris. Long. $2\frac{1}{3}$ lin.

Prope Santiago, hyeme (Augusto).

Bei einem Exemplare ist die Basis des dritten Fühlergliedes weiss. Die erste Marginalzelle ist klein, viereckig, aber doch zweimal so lang als breit; die zweite hintere Zelle ist etwas länger als ihr Stiel. Die Schwinger sind weisslich mit schwarzer Spitze.

6. **Sc.** *vernalis* Ph. Sc. nigro-fusca; antennarum basi, margine segmentorum 3. 4. 5. abdominis pedibusque pallidis, testaceis, tarsis tamen nigris; cellula marginali prima vix longiore quam lata. Long. 2 lin.

Cum priore inveni.

Auf der Brust kann ich keine Striemen unterscheiden; sie ist graubraun, matt; die Schienen sind so hell als die Schenkel. Dieser Umstand unterscheidet, sie von *Sc. obsoleta* Blanch., bei welcher nur die Schenkel blass sind. Von der vorigen Art unterscheidet sich *Sc. vernalis* durch die blassgelbe Basis der Fühler, und die kürzere erste Submarginalzelle. Die zweite gestielte hintere Zelle ist fast zweimal so lang als ihr Stiel und die Schwinger sind weisslich ohne schwarze Spitze.

7. *Sc. aberrans* Ph. Sc. fusco-grisea; articulis antennarum basalibus albidis; pedibus albidis, trochanteribus tarsisque fuscis; cellula marginali prima quadrata minima, cellula postica secunda subsessili. Long. vix 1½ lin.

In colli S. Cristóval prope Santiago Octobri cepi; aliud specimen Valdiviae nactus sum.

Die Brust ist bräunlichgrau ohne Striemen und so wie der etwas dunklere Hinterleib stärker behaart als bei den meisten anderen Arten. Die Beschaffenheit der Flügeladern erlaubt nicht, diese Art mit irgend einer andern chilenischen zu verwechseln.

8. *Sc. australis* Ph. Sc. fusco-grisea; articulis antennarum basalibus albidis; coxis, trochanteribus, femoribusque albis, tibiis tarsisque pallide fuscis; cellula prima marginali alarum trapezia, secunda postica petiolum suum aequante. Long. 1½ lin.

In prov. Valdivia inveni.

Auf den ersten Blick mit der vorigen zu verwechseln, aber die Flügeladern sind sehr verschieden. Die erste Marginalzelle ist immer noch klein, aber doch sehr gross gegen die der vorigen, kaum zweimal so lang als breit, in Gestalt eines mit seiner Basis nach vorn gerichteten Trapezes. Die zweite gestielte hintere Zelle ist ebenfalls so lang als ihr Stiel. Die Schwingkölbchen sind grau mit weisser Spitze und weissem Stiel.

9. *Sc. pusilla* Ph. Sc. corpore antennisque nigro-fuscis; palpis, coxis, femoribus pallide testaceis; genubus posticis nigris; tibiis tarsisque fuscescentibus; cellula marginali prima minima quadrata; nervis cellularum posticarum hyalinis. Long. 1¼ lin.

In prov. Valdivia cepi.

Die erste Marginalzelle ist so klein als bei *Sc. pallipes*; die beiden gestielten hinteren Zellen sind so lang als ihre Stiele.

10. *Sc. ocreata* Ph. Sc. antennarum fuscarum basi pallida; thorace griseo-fusco, obsolete vittato; abdomine nigro; alarum cellula marginali prima minima, petiolata; secunda longe petiolata; pedibus pallidis, trochanteribus, genubusque posticis nigris, tarsis nigricantibus. Long. 2 lin.

Prope Santiago invenitur mensi Septembri.

Der Kopf ist oben röthlichbraun: die Palpen sind braun. Die erste der gestielten Zellen ist beinahe sitzend, so dass die beiden gestielten Zellen in sehr ungleicher Höhe entspringen. Die Schwinger sind hellgrau mit schneeweissem Stiel. Hüften und Schenkel sind beinahe weiss, wogegen die schwarzen Trochanteren und die schwarze Spitze der Hinterschenkel sehr absticht: die Schienen sind blassbraun, die Tarsen schwärzlich. — NB. Bei einem Fxemplare fehlt auf dem rechten Flügel die erste Marginalzelle gänzlich, während sie auf dem linken vorhanden ist.

10. Mycetobia? Meig.

Mycetobia? fulva Ph. M. corpore, capite, basi antennarum, palpis femoribusque fulvis; antennis, tibiis, tarsisque fusco-cinereis; alis luteis, apice fuscis. Long. 4 lin., extens. alar. 7¼ lin.

Specimen a Krauseo prope Corral lectum suppetit.

Die Augen sind nierenförmig, schwarz. Zwei Punktaugen, die in einer schwärzlichen Querbinde stehen. Die Fühler sind nicht so lang als Kopf und Brust zusammen; die beiden ersten Glieder gelb, napfförmig, die folgenden braun, walzenförmig, fast so dick als lang, kahl, das erste noch grösstentheils gelb. Der Brustrücken zeigt anstatt der Striemen drei Reihen schwärzlicher Haare. Der Hinterleib ist lang schmal, plattgedrückt, mit anliegenden Härchen bekleidet, die seinem Glanz keinen Abbruch thun. Die Schenkel sind kaum verdickt zu nennen; die Schienen flaumhaarig, mit zwei mässig langen Dornen am Ende. Die **Marginalzelle der Ader ist gegen die Spitze hin durch eine schräge Ader getheilt**; es sind vier hintere Zellen vorhanden; die zweite ist kurz gestielt und entspringt nicht von der Basilarzelle, sondern nebst der ersten hinteren Zelle vom Hinterrand der ersten Marginalzelle. Diese Mücke hat also die Augen von *Mycetobia*, die Flügeladern von *Platyura*. Wohin soll man sie bringen?

11. Agaricobia[1]) Ph.

Oculi maris approximati, subreniformes. Ocelli.... Antennae caput cum thorace subaequantes, cylindricae, articulis primis cyathyformibus, apice longe setosis. Alae cellulis mediastinis duabus, submarginali unica, posticis tribus, media brevissime petiolata. Tibiae calcaratae, posticae setis brevibus c. sex vestitae, vix armatae dicendae.

Agaricobia fulvicollis Ph. A. capite cinereo; antennis cinereis, articulis basalibus fulvis; thorace fulvo; coxis, femoribus, tibiis pallide flavis; alis subhyalinis, vittis duabus pallide fuscis. Long. fere 2 lin.

Prope Santiago inveni.

---

[1]) ἀγαρικόν der Baumschwamm, βιόω ich lebe.

Die Queradern sind bräunlich eingefasst, und hiedurch entsteht die erste Querbinde; die zweite verläuft in der Mitte zwischen dieser und der Flügelspitze; diese letzte ist getrübt und die Trübung durch eine wasserhelle Binde von der zweiten bräunlichen Querbinde geschieden. Die dritte hintere Zelle ist nicht von der zweiten Basilarzelle geschieden, indem die Querader fehlt.

12. Sciara Fabr. Meig.

Blanchard hat a. a. O. drei chilenische Arten.

1. *Sciara fuliginosa* Blanch. apud. Gay. VII. p. 348.

„Coquimbo etc.“

2. *Sc. infuscatipennis* Blanch. l. c. p. 348.

„Coquimbo etc.“

3. *Sc. pallipes* Blanch.

„Frequens in insula Chiloë, S. Carlos etc.“

4. *Sc. domestica* Ph. Sc. corpore omnino nigro; alis vix infuscatis; pedibus pallide fuscis. Long. 1¼ lin.

Plures in domibus ad fenestras cepi.

Sc. fuliginosa Bl. soll schwarze Schienen, *Sc. pallipes* schalgelbe Beine, *Sc. infuscatipennis* schwärzliche Flügel haben, folglich muss diese kleine Fliege davon verschieden sein. Die Randader reicht fast bis zur Basis der zweiten hinteren Zelle; die Schwinger sind blassbraun.

5. *Sc. heteropus* Ph. Sc. atra, nitida; coxis femoribusque anticis testaceis; alis hyalinis. Long. 1⅔ lin.

Prope Corral cepi.

Die Fühler, die hinteren Beine, einschliesslich ihrer Hüften, und der ganze Körper sind glänzend schwarz, während die Hüften, Trochanteren und Schenkel der Vorderbeine hell, bräunlich sind. Die Randader reicht nicht ganz so weit als der Ursprung der zweiten hinteren Zelle.

6. *Sc. diminutiva* Ph. Sc. nigro-fusca; alis hyalinis, nervis praeter duos primos hyalinis. Long. 1 lin.

Prope Corral cepi.

Die ganz wasserhellen Flügel, deren hintere Adern ungemein dünn sind, unterscheiden diese Art von der gleich grossen *Sc. pallipes* Bl., welche schwach getrübte Flügel haben soll. Die Randader reicht nicht so weit als der Ursprung der zweiten hinteren Zelle, die Schwinger sind braun.

Tipulariae gallicolae.

Nach der Häufigkeit der Gallen muss die Anzahl der Gallmücken sehr gross sein.

1. Lestremia Macq.

Lestremia nigra Blanch. Gay VII. p. 349.
„In insula Chiloë et prope Carelmapu."

2. Cecidomyia Fabr.

1. *Cecidomyia flavida* Blanch. l. c. p. 350.
„Prope la Serena."

2. *C.? fuscescens.* C. pallidissime fusca; antennis maris corpore longioribus; alis valde pilosis, cellula petiolata nulla. Long. vix 1 lin.

Locum ubi cepi adnotari omisi.

Die Fühler sind ebenfalls blassbraun und haben einige zwanzig
Glieder, die wie bei *Cecidomyia* gestielt sind, allein die Flügel sind so
stark behaart wie nur bei *Lasioptera*, und haben ausser dem kurzen
Submarginalnerven noch drei andere Nerven. Ich kann die Länge der
Tarsenglieder nicht angeben, da ich nicht vermag, die einzelnen Glieder
zu unterscheiden.

3. Psychophaena[1]) Ph.

Caput rostratum, rostro caput aequante. Palpi quadriarticulati,
articulus tertius crassus, obconicus, quartus paullo brevior, tenuis, cylindricus. Antennae longe pilosae, 14 articulatae (etiam in maribus?),
articulo primo crasso, sequentibus c. 7 subglobosis et (in ♀ saltem) haud
petiolatis, ultimis elongatis, apicali lanceolato. Alae: cellula basilaris
distincta, stigma, et ante stigma cellula minima marginalis; nervus-externo-
medius et interno-medius furcati, alii nervi nulli; margo posticus longe
ciliatus. Pedes pilosi, haud calcarati; tarsorum articulus primus longior.

Die Flügeladern erinnern an *Campylomyza*, allein die Querader
liegt vor der Gabelung der folgenden Längsader und macht mit derselben
einen rechten Winkel; auch ist die sehr kleine Marginalzelle eigenthümlich. Die Fühler sind, wie es bei den Gallmücken Regel ist, lang
behaart.

Psychophaena pictipennis Ph. Ps. antennis pallidissime cinereis;
palpis nigris; capite et thorace cinereis; abdomine nigricante; pedibus
pallide fuscis, genubus nigris; alis infuscatis, praesertim ad marginem
anticum, macula stigmaticali nigra guttisque numerosis hyalinis. Long.
vix 1 lin.

In colli S. Cristoval prope Santiago cepi.

Die Flügel sind ungemein zierlich.

---

[1]) ψυχή Schmetterling und φαίνω scheinen.

4. Spaniotoma [1]) Ph.

Thorax supra caput prominens. Antennae breves, palpos vix superantes, sexarticulatae, articulis ovatis, pilis raris verticillatis, ultimo acutiusculo. Palpi quadriarticulati, articulo primo crasso, ultimo tenui, longiore, diviso? Alae nervis longitudinalibus quatuor, secundo crassiore, tertio furcato, praeterea nervus analis et axilliaris inchoati; cellula basalis prima brevis, secunda nulla, cellula marginalis simplex.

Ungeachtet der geringen Zahl der Fühlerglieder rechne ich diese kleine Mücke wegen der wirtelförmigen Behaarung der Fühler zu den *Gallicolis*.

1. *Spaniotoma bivittata* Ph. O. flavescens; vitta mediana abbreviata fusca antice, duabus abbreviatis nigris postice thoracem ornantibus; abdominis dorso, parte inferiore, femorum tibiis tarsisque cinereo-fuscis. Long. 1 lin.

In colli S. Cristoval prope Santiago Augusto 1862 cepi.

Augen und Scheitel sind schwarz, Fühler und Palpen grau, die Brust gelb. Die Mittelstrieme, die vom Vorderrand anfängt und bis zur Mitte reicht, ist hellbraun und fällt weit weniger auf als die beiden seitlichen Striemen, die beinahe schwarz sind und von der Mitte bis dicht an den Hinterrand reichen. Das Schildchen ist schwarz mit einer schmalen gelben Längslinie in der Mitte. — Der Vorder- und Hinterrand der Flügel ist stark gewimpert, das letzte Fühlerglied anderthalbmal so lang als das vorletzte.

2. *Sp. unicolor* Ph. O. corpore pedibusque flavescentibus, unicoloribus; oculis nigris. Long. ⅔ lin.

Cum priore inveni.

Das letzte Fühlerglied ist zweimal so lang als das vorhergehende, fast linearisch, und mit kurzen Härchen dicht besetzt. Die Taster sind etwas kürzer als die Fühler, die Flügel breiter als bei der vorigen Art und nicht gewimpert.

5. Pentaneura [2]) Ph.

Antennae caput cum thorace aequantes, moniliformes, 12—14 articulatae, longe verticillatim pilosae; articulis subglobosis, haud petiolatis, ultimo elongato. Palpi elongati, antennas aequantes, articulis subcylindricis. Alae angustae, valde hirsutae, nervis longitudinalibus quinque, secundo fuscato, Pedes hirsuti, ecalcarati elongati, praesertim tarsi;

---

[1]) σπάνιος selten und τόμος Abschnitt.

[2]) πέντε fünf, νεῦρον Nerve.

articulus tarsorum primus sequentes duos aequans; quartus et quintus simul sumti tertium aequant.

Die Flügel sind so stark behaart wie bei *Erioptera* und *Lasioptera*, aber die Nerven sind verschieden. Zwischen der zweiten und dritten Längsader ist etwa in zwei Fünftel der Länge eine Querader, wodurch eine Basilarzelle gebildet wird, und wo die zweite Ader von derselben getroffen wird, gabelt sie sich, und ihr vorderer Ast vereinigt sich vor der Flügelspitze mit dem Ende der ersten Längsader.

Pentaneura grisea Ph. P. pallide cinerea, vittis fuscis thoracis parum conspicuis; dorso abdominis ultimisque tarsorum articulis obscurioribus. Long. circa 1 lin.

Prope Catemu in prov. Aconcagua cepi.

Auch die folgende kleine Gallmücke will in keines der mir bekannten Geschlechter passen.

6. Tetraphora Ph.

Antennae caput cum thorace aequantes, moniliformes c. 12—14 articulatae, longe verticillatim pilosae; articuli inferiores subglobosi, intermedii apice attenuati, bulbiformes. Alae pilosae, nervis longitudinalibus quatuor, quarto furcato; primo crasso dimidiam alae longitudinem occupante. Pedes elongati, ecalcarati; tarsorum articulus primus reliquos quator subaequales aequans?

Die Kürze des ersten Flügelnerven ist wie bei *Lestremia*, *Zygoneura*, *Cecidomyia*; kurz vor seinem Ende ist er durch einen schrägen Quernerven mit der zweiten Längsader verbunden.

Tetraphora fusca Ph. T. capite thorace abdomineque obscure fuscis, pedibus pallidissime fuscis, subtestaceis. Long. circa 1 lin.

In prov. Valdivia cepi.

Die Fühler sind aschgrau, die Schwinger schwärzlich; die Beine ziemlich dicht behaart.

7. Lasioptera Meig.

1. *Lasioptera* pallipes Ph. L. capite pectoreque fuscis; abdomine coccineo post mortem fusco; pedibus albidis. Long. 1 lin.

In colli S. Cristóval prope Santiago cepi.

Die Fühler sind halb so lang als Kopf und Brust zusammengenommen, zwölfgliederig, ihre Haare kaum etwas länger als der Durchmesser der Glieder. Die zweite Flügelader erreicht nicht die halbe Länge der Flügel und biegt sich fast rechtwinkelig um, doch so, dass der Winkel vollkommen abgerundet ist; eine Falte des Flügels in der geraden Fortsetzung der Ader lässt dieselbe bei oberflächlicher Beobachtung gegabelt erscheinen, was noch mehr bei der folgenden Art der Fall ist. Der Hinterrand ist mit sehr langen Haaren bewimpert. Das erste Tarsenglied ist so lang als die vier folgenden zusammengenommen.

2. *L. furcata* Ph. L. unicolor, pallide fusca, subtestacea; vena alarum secunda infuscata. Long. $\frac{2}{3}$ lin.

Prope Santiago cepi.

Die zweite Flügelader ist in Wirklichkeit gegabelt, und der innere Ast bildet nur einen stumpfen Winkel mit dem beiden gemeinschaftlichen Stamm. Die Wimpern des Hinterrandes der Flügel sind weit kürzer als bei voriger Art. Das erste Tarsenglied ist ebenfalls verlängert, nimmt aber nur etwa den dritten Theil der Tarsenlänge ein.

8. Psychoda Latr.

Blanchard führt drei Arten als chilenisch auf:

1. *Psychoda fimbriatissima* Blanch. apud. Gay VII. p. 351.

„Coquimbo, Santiago etc." Häufig in ganz Chile, auch in der Provinz Valdivia.

2. *Ps. notata* Blanch. l. c. p. 351.

„Iisdem locis ac prior." Ist mir noch unbekannt.

3. *Ps. hyalinata* Blanch. l. c. p. 351.

„In domibus, ad aquarum ductus etc." Häufig.

4. *Ps. punctata* Ph. Ps. pallide fusca, albo-pilosa; alis hyalinis in margine lacteo- et nigro-punctatis, cinereo-fimbriatis; pedibus fuscis, articulis argenteis. Long. corp. 1 lin.

In prov. Valdivia inveni.

Die Fühler sind braun mit blassgrauen Haaren. Die schwarzen Punkte der Flügelränder stehen am Ende der Adern und man zählt deren elf; der Rand der Flügel ist milchweiss.

5. *Ps. 7-punctata* Ph. Ps. nigro-fusca, albo-pilosa; alis hyalinis, punctis septem nigris in margine notatis, albo-fimbriatis; pedibus albidis. Long. $\frac{2}{3}$ lin.

Prope Santiago inveni.

Der Rand der Flügel ist nicht milchweiss wie bei der vorigen Art, sondern wie der Grund, und die schwarzen Punkte stehen nicht am Ende aller Nerven, sondern überschlagen in der Basis der Flügel immer je eine Ader. Ausserdem sind die Wimpern, die Beine und die Fühler weisslich. Die Fühler sind weiss und braun gegliedert.

6. *Ps. tenella* Ph. Ps. corpore fusco, albo-piloso; antennis albis, nigro-articulatis; alis hyalinis, immaculatis, albo-pilosis; pedibus albis. Long. $\frac{1}{2}$ lin.

Prope Santiago satis frequens.

Von *Ps. hyalinata* Bl. durch mindere Grösse und ganz ungefleckte

Flügel, an denen namentlich auch die Wimpern des Randes ohne Flecke sind, leicht zu unterscheiden. Die Schwinger sind wie bei der vorerwähnten Art milchweiss.

Tipulariae florales Latr.

1. Lobogaster[1]) Ph.

Caput thorace brevius et angustius. Oculi longe hirsuti. Ocelli... Antennae caput cum thorace fere bis aequantes, filiformes, 12 articulatae; articulus primus cylindricus, brevis, longe hirsutus; secundus cyathiformis, brevissimus; reliqui subaequilongi, cylindrici, sensim angustiores, pilis brevissimis hirtelli. Rostrum capite brevius; palpi quadriarticulati, rostrum aequantes, Abdomen elongatum, segmentis septem (saltem in ♂) quarto, quinto et sexto utrimque foliaceo-dilatatis, septimo depresso, marginato, sed multo angustiore. Alae cellulis duabus basalibus, cellula discoidali, cellulis posterioribus quinque, apertis, sessilibus. Pedes tenues; tibiae calcaratae.

Diese Gattung ist sehr ausgezeichnet durch die langen, walzenförmigen Fühler und die lappenartig verbreiterten Hinterleibsringe, und scheint auf den ersten Blick eher ein Hymenopteron als eine Fliege zu sein. Die Flügeladern stimmen am besten mit *Rhyphus* überein.

Lobogaster paradoxus Ph. L. capite, antennis, thorace, basique abdominis atris; reliquo abdomine obscure rufo; alis antice flavis, apice et postice nigrescentibus; pedibus luteis, apice tarsorum nigro. Long. fere 8 lin., extens. alar. 14½ lin.

Specimen in coll. orn. Ferd. Paulsen vidi.

Die Augen sind dunkelbraun, mit langen schwarzen Haaren bekleidet. Stirn und Scheitel sind beim Männchen schmal, linearisch oberhalb der Fühler durch eine Querfurche abgetheilt, und tragen in der Mitte drei Punktaugen; oberhalb derselben stehen ein paar Börstchen, sonst sind diese Theile kahl. Die Fühler sind in der halben Höhe der Augen eingelenkt. Das Untergesicht springt wie eine Blase hervor und ist mit langen Börstchen dicht besetzt. Taster und Rüssel tragen nur kurze Härchen und erscheinen auf den ersten Blick kahl. Beide sind schwarz. Die Brust ist mit abstehenden schwarzen Härchen bekleidet, welche dem Glanz keinen Eintrag thun; namentlich sind auch Schildchen und Hinterschildchen glänzend. Das erste Hinterleibssegment ist beinahe quadratisch und an den Seiten lang behaart; das zweite ist eben so lang, aber nach hinten etwas verschmälert, das dritte eben so lang,

---

[1]) λοβός Läppchen, γαστήρ Bauch.

[handwritten notes:] # antennae 16. printed in a perfect spm. from Chile. — Jura.

Philippii stm... is probably a syn.

aber nach hinten wieder verbreitert, die drei folgenden ziemlich von derselben Länge, aber doppelt so breit, und die lamellenartige Erweiterung jederseits nimmt den dritten Theil der Breite ein; das Endglied trägt vier kurze, lang behaarte Fädchen. Die Flügel haben die vorderen Zellen nebst den Nerven der ersten Basilarzelle gelb, der Rest ist schwärzlich, am dunkelsten die Spitze. Die Schwinger sind schwärzlich. Die Beine sind sehr dünn, sehr kurz behaart, so dass sie auf den ersten Blick kahl zu sein scheinen. Ich glaube es sind nur zwei Haftlappen da, und diese sind klein. Die Hinterbeine fehlen meinem Exemplare.

2. Rhyphus Latr.

Rhyphus fuscipennis Macq. Gay VII. p. 352.
„E prov. centralibus." Ist auch in Valdivia gemein.

3. Simulium Latr.

Blanchard hat nur eine einzige chilenische Art gekannt, ich kenne deren sechs. Im Allgemeinen sind sie nicht so häufig und daher nicht so lästig wie in Deutschland und anderen Gegenden, am häufigsten fand ich eine Art am Ufer des Todos los Santos-Sees, wo sie höchst beschwerlich fiel, dann wurde ich auch in der Wüste Atacama beim Brunnen von Hueso parado von einer Art mit gefleckten Flügeln sehr belästigt, und endlich ein Mal auf den Bergen von Chacabuco, sonst pflegt man immer nur die Exemplare einzeln zu finden. Der chilenische Name für diese Thiere ist *Jerjen*, plur. *jerjenes*, der spanische *Mosquito*.

1. *Simulium fulvescens* Blanch. Gay VII. p. 353.
„Coquimbo" etc.

2. *S. montanum* Ph. S. nigrum, subglabrum, unicolor. Long. corp. 2 lin.

In montibus de Chacabuco dictis, prope Catemu etc.

Abwesenheit aller Flecken und Zeichnungen zeichnen diese Art aus. Der Hinterkopf ist mit greisen Haaren bekleidet, und die Brust mit feinen anliegenden, seidenartigen Härchen, die man mit der Lupe suchen muss.

3. *S. pulchrum* Ph. S. thorace atro, holósericeo, pilis oppressis aureis vestito; abdomine atro, hirsuto, fascia interrupta argentea in segmento primo, fascia cinerea continua in quarto segmento; alis hyalinis, pedibus posterioribus albis, nigro-articulatis. Long. 1⅔ lin., extens. alar. 3⅓ lin.

Prope Santiago Octobri 1862 marem cepi.

Die Augen sind im Leben prächtig ziegelroth, später braunschwarz. Fühler, Taster und Gesicht sind tief schwarz mit einem hellgrauen Fleck unter den Fühlern. Die ganze Brust ist sammtschwarz mit anliegenden goldgelben Haaren. Der Hinterleib ist mit langen, weissen Haaren bekleidet, namentlich auf dem ersten Ring. Die Schwinger sind schwefelgelb. Die Vorderbeine haben braune Schenkel und Schienen und schwarze Tarsen; die Mittelbeine haben ebenfalls braune Schenkel, aber die Schienen sind nur am Grunde braun, an der Spitze schwarz, und das erste Tarsenglied ist am Grunde weiss, am Ende schwarz, die folgenden sind ganz schwarz. Die Hinterbeine sind fast wie die Mittelbeine, nur sind die Schenkel schwarz und auch das zweite Tarsenglied halb weiss und halb schwarz.

4. *S. annulatum* Ph. S. subglabrum, capite nigro; thorace cinereo, vittis quatuor velutino-atris ornato; pedibus albidis, apice femorum posticorum, tibiarum omnium, articuli primi tarsorum omnium apice, reliquisque tarsorum articulis nigris. Long. $1\frac{1}{2}$ lin., extens. alarum 4 lin.

In valli S. Ramon ad radicem andium prov. Santiago ♀ inveni.

Der vorigen Art ähnlich, aber die Brust grau mit schwarzen Striemen, und der Hinterleib scheint ohne Binden. Von den sammtschwarzen Striemen erreichen die äussern weder Vorderrand, noch Hinterrand der Brust, und die innern sind noch kürzer. Die Beine sind bräunlich weiss, auch die vordern, und ihre Schienen ebenso wie die der hintern und mittlern am Ende schwarz; das erste Glied der Tarsen ist an den Vorderbeinen ganz schwarz.

5. *S. varipes* Ph. S. capite cinereo; antennis palpisque nigris; thorace cinereo, vittis tribus velutino-atris ornato; pedibus albidis, nigro-annulatis ut in priore. Long. $1\frac{1}{2}$ lin.

Prov. Valdiviam inhabitat.

Unterscheidet sich von der vorigen Art fast allein durch die Striemen der Brust, deren nur drei sind, und von denen die mittlere vom Schildchen bis zum Vorderrand reicht; die beiden vorletzten Hinterleibsringe schillern grau. Schwinger weiss.

6. *S. chilense* Ph. S. oculis antennisque fuscis; thorace laete rufo; abdomine nigro, pedibus pallide testaceis. Long. corp. $1\frac{1}{2}$ lin., extens. alar. $4\frac{1}{2}$ lin.

Marem e prov. Valdivia attuli.

Der Brustrücken zeigt keine Spur von Striemen. Die Hinterbeine sind auffallend breit, und das erste Tarsenglied ist so lang und so breit als seine Schiene, und wohl zweimal so lang als die folgenden. — *S. fulvescens* Macq. soll den Hinterleib nur ein wenig dunkler als die Brust haben, während er bei unserer Art tief schwarz ist, auch soll die Grösse nur eine Linie betragen.

7. *S. tarsatum* Ph. S. capite antennisque nigro-fuscis; thorace fusco, evittato; abdomine nigro; pedibus pallide fuscis; tarsorum posticorum articulo primo tibiam vel femur longitudine et latitudine aequante. Long. $1\frac{1}{2}$ lin.

Prope Corral cepi, sed etiam ad radicem Andium prov. Santiago.

Auch die Seiten der Brust sind so blassbraun wie die Beine. Das erste Glied der Hintertarsen ist fast dreimal so lang als die folgenden zusammengenommen.

4. Heptagyia [1]) Ph.

Caput parvum. Antennae breves, 7articulatae, cylindricae; articulus primus major et crassior, sequentes quinque subaequales, ultimus oblongus, duos anteriores simul sumtos aequans. Ocelli nulli. Palpi longi, sexarticulati, antennas fere superantes; articuli tres primi subcylindrici aequales, quartus et quintus breviores subglobosi, ultimus angustus oblongus quintum longitudine aequans. Thorax valde gibbosus, sulco profundo margini antico proximo eique parallelo notatus. Alae cellulae basilares duae, marginalis, submarginalis, posticae duae. Pedes elongati, tenues; femora antica haud incrassata, inermia; tibiae anticae apice inermes; tibiae posticae apice spinis minutis; tarsi elongati, articulo primo reliquos fere aequante.

Diese Gattung muss meiner Meinung nach zwischen *Simulium* und *Aspistes* gestellt werden.

Heptagyia annulipes Ph. H. capite albido; antennis griseis, basi albidis; thorace albido, vitta mediana et angulis posticis nigris; abdomine nigro; alis hyalinis, maculis pallide fuscis ante marginem ad apicem nervorum; pedibus fuscis, annulo lato lacteo in tibiis. Long. $1\frac{1}{3}$ lin., ext. alar. $3\frac{1}{2}$ lin.

In centro urbis Santiago capta.

Das Thier ist so ausgezeichnet, dass es keiner weiteren Beschreibung bedarf. Ich verdanke es der Aufmerksamkeit von Fräulein Mathilde Gabler, jetzt mit dem preuss. Consul Madeau verheirathet, welche es in ihrem Zimmer fing.

5. Dilophus Meig.

Blanchard führt vier chilenische Arten auf, von denen ich keine kenne, dagegen besitze ich vier andere.

1. *Dilophus maculipennis* Blanch. apud Gay VII. p. 354.
„Chiloë et Carelmapu."

2. *D. nigripes* Blanch. l. c. p. 354.
„Coquimbo."

3. *D. testaceipes* Blanch. l. c. p. 355.
„Coquimbo."

---

[1]) ἑπτά sieben, γυῖον das Glied.

4. *D. rufipes* Blanch. l. c. p. 355.

„Coquimbo.“

Das Museum besitzt folgende Arten.

5. *D. vittatus* Ph. D. ♀ capite nigro; thorace rufo-fulvo, nigro-trivittato; abdomine supra nigro; pedibus anterioribus omnino fulvis; posticorum femoribus medio nigris; alis hyalinis stigmate obscure fusco. Long. 2½ lin.

In praedio meo Valdiviano cepi.

Stark glänzend. Die Mittelstrieme erreicht vorne fast die vordere Spitzenkrone, die Seitenstriemen reichen nur bis an die zweite Dornenkrone. Schienen und Tarsen an allen Beinen gelb. ♂ unbekannt.

6. *D. pallidipennis* Ph. D. ♀ capite nigro; thorace rufo-fulvo, supra fere omnino atro; femoribus fulvis; posticis medio nigris; tibiis tarsisque piceis; alis hyalinis, stigmate flavescente. Long. 2½ lin.

Locum ubi inveni adnotare neglexi.

Der vorigen Art sehr ähnlich, aber sogleich durch die dunkeln Schienen und Tarsen und das hellgelbe Randmal der Flügel zu unterscheiden.

7. *D. Paulseni* Ph. D. ♀ capite, thorace, dorso abdominis nigris, pedibus ventreque fulvis; alis hyalinis macula stigmaticali fusca. Long. 3½ lin.

Prope Santiago invenit orn. Ferd. Paulsen, mecumque communicavit.

Ob *D. rufipes* Blanch.? An den Flügeln ist aber nicht bloss die Costa, sondern auch die beiden darauf folgenden Adern schwärzlich, dagegen sind die Hüften nicht schwärzlich, und eben so wenig die Spitzen der Tibien und die Tarsen. Auch ist meine Art eine ganze Linie länger. Von keiner Art sagt Blanchard, welches Geschlecht er vor sich gehabt!

8. *D. valdivianus* Ph. D. ♂ omnino niger; oculis obscure castaneis; alarum hyalinarum macula stigmaticali, costa nervisque duobus primis fuscis, reliquis nervis hyalinis. Long. 2¼ lin.

In prov. Valdivia cepi.

Sollte diese Art etwa *D. maculipennis* sein? Die Augen sind aber dunkelbraun, nicht fusco-testacei, und die hintern Adern der Flügel wie gewöhnlich wasserhell, während Blanchard sagt: „die Adern braun“, was doch wohl heissen soll alle Adern. Leider fehlen meinem Exemplare die Hinterbeine.

6. Acanthocnemis Blanch.

Apud Gay VII. p. 355.

Dieses Genus unterscheidet sich von *Dilophus* durch den in eine lange Schnauze verlängerten Kopf und die mit Haken oder dicken Dornen besetzten Vorderschienen. Ich kann keinen grossen Unterschied in den

Vorderschienen finden: die verlängerte Schnauze ist sehr auffallend; beim Weibchen ist sie fast zweimal so lang als der Kopf, beim Männchen viel kürzer, halb so lang als der Kopf. Blanchard hat folgende Arten:

1. *Acanthocnemis rubricollis* Bl. l. c. p. 356.

„Coquimbo. Illapel." Ich fand diese Art in der Prov. Aconcagua bei Catemu. Schwinger braun.

2. *A. obscurus* Bl. l. c. p. 357.

„Coquimbo etc."

3. *A. macrorrhinus* (*Dilophus* m. Macq.) l. c. p. 357. t. I. f. 4.

„Coquimbo." Die Figur ist geradezu schlecht zu nennen, denn sie zeigt weder die doppelten Dornenkämme der Brust noch die Dornen der Vorderschienen.

4. *A. pallens* Blanch. l. c. p. 357.

„Chiloë, Carelmapu."

5. *A. immaculipennis* Blanch. l. c. p. 358.

„Coquimbo."

6. *A. hyalipennis* Blanch. l. c. p. 358.

„Frequens ad Coquimbo."

Ich kenne noch folgende eilf Arten:

7. *A. nigripennis* Ph. A. niger, hirsutus; mesothorace nec non coxis femoribusque anticis rubris; alis e coeruleo-nigricantibus; macula stigmaticali nigra. Long. corp. 3¼ lin., extens. alarum 7 lin.

Prope Llallai in prov. Aconcagua in floribus Trevoae trinervis, nec non prope Santiago inveni.

Die grösste chilenische Art nach der folgenden, und leicht von *A. rubricollis* Blanch., die auch einen rothen Thorax hat, durch die schwarzen Mittel- und Hinterbeine und weit schwärzere Flügel zu unterscheiden. Auch ist die rothe Färbung des Thorax verschieden. Nämlich der Prothorax ist bald roth, bald ganz schwarz und bisweilen ist auch eine abgekürzte Mittelstrieme des Mesothorax schwarz. Schwinger schwarz.

8. *A. thoracicus* Ph. A. niger, glaber; mesothorace, coxis femoribusque anticis rubris, alis e fusco nigris, margine antico cum stigmate obscuriore. — Long. 4¼ lin., extens. alar. 10 lin.

In prov. Valdivia feminam invenit orn. Landbeck.

Die schwarzen Mittel- und Hinterbeine unterscheiden diese Art sogleich von *A. rubricollis* Blanch.; der kahle Brustrücken, die braunschwarzen Flügel, an denen der ganze Vorderrand dunkler ist, so dass das Stigma nicht auffällt, unterscheiden sie von *A. nigripennis*. Schwinger schwarz.

9. *A. luteicollis* Ph. A. niger; thorace, coxis femoribus tibiisque anterioribus luteis; tarsis anterioribus pedibusque posticis piceis; alis hyalinis macula stigmaticali nigra. Long. 2 lin.

Locum ubi cepi non notavi.

Weit kleiner als *A. rubricollis* Blanch.; was bei dieser roth ist, ist hier gelb und die vorderen Schienen braungelb, die Hinterbeine dagegen ganz braun. Ich habe nur ein Weibchen. Schwinger braun.

10. *A. lateralis* Ph. A. niger, nitidus; lateribus thoracis, ventre pedibusque e ferrugineo luteis; alis hyalinis, macula stigmaticali nigra. Long. 2 lin.

In valli S. Ramon ad radicem Andium prov. Santiago cepi.

Es liegen zwei Weibchen vor. — Der Brustrücken ist glänzend schwarz, die Brustseiten sind dunkel braungelb oder gelbbraun, und dieselbe Farbe haben die Beine; Schwinger, Schienen und Tarsen sind dunkler.

11. *A. bimaculatus* Ph. A. nigra, nitida; lateribus prothoracis, coxis femoribusque anticis obscure rubris; alis hyalinis macula stigmaticali nigro-notatis. Long. 2 lin.

Cum prioribus, aut in prov. Santiago, aut in prov. Aconcagua legi.

Durch die rothe Färbung der Brustseiten, welche nur den Prothorax betrifft und die Färbung der Beine, leicht von den ähnlichen Arten zu unterscheiden. Ein Weibchen. Schwinger weiss.

12. *A. gayatinus* Ph. A. aterrimus, nitidissimus; alis hyalinis, macula stigmaticali nervisque primis nigris; halteribus albis. Long. corp. 2¼ lin., ext. alar. 5 lin.

Prope Catemu ♀ inveni.

Nur die Schwinger sind weiss, sonst ist das ganze Insekt tief schwarz; es ist glänzend und fast ganz kahl und daher mit keiner andern Art zu verwechseln, als etwa mit den folgenden.

13. *A. ater* Ph. A. aterrimus, nitidissimus, ♂ nigro-hirsutus; alis hyalinis, macula stigmaticali nigra; halteribus nigris. Long. 2¼ lin.

In prov. Santiago ad radicem Andium cepi.

Es liegen drei Männchen vor. Die ersten Adern sind, wie immer, ebenfalls schwarz. Die schwarze Farbe der Schwinger unterscheidet diese Art sowohl von der vorigen wie von der folgenden.

14. *A. carbonarius* Ph. A. omnino niger; halteribus albis; mas albo hirsutus; alis hyalinis, macula stigmaticali pallide fusca. Long. 2—2½ lin.

In prov. Aconcagua prope Catemu inveni.

Es liegen zwei Männchen und zwei Weibchen vor. Die weissen Schwinger und bei den Männchen die weisse Behaarung unterscheiden diese Art sogleich von *A. ater*, das blasse Randmal von *A. gayatinus*.

15. *A. ephippium* Ph. A. ater, dorso mesothoracis, coxis femoribusque anticis rubris; alis hyalinis, macula stigmaticali pallide fusca. Long. 2⅔ lin., extens. alar. 5⅓ lin.

E collectione orn. Paulsen; in prov. Santiago lectus.

Ziemlich stark behaart, die Haare von der Farbe des Grundes.

Der Rüssel, so lang als der Kopf, trägt die Fühler im ersten Drittel seiner Länge. Die ganze Vorderbrust und die Seiten von Mittel- und Hinterbrust, sowie Schildchen und Hinterleib sind kohlschwarz. Die ersten Adern der Flügel sind braun wie das Randmal, die hinteren wasserhell. Die Schwinger sind braun, Mittel- und Hinterbeine schwarz. Ein ♂.

16. *A. dorsalis* Ph. A. capite, corona antica prothoracis, lateribus thoracis, scutello abdomineque atris; dorso thoracis coxis femoribusque anterioribus rubris; alis infuscatis, cellula costali stigmateque fere nigris. Long. 3½ lin., extens. alar. 7 lin.

In prov. Santiago invenit ornat. Ferd. Paulsen mecumque ♀ communicavit.

Der Rüssel ist so lang als der Kopf, und die Fühler sitzen beinahe am Ende desselben. Die Schwinger sind beinahe schwarz. Die Mittelhüften, Hinterhüften und Hinterschenkel sind dunkel rothbraun, die Schenkel und Tarsen sämmtlicher Beine schwarz. — Die oben rothe, an den Seiten schwarze Brust unterscheidet diese Art von den andern roth und schwarz gefärbten Arten, die dunklen Flügel von der vorhergehenden; von *A. nigripennis* unterscheidet sie sich durch hellere Flügel und durch dunkelrothbraune, nicht schwarze Hinterschenkel.

17. *A. rubripes* Ph. A. capite, scutello, abdomine, coxis medianis posticisque nigris; thorace, coxis anticis, femoribus tibiisque omnibus rubris, tarsis nigricantibus; alis hyalinis, macula stigmaticali nigra. Long. corp. 2⅓ lin., extens. alar. 5½ lin.

Feminam cepi, sed jam ignoro ubi.

Der Körper ist fast vollkommen kahl. Der Rüssel trägt die Fühler in der Mitte seiner Länge. Die Spitze der Halsdornen ist schwarz, und auch die Mitte des Rückens der Vorderbrust ist schwärzlich, aber die Dornen der Vorderschienen sind fast ganz roth. Die Schwinger sind dunkelbraun mit hellem Stiel. Die Spitze der Mittelschienen und Hinterschienen ist von der Farbe der Tarsen.

7. Penthera[1]) Ph.

Caput in ♀ parvum. Oculi distantes, glabri. Ocelli duo in vertice. Antennae in media oculorum altitudine insertae; articulus primus cylindricus, brevis; secundus brevissimus, cyathiformis;. reliqui (deficiunt). Palpi magni, ut videtur quadriarticulati. Alarum cellulae basales duae, anterior parum longior; submarginales (vel potius marginales dicendae?) duae; posticae quatuor, secunda petiolata. Pedes dense pilosi, postici more solito longiores: tibiae inermes i. e. calcare brevissimo, tenui, pilis breviore munitae; pulvilli tres et sicut ungues breves. Mas ignotus.

---

[1]) πενθήρης in Trauer sein, wegen der schwarzen Farbe.

Diese Fliege hat genau die Flügel von *Plecia* Macq. (Siehe Abbild.) und ebenso die unbewehrte Brust derselben, ist aber sonst sehr verschieden. Die Schienen ohne Enddorn unterscheiden sie von *Bibio*.

Penthera *nigra* Ph. P. omnino atra, alis nigricantibus. Long. 2½ lin., extens. alar. 8⅓ lin.

Prope Corral lecta est.

Ich besitze nur ein Exemplar, welches ich wegen seines kleinen Kopfes und der kahlen, entfernten Augen für ein Weibchen halte. Die Flügeladern sind schwarz, und namentlich die erste, von der Mediastinalader entspringende auffallend stark. Die Tarsen sind nicht länger als die Schienen; das erste Glied so lang als die beiden folgenden zusammengenommen; das vierte ist das kürzeste, das fünfte ist so lang als das zweite oder dritte.

8. Scatopse[1] Geoffr.

1. **Scatopse** *carolina* Blanch. apud Gay VII. p. 359.

„S. Carlos (in insula Chiloe, hodie Ancud)."

2. **Sc.** *parvula* Blanch. ibid.

„Coquimbo." Findet sich auch bei Santiago.

3. **Sc.** *transatlantica* Ph. Sc. picea, concolor, nitida; alarum hyalinarum nervis anticis tenuibus, pallide fuscis; tibiis praesertim posticis clavatis. Long. 2 lin.

In prov. Santiago.

Diese Art ist sogleich durch die dünnen, hellbraunen Adern in dem Vordertheil der Flügel zu erkennen. Von der mir unbekannten *Sc. carolina* unterscheidet sie sich durch pechschwarze Beine; bei jener sind sie nämlich „obscure testaceo-rufi."

4. **Sc.** *carbonaria* Ph. Sc. corpore atro, nitido; pedibus piceis, tibiis posticis annulo pallidiore ornatis; alis hyalinis, nervis anticis crassis obscure fuscis vel nigris. Long. 1½ lin.

Prope Corral inveni, et, ni fallor, prope Santiago.

Von der vorigen Art auf den ersten Blick durch die weit dunkleren, dickeren, vorderen Adern der Flügel verschieden, auch sind die Hinterschienen nicht keulenförmig.

5. **Sc.** *hyalinata* Ph. Sc. corpore atro, nitido; pedibus concoloribus; alis hyalinis; cellulis duabus anticis brevissimis. Long. 1¼ lin.

Locum, ubi cepi, notare neglexi.

---

[1] Da der Name von σκώς, Excrement abgeleitet ist, muss man *Scatopse* und nicht *Scathopse* schreiben, denn der Genitiv von σκώς ist σκατός und nicht σκαθος.

Sogleich durch die Kürze der Randzellen zu erkennen, von denen die zweite kaum bis zur Mitte der Flügellänge reicht. Die Adern dieser Zellen sind schwarz; die andern noch feiner und heller als bei den andern *Scatopse*-Arten.

Vesiculosae, Bombyliariae, Mydasiae et Asilicae.

Vesiculosae Latr.

Megalybus[1]) Ph.

Der Kopf ist sehr stark geneigt, kugelig, fast ganz von den Augen gebildet, hinter denen noch ein deutlicher, ringförmiger Hinterkopf zu sehen ist, der aber schmäler ist als der Vorderkopf. — Die Augen sind dunkelbraun und behaart. — Der kleine dreieckige Scheitel zeigt die gewöhnlichen drei Punktaugen. — In der Mitte der Höhe des Kopfes, wenn man denselben von der Seite betrachtet, tritt ein kleiner, glatter Höcker zwischen den Augen hervor, und unter demselben sitzen die kleinen, scheinbar zweigliederigen Fühler, deren zwei erste Glieder zusammen kaum doppelt so lang als dieser Höcker sind; das zweite ist ziemlich kugelig und endet in eine feine Borste. — Der Rüssel ist lang, unter den Leib zurückgelegt, am Ende in zwei fadenförmige Lippen gespalten, die etwas eingeschlagen sind. Die Palpen sind (wie bei *M. pictus*) sehr klein, pfriemenförmig, horizontal. — Der Thorax ist so gross als der Hinterleib, ungemein buckelig, namentlich die Mittelbrust hoch erhaben, so dass der Hinterleib mit der abschüssigen Vorderbrust mindestens einen rechten Winkel macht; Vorderbrust, Mittelbrust und Hinterbrust sind deutlich durch Nähte geschieden. — Der Hinterleib ist walzig, dick oder schlank, sechsringelig, aber der erste Abschnitt ist sehr kurz; alle Ringe sind durch starke Einschnürungen geschieden. — Die Flügeladern stimmen am meisten mit *Cyrtus* überein (s. die Figur), allein sie sind doch eigenthümlich, namentlich ist die Zelle, welche die Spitze des Flügels bildet, nicht wie bei *Cyrtus* gestielt. — Die Flügelschuppen sind gewölbt, dick, glasartig. — Die Beine sind einfach; die Schienen unten etwas verdickt, durchaus unbewehrt; die Klauen mässig; es sind zwei Haftlappen vorhanden.

Das vollkommene Insekt findet man auf Blumen; die Larven leben, scheint es im Holze, wenigstens fing mein Sohn Karl im Dezember 1863 eine aus einem Baume eben auskriechende Fliege dieses Geschlechtes.

---

[1]) μέγας, μεγάλε, μέγα gross, ὕβος Höcker.

Arrhynchus vittatus and Thersites jacobaeus added by Philippi Stett. Ent. Zeit. 32, 1871. 291. 292

1. *Megalybus pictus* Ph. M. niger, helvolo-pictus, antennis capiteque nigris, rostro helvolo; thorace vittis interruptis helvolis notato; abdomine crasso, maculis ternis triangularibus helvolis in quovis segmento picto; alis ante apicem fascia abbreviata nigra ornatis; femoribus nigris, genubus, tibiis tarsisque flavis. Long. corp. 3 lin., extens. alar. 5½ lin.

Habitat in prov. Santiago.

Der Prothorax ist deutlich abgetrennt, schwarz, hellgelb gerandet, hat eine kurze Furche in der Mitte, und sein Hinterrand bildet zwei Winkel. Die Mittelbrust bildet einen mächtigen Höcker, hat im vorderen Theil vier abgekürzte, hellgelbe Striemen, von denen die seitlichen stark gekrümmt sind, und eben so viele kürzere Striemen im hinteren Theil. Der Hinterrand des Schildchens ist gelblich. An jeder Seite desselben sieht man einen gelben Fleck zwischen dem Rand des Mesothorax und der glashellen Flügelschuppe.

2. *M. crassus* Ph. M. thorace maxime gibboso, rufo, strigis helvolis et castaneis picto; abdomine crasso, supra nigro-castaneo, et in medio marginis postici segmentorum macula parva triangulari flava notato, lateribus potius ferrugineo, marginibus flavescentibus; alis hyalinis fusco-bimaculatis; pedibus e ferrugineo luteis. Long. corp. 3⅓ lin., extens. alar. 8½ lin. — Siehe Abbildung.

In prov. Valdivia capitur.

Der Kopf ist braunschwarz, der Rüssel erreicht drei Viertel der Körperlänge. Die Fühler sind hellbraun und der Höcker oberhalb derselben weiss. Die Vorderbrust ist hell rostbraun mit weissgelben Rändern; die Mittelbrust ist von derselben Grundfarbe und mit denselben weissgelben Striemen bezeichnet wie *M. pictus*, aber in der Mitte dunkel kastanienbraun, und auf eine ganz abenteuerliche Art in die Höhe erhoben. das Schildchen ist dunkelkastanienbraun, mit weissgelbem Rande. Auch der Hinterleib ist dunkelkastanienbraun, mit kleinen dreieckigen, weissgelben Flecken auf der Mitte des Hinterrandes des 2., 3., 4. und 5. Segmentes bezeichnet, an den Seiten rostbraun mit hellgelben Rändern. Die Flügel haben kurz vor der Spitze eine schwärzliche Querbinde, welche bis zum Vorderrand reicht, aber in beträchtlicher Entfernung vor dem Hinterrande aufhört, und eine schwärzliche Trübung in der Mitte. Die Beine sind ganz und gar gelb, und die Schenkel kaum merklich dunkler.

3. *M. obesus* Ph. M. rufo-castaneus; capite antennisque nigris; thorace vittis tribus nigris, maculisque sex helvolis picto; abdomine crasso, ad medium marginum posticorum segmentorum macula parva helvola notato, ad latera immaculato; alis fusco-bimaculatis; pedibus rufo-fuscis, femoribus piceis. Long. corp. 3¼ lin., extens. alar. fere 9 lin.

Specimen prope Corral aestate 186¾ lectum est.

Der Rüssel ist gelblich, der Stirnhöcker über den Fühlern gelbweiss. Von den Flecken der Brust stehen zwei vor dem Schildchen, ein anderer jederseits vor dem Ursprung der Flügel, und einer jederseits vor dem Ende des Schildchens. Der fünfte Hinterleibsring hat einen feinen gelben Hinterrand, der mit den gelben Flecken in der Mitte desselben zusammenfliesst. Der Hinterleib ist matt, die Basis sämmtlicher Ringe ist mit feinen anliegenden Härchen bekleidet, welche bewirken, dass sie bei gewissem Licht grau schimmern. Die dickste und grösste Art, und von *M. crassus* sogleich durch den Mangel der gelben Färbung an den Seiten des Randes der Hinterleibsringe zu unterscheiden. Bei genauerer Betrachtung ist die ganze Färbung sehr verschieden.

4. *M. gracilis* Ph. M. corpore obscure brunneo; thorace quam maxime gibboso, flavo-picto; abdominis tenuis, cylindrici, apice incrassati segmentis lateribus helvolo-marginatis; pedum luteorum femoribus supra fuscescentibus; alis infuscatis, immaculatis. Long. corp. 3½ lin., extens. alar. 7 lin. 3d vein curved back in ours. at tip.

Provinciam Valdiviam inhabitat.

Die dunkelbraunen Augen sind weiss behaart, die Fühler braun, der Stirnhöcker oberhalb derselben weissgelb, der hellgelbe Rüssel kaum halb so lang wie der Leib. Die Brust ist braun, namentlich vorn mit gelblichen Härchen besetzt und mit blassgelben Zeichnungen verziert. Die Vorderbrust hat einen gelben Rand, die Mittelbrust ist oben mit vier abgekürzten gelben Striemen, mit zwei abgekürzten gelben Striemen über dem Schildchen und einer gelben Strieme auf jeder Seite bezeichnet, welche hinter dem Ursprung der Flügel anfängt. Das Schildchen ist oben ungefleckt, braun, aber der untere Theil desselben ist gelblich. Der Hinterleib ist sehr dünn, cylindrisch, nach hinten verdickt; der zweite Ring ist so lang als breit, hinten verschmälert, das dritte Glied wenigstens 1½mal so lang als breit, das vierte ebenso, das fünfte von derselben Länge, aber nach hinten verdickt, das sechste Glied klein, nach unten gerichtet, von oben nicht zu sehen. Die Farbe ist auf dem Rücken dunkelbraun, an der Seite hat jedes Segment einen gelben, nach hinten breiter werdenden Fleck; das vierte und fünfte haben oben in der Mitte am Hinterrande einen kleinen gelben Fleck, der am fünften Segment mit dem (ebenfalls gelben) Hinterrand zusammenfliesst. Die Bauchseite ist gelblich. Die Flügel sind getrübt, bräunlichgrau, ungefleckt.

5. *M. tristis* Ph. M. corpore nigro, subunicolore; thorace minus gibboso, flavo-punctato; abdominis gracilis segmento primo lateribus, tertio in margine postico flavis; pedibus ferrugineis, femoribus atris, basi tibiarum nigricante; alis infuscatis, nubecula centrali obscuriore. Long. corp. 3½ lin., extens. alar. 6 lin.

In praedio meo valdiviano S. Juan dicto pluries cepi.

Der gelbe Rüssel ist etwa halb so lang als der Leib oder nur wenig länger. Die Brust ist schwarz und ermangelt der gelben Striemen.

Auch hat die Vorderbrust keinen gelben Rand, und nur die erhabenen Kanten, welche den Mitteltheil von den Seitentheilen derselben trennen, haben in ihrem hinteren Theile eine gelbe Färbung. Die Mittelbrust ist zwar immer noch sehr stark gewölbt, aber doch nicht so abenteuerlich, wie bei *M. gracilis* oder *M. crassus*. Ueber dem Ursprunge der Flügel ist jederseits ein kleiner, kreisrunder, gelber Fleck, und vier dergleichen am Hinterrand vor dem Schildchen, von denen die äusseren die grösseren sind. Auch die nach unten gerichtete Spitze des Schildchens ist gelblich. Der Hinterleib ist von derselben schlanken Gestalt wie bei der vorigen Art, aber ganz schwarz mit Ausnahme des schmalen Hinterrandes des fünften Segmentes, welcher gelb ist; am dritten und vierten Segmente ist nur die untere Hälfte des Hinterrandes gelb, und am zweiten Segmente ist die ganze Seite lebhaft hellgelb. Der letzte Abschnitt ist ebenfalls mit einem gelben Hinterrande versehen. Die Beine sind im Allgemeinen dunkelbraun, die Schienen heller, die Schenkel tiefschwarz, am unteren Ende mit einem gelben Ringe; auch das Ende der Schienen ist gelblich. Die Flügel sind bräunlich getrübt und haben ein dunkles Wölkchen in der Mitte. — Auf den ersten Blick könnte man diese Art für eine Farbenvarietät von *M. gracilis* halten, allein der Höcker der Brust ist sehr verschieden etc.

6. *M. subcylindricus* Ph. M. niger, margine prothoracis, vittis interruptis mesothoracis, margine posteriore lateribusque segmentorum abdominis cylindrici, crassiusculi flavis; alis infumatis; pedibus luteo-ferrugineis, femoribus nigris. Long. corp. $2\frac{3}{4}$ lin., extens. alar. $4\frac{1}{2}$ lin.

Una cum priore inveni.

Der Kopf ist schwarz, Stirnhöcker und Rüssel gelb. Die Vorderbrust hat einen gelben Hinterrand und bisweilen ist ihr Vorderrand gelbbraun. Die Mittelbrust ist für dieses Geschlecht mässig gewölbt, etwa wie bei *M. tristis*, und hat vorn vier abgekürzte gelbe Striemen und vier dergleichen am Hinterrande. Der Rand des Schildchens und die Seitentheile des Metathorax sind gelb. Der Hinterleib ist bei weitem nicht so schlank wie bei *M. gracilis* und *tristis*, aber weit dünner als bei *M. pictus* und *crassus*; das erste Glied ist deutlich zu sehen, das zweite breiter als die folgenden, aber mit diesen von gleicher Länge, das dritte, vierte und fünfte ziemlich so breit als lang. Seite und Hinterrand aller dieser Glieder ist gelb, und letzterer tritt in der Mitte des Rückens in Gestalt eines Dreiecks nach vorne vor. Die Flügel sind getrübt, ungefleckt, doch lässt sich in der Mitte ein dunkleres Wölkchen erkennen. Die Beine sind dunkel wie bei *M. tristis*.

Holops [1]) Ph. novum genus.

Der Kopf ist klein, kugelig, und besteht fast allein aus den Augen; der sehr kleine Scheitel zeigt 2 (?) Punktaugen. Die Fühler entspringen in der halben Höhe des Kopfes, sind kurz und nur zweigliedrig; das erste Glied ist walzenförmig, das zweite eiförmig und in eine lange Borste auslaufend. Die Mundöffnung ist sehr klein, der Rüssel sehr kurz, zusammengedrückt, eiförmig, beinahe lamellenartig. Die Palpen... Die Brust bildet einen auffallenden Buckel; der Hinterleib ist beinahe kugelig; beide sind mit kurzen Härchen dicht bekleidet. Die Flügeladern verlaufen fast wie bei *Panops*, allein die hinteren, dreieckigen Zellen erreichen nicht die Spitze. Die Füsse sind einfach und haben drei Haftlappen. — Von *Panops*, *Cyrtus*, *Philopota*, *Megalybus* durch den kurzen Rüssel, von *Astomella* durch zweigliedrige Fühler, von *Oncodes* und *Acrocera* durch die Insertion der Fühler in der halben Höhe des Kopfes etc. verschieden.

Ich fand die erste Art im Sommer 1859 in zwei Exemplaren am Fenster meines Hauses in S. Juan; sie flog träge und liess sich leicht fangen.

1. ***Holops cyaneus*** Ph. H. capite, pedibus, antennis nigris; thorace abdomineque azureis, nitidis; alis infumatis. Long. corp. fere 4 lin., extens. alar. 8 lin. (Siehe Abbildung.)

E prov. Valdivia attuli.

Die Augen sind dicht mit schwarzen Härchen bekleidet, die Flügel wenig getrübt. Die Schienen sind dicht mit weissen Haaren bekleidet, und sogar die Schuppen, welche die Schwingkölbchen bedecken, sind stark behaart.

2. ***H. inanis*** Ph. H. capite antennisque castaneis; thorace abdomineque luteis, pellucidis, pilisque brevibus luteis obtectis; alarum margine antico apiceque infuscatis; pedibus flavis. Long. 3½ lin.

Unicum specimen in prov. Valdivia loco dicto et Roble ab ornat. Jos. Röhner captum mihi innotuit.

Zu der Diagnose wüsste ich nichts hinzuzusetzen, da diese Art leicht dadurch zu erkennen sein wird. Sie ist so durchsichtig wie manche Volucellen. Die Mundöffnung ist dreieckig und habe ich keinen Rüssel sehen können, vermuthlich war er stark zurückgezogen.

---

[1]) ὅλος ganz, ὤψ Auge.

Sphaerops Ph. [1]) n. g.

Caput globosum, fere solis oculis formatum. Oculi glabri. Antennae immediate infra verticem sitae, biarticulatae; articulis duobus brevibus, secundo globoso seta elongata terminato. Proboscis rudimentaria? inclusa. Alae cellulis submarginalibus duabus, posticis tribus; duabus primis nervo transverso, margini parallelo, clausis; tertia aperta. — Differt ab Oncode antennis parum infra verticem insertis, ab Acrocera cellulis alarum longe diversis, ab Holope insertione antennarum et alarum venis distinctis.

Sphaerops appendiculata Ph. Sph. omnino nigra, partibus oris, incisurisque ventris flavis; abdomine appendiculato. Long. corp. $2\frac{2}{3}$ lin., extens. alar. 5 lin.

Habitat prope Santiago rarissima.

Den 2. Oktober fing ich ein Exemplar in einem Garten Santiagos auf dem Kleide des Gärtners; es scheint ein träges Thier zu sein, das sich ungern bewegt. — Der Kopf ist vollkommen kugelig und wird fast ganz von den Augen gebildet, die kahl sind. Auf dem dreieckigen Scheitel stehen die Punktaugen, und unmittelbar darunter die Fühler, an denen ich nur zwei Glieder sehe. Das erste Glied ist walzenförmig, so breit als lang; das zweite so dick wie das erste, aber kugelförmig, mit einer Endborste, die den halben Durchmesser des Kopfes erreicht. In der kleinen Mundhöhle ragt ein warzenförmiger, hellgelber, in der Mitte getheilter Körper hervor, welcher der Rüssel oder das Rudiment des Rüssels ist. Der Hinterkopf ist mit weisslichen Härchen bekleidet. — Die Brust ist stark gewölbt, zweimal so lang als der Kopf, glänzend schwarz, in's Violette ziehend, aber dicht mit aufrechten, weisslichen Härchen bekleidet. Die ersten drei Hinterleibsringe sind zusammen nicht viel länger aber breiter als die Brust und kugelig; die beiden folgenden Glieder sind schmal und kurz; das letzte erweitert sich beinahe kugelig, ist nicht viel kleiner als der Kopf und hat ein nach oben gebogenes Spitzchen. Der ganze Hinterleib ist wie die Brust behaart, aber dennoch ziemlich glänzend schwarz: unten aber sind die ersten vier oder fünf Einschnitte des Bauches hellgelb. — Die Flügel, s. die Figur, sind fast wie bei *Cyrtus gibbus* (Macq. t. IX. f. 2) gebildet, d. h. es sind zwei Submarginalzellen vorhanden und drei hintere Zellen, von denen die erste und zweite jede durch eine dem hinteren Rande parallele Ader geschlossen oder in zwei getheilt ist; hinter der Analzelle, die kurz vor dem Rande geschlossen

---

[1]) σφαῖρα Kugel, ὤψ Auge, Gesicht.

ist, folgen keine Adern. Die glasartigen Flügelschuppen haben einen schwarzen, mit weissen Härchen dicht gewimperten Rand. — Die Beine sind schwarz, weiss behaart und tragen zwei lange Krallen und drei Haftlappen.

Panops Lamk. *Inol. Lasia*

In der chilenischen Zoologie von Gay führt Blanchard drei Arten *Panops* auf.

1. **Panops** *nigritarsis* Bl. sei von Coquimbo. Diese prachtvolle Fliege ist nicht selten in der Provinz Valdivia; sie fliegt ungemein rasch, wie die andern ihres Geschlechtes und summt dabei so stark wie eine Brummhummel; vorzugsweise in die Blumen der *Alstroemeria aurantiaca* senkt sie ihren langen Rüssel, und ist dann leicht zu erhaschen, wenn sie gerade mit Saugen beschäftigt ist.

2. **P.** *ocelliger* Wied. soll in Coquimbo etc. gemein sein. — Die Fliege, welche ich dafür halte, findet sich in Valdivia. Ihre Beine sind braun, mit braunrothen Haaren bekleidet, nicht *pallide flavi*, wie es in der Diagnose, oder löwengelb, wie es in der spanischen Beschreibung heisst. *Black femora*

3. **P.** *rufovestitus* Blanch. soll eben daher sein. — Ich fing sie nur ein Mal in der Provinz Valdivia bei Cudico in drei oder vier Exemplaren in den Blumen der Copigue (*Lapageria rosea*), in welche sie sich wegen eines schwachen Regens verkrochen hatte. Von dem merkwürdigsten Kennzeichen der Art sagt Blanchard kein Wort. Dafür halte ich die Fühler, welche auffallend breit und zusammengedrückt, fast wie eine Messerklinge sind. Blanchard muss ein abgeriebenes Exemplar vor Augen gehabt haben, denn er sagt: „Hinterleib glatt (liso), nur mit einigen spärlichen Haaren an den Seiten und besonders an der Spitze." Bei frischen Exemplaren ist der Hinterleib dicht mit schwarzen, kurzen, anliegenden Haaren bekleidet.

Ausser diesen drei Arten besitzt das Museum in Santiago noch folgende 5 Arten aus Chile:

4. **P.** *aeneus* Ph. P. thorace viridi-aeneo, pilis albidis, erectis valde hirsuto; abdomine fusco-aeneo, pilis albidis, subappressis sericeo; antennis nigris; proboscide nigra, basi viridi-aenea; pedibus pallide testaceis s. rufis; alis hyalinis. Long. corp. 4½ lin.; variat thorace coeruleo, abdomine cupreo.

E prov. Santiago.

Diese schöne Art habe ich fast in jedem Jahre bei Santiago am Fusse des Cerro S. Cristóval im Monate November auf den Blüthen des *Silybum Marianum* gefangen. Der Körper ist unten prachtvoll azurblau, und die Brust, namentlich aber der Bauch fast kahl.

5. *P. carbonarius* Ph. P. totus violaceo-ater, pilis nigris dense vestitus, praesertim in thorace; capite, antennis, pedibusque atris. Long.
corp. $5\frac{1}{4}$ lin., extens. alar. 12 lin.

E prov. Colchagua attulit orn. Landbeck.

Die Fühler sind kurz, kürzer als der Durchmesser der Augen. Der
Rüssel ist länger als der Leib, kohlschwarz, am Grunde glänzend schwarz.
Der Brustrücken ist mit aufrechtstehenden, kohlschwarzen Härchen dicht
besetzt, und zeigt violetten Schimmer. Denselben Schimmer zeigt auch,
von der Seite gesehen, der Hinterleib, auf welchem die Härchen nicht
so dicht, wie auf dem Brustrücken stehen. Die Flügel sind wasserhell
mit schwarzen Adern.

6. *P. rufus* Ph. P. corpore viridi-aeneo, pilis rufis vestito; antennis
proboscideque nigris; pedibus rufis. Long. corp. 5 lin., extens. alar. 11 lin.

E prov. Colchagua advectus.

Von der Seite gesehen sind die Fühler so lang wie die Augen, die
mit s c h w a r z e n Haaren bekleidet sind; ihr letztes Glied ist dünn und
schmal. Der Körper ist mit lebhaft fuchsrothen Haaren bekleidet, und
auch die Beine sind lebhaft fuchsroth. — Von *P. ocelliger* unterscheidet
sich diese Art durch bedeutendere Grösse und die lebhafte, fuchsrothe
Färbung der Haare und der Beine, von *P. aeneus*, mit dem sie eher zu
vereinigen wäre, durch kürzere Fühler, deren drittes Glied schmäler ist.

7. *P. nigripes* Ph. P. corpore cupreo, pilis rufis vestito: abdomine
apice coeruleo-aeneo; antennis, proboscide, pedibus nigris. Long. corp.
4 lin., extens. alar. $7\frac{1}{2}$ lin.

In praedio meo Valdiviano unicum specimen cepi.

Die Fühler sind beinahe doppelt so lang wie die Augen; diese
sind mit schwarzen Härchen bekleidet. Die Grundfarbe des Körpers ist
mehr kupferroth als bronzegrün, nur das Ende des Unterleibes ist blau-
grün, mit lebhaftem Metellglanze. Die Haare des Körpers sind so lebhaft
fuchsroth wie bei der vorigen Art. — Von *P. rufus*, *aeneus* und *ocelliger*
auf den ersten Blick durch die schwarzen Beine zu unterscheiden.

8. *P. pullus* Ph. P. occipite, pectoreque dense rufo-hirsuto viridibus;
abdomine chalybeo, subglabro; antennis, proboscide, pedibusque nigris.
Long. corp. vix 5 lin.

Specimen prope Borral, Valdivianorum portum, captum vidi.

Die kleinste chilenische Art. Gesicht und Scheitel sind stahlblau,
die Augen schwarz behaart, das Hinterhaupt goldgrün. Der Brustrücken
und das Schildchen sind broncegrün, mit goldenem Schimmer und dicht
mit röthlich gelben Haaren bekleidet; der Hinterleib dagegen ist prachtvoll stahlblau, schwach und fein behaart. Die Flügel sind etwas getrübt.
Von *P. ocelliger*, der ihm durch die Grösse nahe kommt, sogleich durch
die schwarzen Beine und den blauen Hinterleib zu unterscheiden.

Bombyliariae.

Bombylius L.

Bei Gay ist nur folgende Art als chilenisch angegeben;

1. **Bombylius** *heteroneurus* Macq. *[handwritten]*

In der Provinz Coquimbo. Das Museum besitzt ihn aus der Provinz *[handwritten]*
Colchagua.

Dagegen besitzt das Museum neun andere Arten.

2. **B.** *seniculus* Ph. B. corpore murino, pilis niveis dense vestito; alis omnino hyalinis; antennis proboscideque nigris; pedibus fuscescentibus; femoribus posticis supra pilis argenteis, appressis vestitis. Long. 8¼ lin.

In prov. Santiago primus cepit orn. Ferd. Paulson.

Die schneeweissen Haare, welche den ganzen Leib des Thieres und namentlich den Kopf bedecken, sowie die mäusegraue Grundfarbe zeichnen diese Art unter den chilenischen sehr aus. Die erste hintere Zelle der Flügel ist geschlossen; die beiden Basilarzellen sind beinahe gleich lang. Die Adern sind sehr fein, die vorderen hellbraun.

3. **B.** *transatlanticus* Ph. B. pilis griseo-flavis seu fulvis omnino tectus; antennarum nigrarum articulo ultimo elongato; proboscide nigra, dimidium corpus superante; pedibus fuscis; alis hyalinis, vix ad marginem anticum flavescentibus. Long. 6 lin.

In prov. Santiago capitur, nec non in prov. Colchagua etc.

Die Grundfarbe des Körpers ist wahrscheinlich grauschwarz, aber wegen der dichten falben Behaarung nicht mit Sicherheit zu erkennen. Das erste Fühlerglied ist auffallend stark behaart. Die erste hintere Zelle der Flügel ist offen; die erste Basilarzelle ist sehr verlängert.

4. **B.** *bellus* Ph. B. capite cinereo, thoraceque cinereo-hirsutis; abdomine albo, fascia mediana vittaque mediana nigris, crucem formantibus; antennis proboscideque nigris; pedibus fuscis; alis in parte antica nigris, in postica subhyalinis. Long. corp. 5½ lin.

Occurrit in prov. Santiago, Valdivia etc.

Eine sehr elegante, auf den ersten Blick kenntliche Art. — Die Haare, welche den Kopf bekleiden, sind sehr lang und buschig. Die beiden ersten Fühlerglieder sind dick, das dritte schlank, am Grunde mit einem Ringe versehen; die Spitze trägt einen feinen, kurzen Griffel. Die Flügeladern sind wie bei *B. heteroneurus*, d. h. die erste hintere Zelle ist geschlossen und die Basilarzellen sind von ungleicher Länge.

5. **B.** *valdivianus* Ph. B. cinereus, pilis flavidis vestitus; antennis cinereis; proboscide nigra; pedibus flavis; alis fere hyalinis, vix infuscatis. Long. corp. 4 lin.

[handwritten: Rondani described it in 1863 under same name — Cat. Dipt. V. 144]

In prov. Valdivia pluries cepi.

Die kleinen Punktaugen sind sehr deutlich. Der Endgriffel der Fühler ist sehr klein. Bei genauer Betrachtung erscheint die Brust graubraun, mit zwei braunen Striemen, deren Zwischenraum aschgrau ist. Der Hinterleib ist bräunlichgrau. Die erste hintere Zelle der Flügel ist geschlossen, und die beiden Basilarzellen sind ungleich lang.

      6. ***B.* flavescens** Ph. B. corpore cinereo, pilis flavidis dense tecto, immaculato; antennis testaceis; proboscide nigra; pedibus testaceis; alis hyalinis, costa et nervo marginali pallide testaceis. Long. corp. 3½ lin.

Prov. Santiago colit; specimen debeo ornat. F. Paulsen.

Die erste hintere Zelle ist geschlossen; die erste Basilarzelle ist etwas länger als die zweite, die Analzelle ist offen. — Die gelblichen Fühler und Beine und die blassgelben vorderen Flügeladern unterscheiden diese Art sogleich von den ähnlichen.

      7. ***B.* melampogon** Ph. B. niger, pilis albidis, in abdomine longissimis, tectus; pilis faciei longissimis, nigris; antennis proboscideque nigris; pedibus fuscis; alis in parte antica infuscatis. Long. corp. 4½ lin., extens. alar. 9 lin.

Prov. Santiago inhabitat, rarus.

Die Haare auf dem Scheitel, im Gesicht und auf dem ersten Fühlergliede, welche sehr lang sind, sind schwarz, die auf dem Hinterhaupte und der unteren Seite des Kopfes aber weiss. Die Haare des Hinterleibes sind länger und stärker als bei vielen anderen Arten, z. B. *B. transatlanticus*. Ebenso sind die Hüften und Schenkel mit längeren Haaren bekleidet als bei anderen Arten. Die Adern der Flügel sind braun, die erste hintere Zelle ist offen, die beiden Basilarzellen sind von sehr ungleicher Länge. Der Rüssel ist ⅗ der Körperlänge.

      8. ***B.* nigricornis** Ph. B. niger, pilis albidis, in abdomine longissimis, tectus; pilis faciei longissimis nigris; antennis proboscideque nigris; pedibus nigris; alis fere omnino hyalinis. Long. corp. 4 lin., extens. alar. 8 lin.

E coll. orn. Ferd. Paulsen.

Dem *B. melampogon* sehr ähnlich, durch weit längeren Rüssel, fast ganz wasserhelle Flügel und schwarze Linien verschieden. Wie diese Art hat *B. nigricornis* auf dem Scheitel, im Gesicht, auf der Basis der Fühler lange, schwarze, auf dem übrigen Körper lange, weisse Haare. Der Rüssel ist länger als der Körper, die vordern Flügeladern sind braun; die hinteren schwarz; die erste hintere Zelle ist offen, die vordere Basilarzelle weit länger als die hintere.

      9. ***B.* Landbecki** Ph. B. niger, pilis rufescentibus vestitus; pilis capitis niveis; antennarum basi testacea; thorace vittis duabus albidis ornato;

pedibus griseo-testaceis; alis infumatis, antice fuscescentibus. Long. corp. 4½—5 lin., extens. alar. 10 lin.

E prov. Colchagua attulit. orn. Landbeck.

Die Stirn ist bräunlichgelb, das Gesicht weiss und sowie der Hinterkopf und Unterkopf mit schneeweissen Haaren bekleidet. Der schwarze Rüssel ist länger als die Hälfte des Körpers; seine Taster sind gelblich. Die zwei weisslichen Striemen der Brust sind bei frischen Exemplaren wegen der dichten Behaarung nicht wohl zu erkennen. Der Hinterleib hat jederseits ein Büschel schwarzer Haare und vielleicht bei ganz wohl erhaltenen Exemplaren eine schwarze Querbinde. Die Unterseite des Körpers ist durchaus weiss behaart. Die mehr oder weniger getrübten Flügel haben einen gelblichen Vorderrand. Die Beine sind hell, gelblich, die Schenkel mit dicht anliegenden, silbernen Härchen bekleidet. Die erste hintere Zelle der Flügel ist geschlossen, die beiden Basilarzellen sind ziemlich ungleich.

10. *B. frontatus* Ph. B. murinus, pilis albis vestitus; antennis pedibusque nigris; fronte lata; alis infumatis. Long. corp. 4 lin., extens. alar. 10½ lin.

Ex andibus prov. Santiago.

Die Stirne ist auffallend breit, und mit langen, feinen, schwarzen Haaren besetzt. Die Fühler sind genähert; ihr erstes Glied ist lang, cylindrisch, grau, oben kahl, unten mit langen, gelblichen Haaren bekleidet, das zweite ist halb so lang, gegen das Ende hin etwas verdickt, schwarz und mit schwarzen Borsten bekleidet; das dritte Glied ist so lang als die beiden ersten zusammengenommen, ebenfalls schwarz. Lange gelbliche Haare bekleiden das Untergesicht. Die Brust scheint keine Striemen zu haben. Die erste hintere Zelle der Flügel ist offen, die beiden Basilarzellen sind sehr ungleich. — Die sehr breite Stirn, welche bewirkt, dass der Kopf breiter als die Brust erscheint, zeichnet diese Art sehr aus und erinnert an *Sericosoma*.

11. *B. Paulseni* Ph. B. niger; facie cinerea; articulis duobus antennarum testaceis; thorace albo-limbato; segmento primo abdominis cinereo, reliquis albo-marginatis et linea longitudinali mediana alba pictis; alis in parte antica nigris, maculisque nonnullis nigris ornatis. Long. corp. 5½ lin., extens. alar. fere 14 lin.

In prov. Santiago radicem Andium, in prov. Valdivia planities inhabitat.

Eine sehr elegante, in Valdivia nicht eben seltene Art. — Der Kopf und die beiden ersten Fühlerglieder sind grau oder bräunlich und mit schwärzlichen Haaren besetzt. Der Rüssel ist fast so lang wie Brust und Hinterleib zusammen. Die Brust ist dunkelbraun und mit schwärzlichen Haaren bekleidet, allein ihr Hinterrand und eine Strieme an jeder Seite sind weiss und weisslich behaart. Das Schildchen ist sammtschwarz.

Der Hinterleib trägt lange, abstehende, schwarze Haare, die aber nicht
sehr dicht stehen; sein erster Ring ist grau, die folgenden sammetschwarz
oder dunkelbraun, aber sämmtlich am Seitenrande weiss und mit weisser
Mittellinie, der zweite auch am Ursprunge mit einer weissen Querbinde
verziert. Die Härchen auf diesen weissen Binden sind anliegend, weiss,
silberglänzend. Die Unterseite des Körpers und die Beine sind braun.
Die Flügel sind im vorderen Drittheil bis nahe vor der Spitze schwarz,
und haben ausserdem schwarze Fleckchen auf allen Queradern, am Ursprunge der dritten hinteren Zelle und auf der geschwungenen Ader,
welche die beiden Submarginalzellen trennt. Die erste hintere Zelle ist
offen, die beiden Basilarzellen sehr ungleich. Schwinger tiefschwarz.

Sericosoma Macq.

Sericosoma fascifrons Macq. ist von Gay in der Prov. Coquimbo
gefunden; ich fing diese Fliege ein paar Mal in der Prov. Santiago.

Cyllenia Latr.

Cyllenia elegantula Bigot. Mem. Soc. entom. nach einem von
Philibert Germain nach Paris ohne Angabe des Fundortes gesandten
Exemplare; ist mir unbekannt.

Cyrtophorus Bigot.

Cyrtophorus pictipennis Big. Dies merkwürdige Insekt fing ich
ein Mal am Fusse der Cordilleren von Santiago, auch hat es Herr Landbeck von einer Reise nach Illapel mitgebracht. Das höchst auffallende
Merkmal, dass auf der Mitte der Flügel weisse Schüppchen stehen, hat
Herr Bigot in der Beschreibung nicht angegeben.

Phthiria Meig.

Bis jetzt war keine Art dieses Geschlechtes aus Chile bekannt, ich
habe deren fünf gefunden.

1. *Phthiria* vulgaris Ph. Phth. nigra; facie sulfurea, vertice,
vittaque lata ab antennis ad os diducta nigris; pectore flavo-vittato;
scutello flavo; pedibus nigris. Long. corp. 2 lin., extens. alar. 5¼ lin.

Frequens in prov. Santiago, Valdivia etc.

Das Gesicht ist hellgelb; eine Strieme auf der Stirne, eine Querfurche zwischen den Augen, und ein breiter Fleck zwischen dieser Furche
und dem Ursprunge der Fühler sind braun. Dieselbe Farbe haben die
Fühler, welche die Länge des Kopfes haben, und der Rüssel, der ziemlich
so lang ist, als der Körper. Die hintere Orbita ist gelb, der Hinterkopf

Acrophthalmyda sphenoptera Lw.

Cyrtomyia

braun. Die ziemlich langen entfernten Härchen sind von der Farbe des Grundes, auf welchem sie stehen. Die Brust ist beinahe schwarz; eine ziemlich breite Strieme, die sich auf jeder Seite vom Ursprunge des Flügels nach vorn zieht, das Schildchen und die Schwinger sind hellgelb; eine Strieme über dem Ursprunge der Beine jederseits weissgelb. Der Hinterleib ist auf dem Rücken wie auf dem Bauche schwarz, aber mit dicht anliegenden und mit längeren, entfernter stehenden, aufgerichteten gelben Haaren besetzt, welche, wie es scheint, leicht verloren gehen. Die langen Beine sind schwarz, und die Schenkel mit anliegenden, gelben Härchen besetzt.

2. *Phth. exilis* Ph. Phth. omnino nigra, linea utrinque a capite ad originem alarum diducta, alia latiore supra originem pedum, halteribusque albis. Long. corp. $1\frac{2}{3}$ lin.

Weit seltener als die vorige Art, von der sie sogleich das schwarze Schildchen unterscheidet. Auch das Gesicht ist weiss, mit Ausnahme einer breiten, schwarzbraunen Strieme, die vom Scheitel bis zur Mund-öffnung geht.

3. *Phth. picta* Ph. Phth. capite flavo; vertice, macula utrinque ad originem antennarum, antennis proboscideque nigris; thorace nigro, late-ribus lineisque duabus antice abbreviatis longitudinalibus luteis; scutello flavo; segmentis abdominis (primo omnino flavo excepto) in parte ante-riore nigris, in posteriore flavis; pedibus fulvis, tarsis nigricantibus. Long. corp. $2\frac{1}{3}$ lin.

In collibus prope Santiago aestate satis frequens, flores humiles petens.

Diese Art ist durch ihre bunte Färbung sehr leicht zu kennen, und bedarf wohl keiner weiteren Beschreibung. Der ganze Körper ist mit gelblichen Härchen bekleidet.

4. *Phth. cana* Phth. capite thoraceque canis; abdominis fusci seg-mentis flavo-marginatis; antennis apice proboscideque nigro-fuscis; pedi-bus anticis posticisque fere omnino fuscis, mediis fere omnino flavis. Long. corp. $1\frac{1}{2}$ lin.

Autumno 1862 specimina duo prope S. Fernando cepi.

Kopf und Brust sind weisslichgrau, mit weisslichen, ziemlich kurzen Härchen bekleidet; auch die zwei ersten Glieder der Fühler sind grau, das letzte braun. Die Hinterleibssegmente sind schwärzlich, mit ziemlich breitem, hellgelbem Saume, und mit ziemlich langen, blassgelben, anlie-genden Haaren locker bekleidet. Die Flügeladern sind fein, braun, die ersten beinahe gelblich. Die Schwinger sind gelblichweiss. Die Vorderbeine und Hinterbeine sind braun bis auf Hüfte, Trochanter und Knie, welche gelblich sind; an den Mittelbeinen sind auch die Schenkel und die erste Hälfte der Schienen gelb.

5. **Phth.** *barbata* Ph. Phth. omnino nigra; facie pilis patentibus longis dense barbata. Long. corp. fere 2 lin.

Prope Santiago, Valparaiso, Valdivia inveni, nullibi frequens.

Die Augen stehen dicht beisammen. Das erste Fühlerglied ist beinahe doppelt so lang als das zweite; beide sind dick und so lang als die Haare des Gesichtes; das dritte Glied ist so lang als die beiden ersten zusammengenommen, gegen die Spitze hin etwas verjüngt. Der Rüssel ist so lang als Kopf und Bruststück zusammen. Die Palpen erkenne ich nicht. Die Flügel haben eine geschlossene Analzelle.

Geron Hoffmsg.

Auch dieses Geschlecht war bisher nicht aus Chile bekannt. Ich rechne folgende Art dahin:

Geron canus Ph. G. niger, pilis mollibus albis supra vestitus, capite et parte inferiore corporis subargenteis; antennis, rostro, femoribus nigris; tibiis tarsorumque basi ferrugineis. Long. corp. 2¾ lin.

Ex itinere ad Illapel orn. Landbeck specimina duo attulit.

Der Hinterkopf ist mit langen, aufgerichteten, weisslichen Härchen bekleidet, das Gesicht mit kürzeren silberglänzenden. Die Fühler sind schwarz; die ersten beiden Glieder ziemlich kurz, namentlich das zweite, und mit langen weissen Haaren bekleidet; das letzte ist etwas länger als die beiden ersten zusammengenommen, und zeigt eine lange pfriemenförmige Spitze. Der Rücken ist mässig gewölbt, die beiden ersten Flügeladern sind hell, gelblich, die anderen braun und fein. Die Schwinger sind weiss. Die Schenkel sind mit silberweissen Haaren bekleidet.

Systropus Wiedem.

Ich bin zweifelhaft, ob folgende chilenische Fliege in dies Cap'sche Geschlecht gehört.

Systropus? *chilensis* Ph. S. fronte, antennis palpis, proboscideque nigris; facie alba; thorace supra nigro, albo bivittato, lateribus griseo; abdomine nigro, segmentis 2—8 albo marginatis; conis albidis seu pallide fuscis; femoribus superne, apice tibiarum, tarsisque nigricantibus; alis hyalinis. Long. corp. 3½ lin., extens. alar. 4½ lin.

In prov. Santiago in floribus Baccharis cujusdam cepi rarissimum insectum.

Es stimmt diese Fliege mit der von Macquart in den Suites à Buffon gegebenen Abbildung des *S. capensis* in allen wesentlichen Kennzeichen überein, hat aber nichts Gedrehtes an den Hinterbeinen und deutliche Palpen, welche fadenförmig, mit der Spitze in die Höhe gebogen, und den dritten Theil so lang als der Rüssel sind. — Ein kürzlich in Valdivia gefangenes Exemplar hat ganz hellgelbe Beine.

Spp. with short-proboscis begin on p. 660

Hirmoneura Wiedem. rectius Hermoneura [1]).

Von diesen hübschen Fliegen sind bei **Gay** drei Arten aufgeführt.

1. *Hermoneura maculipennis* **Macq.**

Nach **Gay** von Coquimbo. Ist mir unbekannt.

2. *H. chilensis* **Macq.**

Nach **Gay** gleichfalls von Coquimbo. Ist mir unbekannt, wenn anders von der folgenden verschieden. Die Figur stimmt nicht mit der Diagnose überein.

3. *H. flaviventris* **Blanch.**

Ebendaher. Besitze ich aus der Provinz Colchagua.

Herr Bigot hat in den Annales de la Soc. entomol. folgende drei Arten hinzugefügt:

4. *H. brevirostrata* **Big.** p. 280.

Von **Germain** gesammelt, und nach dessen Sitte ohne weitere Angabe des Fundortes verschickt.

Diese prachtvolle Fliege findet sich am Fusse der Cordilleren von Santiago auf den Blüthen des Seifenbaumes, *Quillaja saponaria*, nicht eben selten; Herr **Bigot** irrt aber, wenn er sagt: „abdomine basi late flavo", und „une large zone transversale sur l'abdomen couvrent le premier segment et la moitié du deuxième . . . jaune serin." Das erste Segment ist an allen Exemplaren und auch in der Figur von **Bigot** ganz schwarz. Die Flügel würde ich rostgelb, nicht „nigro-brunneas" nennen, auch finde ich den äusseren Rand der Flügel nicht „largement frangé", sondern vollkommen kahl.

Auffallend ist die Dicke der Hinterschienen und des ersten Tarsengliedes, sowie die dichte Behaarung.

5. *H. barbarossa* **Big.** p. 281.

Ohne Angabe des Fundortes, von **Germain** eingesendet. Ich fing ein Exemplar in Valdivia.

6. *H. niveibarbis* **Big.** p. 282.

Desgleichen.

Die Worte bei **Bigot**: „thorace griseo, lineis tribus brunneis" sind falsch, es muss heissen vittis, sagt er ja selbst im Text: „une large demibande longitudinale brune, deux bandes longitudinales brunes."

Das Museum in Santiago besitzt 11 andere Arten.

---

[1]) Als Pedant habe ich mich nach der Etymologie dieses Namens umgesehen und in meinem griechischen Wörterbuche kein Wort ἱρμὸς gefunden; da nun ἕρμα und ὅρμος Schnur, Kette heissen, und das Genus nach der kettenförmigen Gestalt der Flügelzellen benannt sein soll, so erlaube ich mir *Hermoneura* zu schreiben.

7. **H.** *eximia* Ph. H. corpore, rostro pedibusque nigris; pilis partis inferioris capitis, pectorisque luteo-fulvis; thorace vittis angustis albidis ornato; abdomine holosericeo, atro. Long. corp. 8½ lin., extensio alarum fere 2 poll.

Ad lacum Ranco prov. Valdiviae pauca specimina in floribus Alstroemeriae aurantiacae cepi.

Die Augen sind dunkelbraun, grau behaart; Stirn und Gesicht hellgrau, in's Gelbliche ziehend. Die Fühler, so lang wie der Kopf, sind deutlich viergliedrig, indem die Basis des dritten Gliedes abgeschnürt ist, und ist dieser Theil kurz; die ersten drei Glieder sind grau, das letzte schwarz. Der Scheitel trägt graue Haare. Die Brust ist oben schwarzgrau, mit zwei schmalen weisslichen Striemen, die am Rande eine unterbrochene, sammtschwarze Einfassung haben, und zeigt hinten im Mitteltheil zwei kurze, schwarze Strichelchen. Das Schildchen hat oben in der Mitte einen sammtschwarzen Fleck; eine sammtschwarze Querbinde erstreckt sich hinten von einem Flügel bis zum andern über den Hinterrand des Schildchens. Jederseits steht eine Reihe dichter, rothgelber Haare vom Kopf bis über den Ursprung der Flügel hinaus. Der erste Hinterleibsring, der wenig sichtbar ist, ist mit gelblichen Haaren besetzt, der übrige Theil des Hinterleibes mit schwärzlichen, die kurz sind und nicht dicht stehen, so dass dadurch der tiefschwarzen, etwas ins Blaue ziehenden Färbung kein Eintrag geschieht. Unten ist Kopf und Brust dicht mit rothgelben Haaren bekleidet. Der Bauch ist beinahe kahl, schwarz; die Seiten sind weisslich. Die Flügel sind schwärzlich getrübt, am Vorderrand fast ganz schwarz. Die Beine sind schwarz. Der Rüssel ist etwas länger als der Körper und schwarz.

8. **H.** *balteata* Ph. H. capite cinereo, barba rufa; antennis basi cinereis, deinde rufo-fuscis; thorace supra albido, vittis tribus nigris latissimis ornato; abdomine nigro-fusco, zonis duabus albidis, secunda interrupta, picto; alarum parte postica hyalina, antica nigra, lacerata. Long. corp. 7—8 lin. Siehe Abbildung.

In prov. Valdivia capitur, non frequens.

Die Augen sind braun und stark behaart. Stirn und Scheitel sind hellgrau, mit rothbraunen Haaren bekleidet; der Bart ist ebenfalls rothbraun. Die ersten zwei Fühlerglieder sind hellgrau, mit rothen Borsten besetzt, die Basis des dritten Gliedes ist hellgrau, fast so tief abgeschnürt wie bei der vorigen Art, der Rest des Gliedes braun. Der schwarze Rüssel ist so lang als Kopf und Brust zusammengenommen. Die Brust ist wie bei den meisten Arten hellgrau mit drei braunen Striemen, allein die Striemen sind sehr breit und nehmen mehr Raum ein als die Grundfarbe. Ein Streifen dichter, langer, weisser und braunrother Haare theilt jederseits den oberen Theil des Thorax von den Seitentheilen ab, und zieht sich bis über die Flügel hinaus. Unter demselben erblickt man einen braunen Streifen. Die Unterseite der Brust ist grau, mit rothbraunen Haaren besetzt, hinter den Flügeln aber sind die Seiten dicht mit langen, braunen Haaren bekleidet. Das Schildchen ist oben grau, mit schwarzbraunem Hinterrande. Der erste und zweite Ring des Hinterleibes sind schwarzbraun, ebenso das vordere Drittheil des Dritten, während dessen hinterer Theil weissgrau ist. Der vierte Ring ist grösstentheils weissgrau, sein Vorderrand aber ist braun, und die braune Färbung erstreckt sich auch in der Mitte bis zum Hinterrande. Die folgenden Ringe sind braun. Der Bauch ist hellgrau. Die B e i n e sind rothbraun, die F l ü g e l in der vorderen Hälfte schwarz, in der hinteren fast wasserhell, und die Linie, welche beide Färbungen scharf scheidet, ist ausgezackt.

9. *H. pictipennis* Ph. H. nigro-fusca; antennis nigris; thorace nigro, vittis duabus angustis fuscis picto; abdomine fusco, maculis tribus nigris in quovis segmento ornato; alis infumatis, in parte antica fuscis, linea sinuata partem fuscam a postica separante, rostro modo thoracem aequante. Long. 5½ lin.

In prov. Valdivia occurrit.

Die Fühler sind schwarz, am Grunde braun; ihr Griffel ist sehr deutlich gegliedert. Die Härchen, welche die Augen, die Oberseite der Brust und den Hinterleib bekleiden, sind braun, die des Bartes und Untergesichtes weiss. Die Unterseite der Brust ist schwarz, aber dicht mit gelbweissen Haaren bedeckt, der Bauch hellgrau. Die Beine sind braun. Der vordere braune Theil der Flügel sendet nach hinten zwei stumpfe Zacken aus, und vor dem ersten ist ein blasser, fast wasserheller Fleck, der fast bis zum Vorderrande reicht. Der Rüssel ist nur so lang wie die Brust. Die Flecken in der mittleren Reihe des Hinterleibes sind rautenförmig, die seitlichen Flecken sind quer verlängert.

10. *H. picta* Ph. H. pallide fusca; thoracis lateribus griseis, dorso lineis griseis maculisque castaneis picto; scutello griseo, atro-marginato; abdominis castaneo-trivittati segmentis margine griseis; alarum parte antica fusca in margine sinuata, rostro corpus aequante. Long. corp. 4½ lin., extens. alar. fere 13 lin.

In prov. Valdivia, rara.

Die dunkelbraunen Augen sind mit langen Härchen bekleidet. Das Gesicht ist hellgrau. Das erste Fühlerglied ist grau, das zweite rothbraun, das dritte kastanienbraun. Der schwarze Rüssel ist so lang als der Leib. Die Brust ist an den Seiten grau, auf dem Rücken rothbraun, und mit acht kastanienbraunen Flecken in vier Reihen verziert, indem die mittlere braune Binde vier schwarze Flecke in zwei Reihen trägt, jede Seitenstrieme vorn einen hat. Das Schildchen ist hellgrau mit einem kleinen sammtschwarzen Flecke in der Mitte des Vorderrandes, und mit einem breiten, sammtschwarzen Saume am Hinterrande. Der Hinterleib ist oben rothbraun, am Hinterrande der Segmente hellgrau, und zeigt drei

84 *

kastanienbraune Längsbinden, wie so viele Arten, die hintere Hälfte der Flügel ist wasserhell, die vordere braungrau, mit zwei nach hinten vorspringenden Lappen, wie bei *H. balteata* und *pictipennis*. Der Bauch ist aschgrau, die Beine hellgrau. Von der vorigen Art, abgesehen von der Färbung, durch weit längeren Rüssel verschieden.

11. *H. Landbecki* Ph. H. subtus niveo-pilosa; barba nivea; antennis basi rufis, apice nigris; thorace caesio, parum distincte brunneo-vittato; abdominis primo segmento nigrescente, albo-hirsuto, reliquis p u r pureo-fuscis; immaculatis; alarum parte postica hyalina, antica (s. externa) brunnea, margine postico dilacerata. Long. corp. 8½ lin., extens. alar. 23 lin.

Prope Clico in prov. Colchagua specimina duo nactus est orn. Landbeck.

Der Rüssel ist so lang als Kopf und Brust zusammen, dunkelrothbraun, nach der Spitze hin schwärzlich. Die Augen sind braun, mit weisslichen Härchen dicht besetzt. Das erste Glied der Fühler ist lebhaft rothbraun, das zweite dunkelbraun, das dritte schwarz. Der Scheitel ist schwärzlich, das Gesicht rothbraun, aber mit weisslichen Haaren bekleidet. Der Thorax ist oben schwach behaart, aschgrau oder hechtgrau, welche Farbe auch über den breiten braunen Längsstriemen zu liegen scheint, von denen die mittlere der Länge nach getheilt ist und lange vor dem Schildchen aufhört. Dieses ist grau mit einem kleinen rothbraunen Flecke am Grunde. Der erste Hinterleibsring ist schwärzlichbraun, und wie das Schildchen mit langen weissen Härchen bekleidet, die folgenden sind rothbraun, in das Kastanienbraune oder Purpurne übergehend, oben mit braunen Härchen, an den Seiten mit Büscheln längerer, weisser Haare bekleidet. Die Unterseite der Brust ist wie der Bart mit langen, schneeweissen Haaren, der Bauch mit kurzen weissen Härchen bedeckt. Die Flügel sind, wie bei *H. niveibarbis*, wasserhell, aber am Vorder- oder Aussenrande mit einer breiten, nach hinten gezackten Binde versehen. Die Beine sind rothbraun. Von *H. niveibarbis* durch rothes erstes Fühlerglied, ungefleckten braunrothen Hinterleib etc. verschieden.

12. *H. commutata* Ph. H. capite griseo; barba pectoreque niveis; antennis nigris, basi cinereis; thoracis flavi vittis tribus atris latissimis; abdomine flavo, nigro-trivittato; pedibus testaceis; alis infumatis. Long. corp. 6 lin., extens. alar. fere 14 lin.

E prov. Valdivia specimen attuli in praedio meo captum.

Der Kopf ist grau, mit greisen Haaren bedeckt, aber der Bart und die langen Haare der Unterseite der Brust sind schneeweiss. Der schwarze Rüssel ist so lange als Kopf und Brust. Aufrecht aber nicht sehr dicht stehende Härchen bekleiden den Rücken von Brust und Hinterleib. Auf ersterer nehmen die dunklen Striemen so viel Raum weg, dass die Grundfarbe eher schwarzbraun zu sein scheint; die gelben Seitenstreifen ziehen sich bis auf das Schildchen, das eine dunkelbraune Mittelstrieme und breiten dunkelbraunen Hinterrand hat. Der Bauch ist gelbweiss. Die Beine schaalgelb, gegen die Spitze dunkler. Die Flügel sind fast so dunkel wie bei der sehr ähnlichen *H. barbarossa*, von der sich unsere Art sogleich durch schneeweissen Bart und Brust unterscheidet. Die Abbildung, welche Blanchard in Gay's Werk als *H. chilensis* gibt, stimmt sehr gut mit dieser Art und sehr schlecht mit der Diagnose der *H. chilensis*.

13. *H. ursula* Ph. H. supra pilis patentibus subfulvis dense hirsuta, subtus cum barba alba: thorace scutelloque fuscis, ad latera luteis; abdomine luteo, vitta mediana, maculisque ad latera nigro-fuscis; pedibus testaceis; alis infumatis; antennis nigris, basi griseis. Long. corp. 3½ lin., extens. alar. 9 lin.

Initio hujus aestatis specimen ♂ in praedio meo valdiviano cepi.

Der Kopf und die beiden ersten Fühlerglieder sind grau. Der Rüssel ist nur so lang wie die Brust, und gegen die Spitze hin eher breiter als schmäler, während er bei *H. commutata* nach der Spitze hin merklich verjüngt ist. Die Striemen des Thorax sind braun, nicht schwarz; die seitlichen fliessen mit der mittleren zusammen und lassen jederseits nur einen schmalen, ziemlich dunkelgelben Streifen, der wegen der bräunlichen, starken Behaarung wenig auffält. Die mittlere Längsbinde des Hinterleibes ist ziemlich schmal, schmäler noch sind die Flecken an jeder Seite. — *H. ursula* unterscheidet sich von der vorigen Art durch kürzeren Rüssel, weit stärkere Behaarung und andere Färbung, nämlich dunkleren Grund und hellere braune Längsstriemen.

14. *H. andina* Ph. H. griseo-fusca, rufo-hirsuta subtus rufa; antennis fuscis; proboscide elongata nigra; thoracis linea mediana nigra, lineaque flavescente utrinque; scutello griseo-fusco; abdomine griseo-fusco; lateribus nigro-maculato; alis infumatis, pedibus rufis. Long. corp. 6 lin., extens. alar. 15 lin.

H. andina Ph. Anal. Univ. Chil.

Prope thermas de Chillou dictas haud procul a nive perpetua inveni.

Die Augen sind dunkelbraun, dicht mit gelblichen Härchen besetzt. Der untere Theil des Kopfes ist fuchsroth, mit langen Haaren von derselben Farbe; eben solche Haare bekleiden auch Brust und Bauch. Die Basis der Fühler ist grau, das letzte Glied ziemlich rothbraun mit schwarzer Borste. Der Thorax ist an den Seiten mit langen, braunrothen, auf dem Rücken mit kürzeren, gelblichen, weniger dicht gestellten Härchen bekleidet, graubraun, in der Mitte mit einer sehr feinen, in der Mitte unterbrochenen, schwarzen Längslinie, jederseits mit einer breiteren, gelblichen Längslinie verziert; vor dem Schildchen zeigt er jederseits einen schwarzen Fleck. Das Schildchen ist graubraun, mit einem schwarzen Flecke in der Mitte des Basalrandes. Das erste Glied des Hinterleibes ist dicht mit langen fuchsrothen Haaren bekleidet, die folgenden zeigen

kürzere rothe Haare, mit denen ab und an ein schwarzes vermischt ist,
und haben jederseits nahe am Rande einen schwarzen dreieckigen
Flecken; das vierte Segment hat auch einen schwarzen Flecken in der
Mitte seines Vorderrandes. Die Beine sind ganz rothbraun. Die Flügel
sind getrübt, ihre Adern fein und besonders die vorderen braun.

Die folgenden Arten haben sämmtlich einen ganz kurzen Rüssel,
der kaum den fünften oder sechsten Theil so lang ist als der Kopf, und
das dritte Fühlerglied ist kurz.

15. *H. articulata* P h. H. fusco-cinerea, vittis duabus thoracis albidis;
abdomine subfasciato, ad utrumque latus fasciculis pilorum nigrorum
tribus cum pilis niveis alternantibus ornato; alis fuscescentibus, antice
obscurioribus. Long. corp. 7 lin., extens. alar. 16 lin.

In prov. Colchagua invenit orn. Landbeck.

Die Fühler und der Rüssel sind schwarz, ebenso die Haare des
Scheitels, während die der Augen und des Untergesichtes braun sind.
Der Brustrücken ist grösstentheils mit gelblichen Härchen bedeckt, und
zeigt zwei deutliche, schmale weissgraue Striemen, von deren Mitte nach
aussen und vorn eine weissliche Linie verläuft; die Seiten sind dicht mit
etwas längeren, braunen Haaren bedeckt. Das erste Segment des Hinterleibes ist am Grunde mit dichten, aufrechtstehenden, weissen Haaren
bekleidet; die folgenden sind braun mit einer dunkleren Querbinde, in
deren Mitte ein schwarzer Fleck steht. Die drei ersten Segmente haben
jederseits einen Büschel ziemlich langer schwarzer Haare, vor denen
etwas kürzere, schneeweisse stehen. Die Unterseite des Körpers ist hellgrau und mit weisslichen Härchen bekleidet. Die Flügel sind bräunlich
getrübt, am vorderen (äusseren) Rand ziemlich dunkel. Die Beine sind
schwärzlichbraun.

16. *H. cinerea* P h. H. fusco cinerea, dense pubescens, vittis pallidioribus thoracis picturaque abdominis, si quae adest, parum conspicuis;
alis fuscescentibus; halteribus albis. Long. corp. 4½—6 lin., extens. alar.
usque ad 16 lin.

Prope Santiago, Illapel, in prov. Colchagua etc. occurrit.

Die ganze Fliege ist bräunlichgrau, mit aufrechtstehenden, helleren
Härchen dicht bekleidet, und hat man Mühe, auf dem Thorax zwei
hellere Längslinien, auf dem Hinterleibe an jedem Segmente auf der Seite
einen helleren, gelblichen Fleck zu erkennen. Die Ränder des Hinterleibes zeigen an gut erhaltenen Exemplaren auch vorn weissliche, hinten
schwärzliche Härchen, aber die Härchen sind weit lockerer und die
Färbung nicht so stark ausgesprochen, wie bei der vorigen Art, so dass
die Ränder wenig auffallen. An einem Exemplare ist die gestielte
Terminalzelle der Flügel beiderseits durch eine Querader in zwei getheilt.

17. *H. punctipennis* P h. H. cinereo-nigra; abdomine nigro maculato:

alis nigricantibus, punctis nigris 3—5 ad ramificationem nervorum pictis. Long. corp. 5½ lin., extens. alarum 13 lin.

Habitat in prov. Santiago et Colchagua.

Die Fühler und der sehr kurze Rüssel sind tief schwarz; die Haare der Augen sind braun, die des Kopfes schwarz. Auf dem Brustrücken erkennt man mit Mühe drei schmale, dunklere Striemen, die längeren Seitenhaare sind rein weiss. Der Hinterleib schillert in gewissem Lichte schachbretartig hell und dunkel; genauer betrachtet zeigt er in der Mitte jedes Segmentes einen hellen Fleck in dem wieder ein länglicher tief schwarzer Fleck liegt, und ebenso an der Seite einen helleren Fleck; der Seitenrand eines jeden Segmentes selbst hat im vorderen Theile weisse im hinteren schwarze Haare, die aber anliegen, so dass diese Bildung wenig auffällt. Der Bauch ist hellgrau. Die Flügel sind schwärzlich, ihr Vorderrand dunkel, ihr Hinterrand heller; sie zeigen vier schwärzliche Punkte an den Kreuzungspunkten der Adern, und eine an der Spitze der etwas offenen Analzelle, die Schwinger sind schwarz. Die Beine sind hellbraun, die untere Hälfte der Schienen und die Tarsen schwärzlich. Ich habe diese Art anfangs für *A. maculipennis* Mocq. gehalten, allein nach Blanchard bei Gay soll der Rüssel ziemlich kurz sein, die *tibiae* werden *testaceae* genannt, die Flügel sollen drei dunklere Flecke gegen die Spitze hin haben, während bei unserer Art der Rüssel sehr kurz, die Tibien nicht heller als die Schenkel, der erste schwärzliche Punkt der Flügel in der Mitte der Länge derselben liegt. Auch sagt Blanchard vom Hinterleibe nur „schwärzlich und behaart", während er bei unserer Art sehr deutlich gefleckt ist.

18. *H. luctuosa* Ph. II. supra nigra, subtus cinerea, hirsuta; thoracis vittis obsoletis, segmentis 2 et 3 abdominis margine laterali pilis brevibus atris dense vestitis; alis nigricantibus; halteribus nigris. Longit. corp. 6 lin.; extens. alarum 15½ lin.

Prope Santiago semel cepi.

Die Augen sind wie gewöhnlich rothbraun und mit röthlichweissen Härchen bekleidet, Rüssel, Fühler, Scheitel und Stirn sind schwarz, ein Fleckchen über dem Ursprunge der Fühler hellgrau; Untergesicht hellgrau, die Augenränder hell rothbraun, der Bart schwarz. Der Rücken von Brust und Hinterleib ist ziemlich dicht mit aufrechtstehenden schwarzen Härchen bekleidet; auf dem Thorax sind jetzt keine Striemen zu erkennen, in meinen Notizen steht vittis tribus atris. Die langen Seitenhaare sind weiss. Der Hinterleib ist jetzt einfärbig schwärzlich, zeigt aber vielleicht bei frischen Exemplaren in der Mittellinie eine Reihe dunklere Flecke. Auffallend ist die Behaarung der Seitenränder, unmittelbar davor sind die Segmente heller. Die Unterseite des Körpers ist aschgrau, die Beine hellbraun. Sollte diese Fliege bloss eine dunkle Varietät der vorigen Art

sein, bei der die schwärzlichen Flügelpunkte zugleich undeutlich geworden sind?

19. *H. bellula* Ph. H. fusca, fascia transversa medio interrupta in
thorace ante originem alarum, altera ante scutellum; abdomine fusco,
albo et nigro variegato; alis fuscis, nervis partis posticae hyalino-marginatis. Long. corp. 5½ lin. extens. alarum 14 lin.

In itinere ad Illapel invenit orn. Landbeck.

Rüssel schwarz, Fühler dunkelbraun, am Grunde schwarzborstig.
Augen rothbraun, hellgrau behaart. Scheitel schwarz, Stirn und Untergesicht gelbbraun, Bart kurz und spärlich, schwärzlich. Die Oberseite des
Körpers ist braun und dicht mit schwärzlichen, die untere mehr hellgrau,
auch mit helleren Haaren bekleidet. Bei gewissem Lichte erkennt man auf
der Brust dunklere Striemen, aber sehr auffallend sind die weissen, von
weissen Haaren hervorgebrachten Zeichnungen. Eine Querlinie von dieser
Farbe entspringt jederseits vor der Flügelwurzel und begiebt sich quer
und etwas schräg nach innen, wo sie durch einen ziemlich breiten Raum
von der Grundfarbe von einander getrennt sind. Vom Vorderrande gehen
zwei kurze weisse Längsstriemchen aus, die auf halbem Wege zu dieser
unterbrochenen weissen Querbinde stehen bleiben. Die langen Seitenhaare der Brust sind, wie gewöhnlich, weiss. Ich mag nicht entscheiden
ob die sehr auffallende weisse Querbinde zwischen Thorax und Schildchen
durch Haare hervorgebracht wird, die auf dem Hinterrande der Brust,
oder auf dem Vorderrande des Schildchens stehen. Dieses hat in der Mitte
seiner Vorderhälfte einen dreieckigen schwarzen Fleck. Sämmtliche Hinterleibssegmente haben einen weissgewimperten Hinterrand, aber ausserdem noch zwei weisse Fleckchen, die mir besonders auf dem vierten auffallen; am Vorderrande in der Mitte ein schwarzes Fleckchen, ein anderes
derselben Farbe jederseits, zwischen dem weissen Fleckchen und dem
Seitenrande, und die Haare am Seitenrande selbst bilden eine weiss und
schwarz gegliederte Franse. Die Färbung der Flügel ist sehr eigenthümlich, und erinnert an *H. pictipennis*. Die vorderen oder äusseren Flügeladern sind gelblich, die andern dunkelbraun. Die Beine sind ziemlich von
derselben Farbe wie der Körper.

20. *H. modesta* Ph. H. fusca; thorace immaculato; serie macularum
nigrarum in linea mediana abdominis; alis fuscis, nervis partis posticae
hyalino-marginatis. Long. corp. fere 5 lin., extens. alarum 10 lin.

Ad radicem andium prov. Santiago specimen cepi.

Diese Art steht in der Mitte zwischen *H. cinerea* und *H. bellula*.
Mit der ersten stimmt sie durch den Mangel an Zeichnung überein, hat
aber doch eine Reihe deutlicher, runder schwärzlicher Flecke in der Mittellinie des Hinterleibes; mit *bellula* hat sie die Flügel gemein. Es ist keine
abgeriebene *bellula*, und sie ist sogar dichter behaart als diese. Eine der
Terminalzellen ist durch eine Querader getheilt, was ich für zufällig halte.

21. *H. anthracoides* Ph. H. nigra, hirsuta; pilis occipitis, marginis postici thoracis fasciam formantibus, fasciisque tribus abdominis albis; alis fere hyalinis, margine antico nigrescente. Long. $4\frac{1}{2}$ lin., extens. alarum 9 lin.

In andibus humilioribus prov. Santiago capitur.

Die Augen sind dunkelbraun und dicht mit schwärzlichen Haaren bekleidet. Das dritte Fühlerglied ist heller, braun. Der Rüssel ist so kurz, dass er nicht aus der Mundhöhle hervorragt. Die Haare des Scheitels, des Untergesichtes, so wie die Borsten der ersten Fühlerglieder sind lang und schwarz. Thorax und Hinterleib sind mit abstehenden schwarzen Haaren bekleidet, aber die Haare des Hinterkopfes, die zwischen Thorax und Schildchen, die erstere Hälfte des zweiten Ringes, des Vorderrandes des zweiten und dritten Hinterleibsringes sind weiss, und bilden weisse Querbinden. Die Unterseite der Brust und der Bauch sind dicht mit langen weissen Haaren bedeckt; letzterer ist hell, weisslich, in der Mitte dunkel. Der Vorderrand der Flügel ist schwärzlich, die hintere Hälfte fast wasserhell. Schenkel und Schienen sind blassbraun, die Tarsen schwärzlich.

Bemerkung. Die chilenischen *Hirmoneura*-Arten bilden zwei scharf getrennte Sektionen, die man füglich Genera nennen könnte, ohne Uebergang, die langrüsseligen, und die kurzrüsseligen. Mit der Verlängerung des Rüssels geht allemal eine Verlängerung des letzten Fühlergliedes Hand in Hand, welches bei den langrüsseligen zwei auch dreimal so lang als breit, bei der kurzrüsseligen aber etwa eben so lang als dick ist. Ob die mir unbekannte *H. maculipennis* einen Uebergang ermittelt, kann ich nicht sagen.

Anthrax [1]) Scop.

In Gay's Zoologia chilena führt Blanchard nur 6 chilenische Arten auf, ich kenne deren 26 mehr.

1. *Anthrax Durvillei* Macq.

„Von Concepcion". Findet sich auch bei Santiago und in Valdivia. In der Diagnose heisst es richtig: pedibus testaceis, in der spanischen Beschreibung werden die Füsse fälschlich schwarz genannt.

2. *A. hypoxantha* Macq.

Aus den mittleren Provinzen.

3. *A. vicina* Blnch.

„Von Coquimbo". Ist häufig in Santiago, Valdivia etc.

4. *A. Gayi* Macq.

„Von Coquimbo, Santa Rosa" ist mir unbekannt.

5. *A. rufiventris* Blanch.

„Von Coquimbo" ist mir unbekannt.

[1]) Nach dem Wörterbuch ist ἄνθραξ ein Masculinum; ich folge dem Gebrauch und nehme das Wort als Fliegenname weiblich.

6. *A. hyalinipennis* Bl.

„Von Coquimbo" ist mir unbekannt.

7. *A. moerens* Ph. A. omnino atra, atro-pilosa, pilis in lateribus thoracis modo cum rufo-fulvis mixtis; alis atris, versus apicem sensim hyalinis, guttulis 3 — 4 in nervulis transversis pallidioribus. Long. corp. 6⅓ lin., extens. alarum fere 12 lin.

Ex itinere Illapelino specimen attulit orn. Landbeck.

Der Kopf ist mit schwarzen Härchen bekleidet. Die Fühler sind ganz schwarz mit pfriemenförmiger Spitze, ohne Haarbüschel am Ende. Die Brust ist kohlschwarz, aber ihr Vorderrand und die Seiten, namentlich hinter den Flügeln, sind zum Theile mit gelben Härchen bekleidet. Die Haare auf dem Hinterleibe sind schwarz, abstehend, besonders dicht an den Seiten; an der Seite des zweiten Ringes, und um den After stehen Büschel weisser Haare. Die Flügel haben zwei Submarginalzellen, und sind dadurch ausgezeichnet, dass die tiefschwarze Färbung ganz allmälig in die glashelle Spitze übergeht, welche etwa ein Fünftel des Flügels einnimmt. Die helleren Fleckchen auf den Queradern fallen wenig auf. Der Stiel der Schwinger ist hellbraun, die Spitze des Kölbchens weiss. Die Beine sind schwarz.

8. *A. lemniscata* Ph. A. atra, pilis nigris vestita; vitta argenteo-alba utrinque in thorace; fascia argenteo-alba ad basin segmenti quarti abdominis; pilis erectis luteo-albidis in segmento primo; alis dimidiato-nigris, linea serrata partem nigram ab hyalina separante. Long. corp. 4½ lin., extens. alarum 10½ lin.

In montibus prov. Santiago.

Die Fühler sind kohlschwarz, mit pfriemenförmiger Spitze, ohne Haarbüschel am Ende. Der Kopf ist kohlschwarz, mit anliegenden gelben Härchen, die der Schwärze keinen Eintrag thun. Auch das Aftersegment trägt weisse Haare. Die Flügel haben zwei Submarginalzellen, und die Läppchen am Grunde des hinteren Randes sind gefranset, wie bei der vorigen Art. Die Schwingkölbchen sind weiss. Die Beine haben zum Theil ganz hellbraune Schenkel und Schienen. *A. Gayi* soll auch zur Hälfte schwarze Flügel haben, der Körper soll aber mit gelblichen Haaren bekleidet sein, und von den hübschen silberweissen Zeichnungen, welche unsere Art sehr auszeichnen, ist keine Rede.

9. *A. semilugens* Ph. A. nigra; thorace rufo-villoso; abdomine atro, fasciis flavidis ornato; alarum parte antica nigra, parte postica hyalina, guttis nigris in nervis transversalibus picta; pedibus nigricantibus. Long. corp. 4⅓ lin., extens. alarum 11 lin.

In praedio meo valdiviano Januario 1860 specimen cepi.

Die Stirne ist mit langen schwarzen, das Untergesicht mit anliegenden, rothgelben Haaren bekleidet. Die Fühler sind schwarz. Die Brust ist zottig von langen, rothgelben Haaren, unter welchen einzelne län-

gere, schwarze Haare gemischt sind. Auf dem Hinterleibe bilden die gelben Haare Querbinden, von denen namentlich eine an der Basis des
zweiten Ringes sehr auffällt. An den Seiten des Hinterleibes wechseln
schwarze und rothgelbe Büschel von Haaren ab. Die Beine scheinen
schwarz zu sein, erscheinen aber in Folge der dicht anliegenden Härchen
hellbraun. Der Vorderrand der Flügel ist bis etwas über den dritten
Theil der Breite tiefschwarz, der Rest ist wasserhell aber mit drei oder
vier runden Tropfen auf der Querader verziert, von denen die vordersten
mit der schwarzen Färbung der Vorderseite zusammenfliessen. Zwei Submarginalzellen.

10. *A. semitristis* Ph. A. capite rufo, rufo-piloso; thorace abdomineque supra nigris, rufo-fulvo hirsutis, ventre rufo-fulvo; alarum parte
basilari-antica fusca, guttis duabus hyalinis in nervis transversis; pedibus
testaceis. Long. corp. 4 lin., extens. alarum 8½ lin.

Illapel.

Der Kopf ist lebhaft gelbroth, mit gelbrothen Härchen bekleidet.
Das erste Fühlerglied ist gelbroth, die folgenden sind braun, das letzte
hat eine ziemlich stumpfe Spitze, aber so viel ich sehen kann, keine Haarbüschel am Ende. Der Hinterleib ist oben mit anliegenden, gelblichen
Härchen, an den Seiten und auf dem ersten Ringe mit langen, gelben
Haaren bekleidet. Der Hinterrand der letzten Segmente, und fast das
ganze Aftersegment sind ebenfalls gelblich. Die Beine sind sehr hell,
bräunlichgelb. Die Flügel sind im Basaltheile braun, nicht schwärzlich,
und haben in diesem braunen Theile ein Paar wasserheller Tröpfchen, von
denen namentlich eines an der Basis der Discoidalzelle auffällt; die
Linie, welche die braune, innere Hälfte von der äussern, hintern trennt,
ist gezackt. Zwei Submarginalzellen. Schwingkölbchen weiss. Ist diess
etwa *A. Gayi* Blanch.? Die Beschreibung stimmt bis auf vier Punkte.
1. die braune Hälfte der Flügel soll bei *Gayi* ungefleckt sein, bei *semi-
tristris* hat sie wasserhelle Fleckchen; 2. der Rand derselben soll abgerundet sein, was ich bei *semitristis* nicht finden kann; 3. die Beine
sollen schwärzlich-braun sein, während unsere Art sehr helle Beine hat.
4. soll der Kopf, dessen Farbe nicht angegeben ist, mit grauen Härchen
bekleidet sein.

11. *A. Blanchardi* Ph. A. nigra; capite rufo-fusco, pilis nigris hirto;
abdomine pilis appressis flavis, fascias formantibus, pilisque nigris patentibus vestito; alis dimidiate-nigris; punctis pallidis in parte nigra. Long.
corp. 5½ lin., extens. alarum fere 13 lin.

In prov. Calchagua reperit orn. Landbeck, etiam prope Illapel.

Der Kopf ist mit schwärzlichen und mit weissen Haaren bekleidet,
braunroth; der Scheitel schwarz, ein Fleck über den Fühlern grau, sowie
der Hinterkopf. Die beiden ersten Fühlerglieder sind röthlich, das letzte
fast schwarz. Die Seiten der Brust sind mit langen gelben Haaren

85 *

bekleidet; eine kurze silberweisse Strieme steht jederseits dicht am
Flügelursprunge. Das Schildchen scheint roth, mit schwarzer Einfassung.
Die erste Hälfte der Hinterleibsringe ist mit anliegenden, gelblichen
Härchen bekleidet, an den Seiten stehen lange, fast borstige Haare von
hellgelber Farbe auf dem ersten, und der vorderen Hälfte des zweiten,
mehrentheils schwarz auf den folgenden Ringen. Der Bauch ist röthlich,
und mit weissen und schwärzlichen Härchen bekleidet. Die Beine sind
hellbraun, die Tarsen schwärzlich. Die Flügel sind in der Basalhälfte
schwärzlich, in der andern wasserhell, und haben in der ersten wasserhelle Tröpfchen, ganz wie bei *A. hypoxantha* Mocq., wo nur der dunkle
Theil des Flügels hellbraun, nicht schwärzlich ist. Zwei Submarginalzellen.
Schwingkölbchen weiss.

√ 12. *A. chilensis* Ph.

A. rufa; parte alarum antica fusca, rufo-venosa, guttis pallide rufis
picta, postica minore, hyalina, fusco-guttata, pedibus rufis. Long. corp.
5 lin., extens. alarum 10 lin.

Colchagua, Illapel.

Der Kopf ist fuchsroth, in der oberen Hälfte mit schwarzen Börstchen. Die Fühler ebenfalls roth. Der Thorax ist oben schwärzlich, das
Schildchen roth, der Hinterleib roth, mit einem schwärzlichen, dreiekigen
Flecke, dessen Basis den ganzen ersten Ring einnimmt, und dessen Spitze
in der Mitte des Hinterrandes des vierten Ringes liegt. Aufrecht stehende
Haare bekleiden die Brust, anliegende, den Hinterleib und sind meist
röthlich. An den Seiten des Hinterleibes stehen auf den ersten beiden
Ringen gelbliche Haare, und ziemlich dicht; auf den folgenden stehen
sehr lockere schwarze. Unterseite und Beine sind bräunlich roth. Zwei
Drittheile des Flügels sind röthlichbraun; die Hauptadern sind lebhaft
gelbroth, und es sind einzelne hellere Fleckchen darin; in dem wasserhellen Drittel sind bräunliche Tropfen am Ende aller Adern, und noch
zwei bräunliche Flecke mehr, die mit dem dunkleren Theile zusammen-
hängen. Zwei Submarginalzellen. Schwingkölbchen weiss, auf rothem
Stiele. Die Färbung der Flügel erinnert, unter den chilenischen Arten,
am meisten an *A. Durvillei*, wo die Flügel jedoch schwärzlich, ohne
Tropfen am Hinterrande sind, etc.

13. *A. murina* Ph. A. murina (sub lente nigra, pilis flavidis appressis
omnino tecta); abdomine concolore; alis dimidiato-fuscis; pedibus testaceis.
Long. 2¾ lin.

Prope Santiago inveni.

Der Kopf ist schwarzgrau, mit anliegenden gelblichen Härchen,
und aufrechten, schwarzen, borstenähnlichen Haaren bekleidet. Die Fühler
sind braun. Brust und Hinterleib zeigen ebenfalls doppelte Behaarung,
feine, anliegende gelbliche Härchen, und aufgerichtete steifere, allein
diese sind ebenfalls gelblich, nicht schwarz. Die Flügel sind zur Hälfte

hellbraun, zur Hälfte wasserhell; im hellbraunen Theile sind wasserhelle oder blassere Tröpfchen; die Adern sind schwarz. Zwei Submarginalzellen. Schwinger mit hellbraunem Stiele und weissem Knöpfchen. Beine blassbraun, fast gelblich zu nennen. *A. Gayi* soll graue Haare auf dem Kopf, keine Flecke im dunkeln Theile der Flügel, dunkle Beine haben.

14. *A. subandina* Ph. A. facie nigra, albo-pilosa; antennis nigris; dorso corporis nigro, pilis luteis appressis, et in thorace aliis longioribus erectis nigricantibus vestito; lateribus pilis longis, albis et in segmentis secundo et tertio abdominis fasciculo pilorum nigrorum ornato; alis maxima ex parte hyalinis, cellula costali, basali prima, maxima parte cellulae submarginalis primae, punctisque nonnullis in nervulis transversis nigricantibus; pedibus pallide fuscis. Long. corp. 5 lin., extens. alar .11 lin.

Ad radicem andium prov. Santiago cepi.

Stirne und Scheitel sind mit schwarzen, Untergesicht und hintere Orbita dicht mit silberweissen, mehr anliegenden Haaren bekleidet. Auf dem Hinterrande der Brust und vielleicht auf zwei Binden des Hinterleibes stehen weissliche Härchen, so dass vollkommen, wohl erhaltene Exemplare vielleicht daselbst weisse Querbinden zeigen. Die Haare an den Seiten des Körpers sind sehr lang und dicht, und zwei schwarze Büschel darunter an den Seiten des Hinterleibes sehr auffallend. Die Unterseite des Körpers ist mit weissen Haaren bekleidet, die auf der Brust lang-abstehend, auf dem Bauche sehr kurz und anliegend sind. Die Beine sind blassbraun, fast gelblich, mit dunklern Schienen. Die Färbung der Flügel ist für diese Art sehr ausgezeichnet. Ein sehr dunkler Fleck umgibt die Querader, von welcher die Submarginalzelle und die erste hintere Zelle entspringen; ganz kleine schwärzliche Fleckchen sind am Ursprunge der zweiten Submarginalzelle und der dritten hinteren Zelle. Schwinger schwarz.

15. *A. quadricincta* Ph. A. atra, facie nigro-pilosa; thorace pilis fulvis vittaque subalbo utrinque ad alarum originem ornato; abdominis segmentis secundo, quarto, sexto et septimo basi albo-fasciatis; pedibus piceo-fuscis; alarum cellula costali, basali prima et interdum parte majore cellulae submarginalis primae fuscis. Long. corp. 4½ lin., extens. alarum 10 lin.

Prope Santiago, Valparaiso, Valdivia.

Der Kopf hat unter den längeren, abstehenden schwarzen Haaren, anliegende gelbliche Härchen, allein das Gesicht erscheint darum doch schwarz. Die Seiten des Hinterleibes sind nicht so lang und dicht behaart wie bei vielen anderen Arten z. B. der vorhergehenden, mit welcher diese Art allenfalls verwechselt werden könnte, wenn man abgeriebene Exemplare vor sich hat. Die Flügel sind ähnlich gefärbt, aber oft blasser, der dunkle Theil am Rande mehr verwaschen, und von den dunkleren Flecken erkennt man kaum eine Spur. Die Schwinger sind ebenfalls schwärzlich, und die Beine dunkler.   Der Bauch ist mit gelben, ziemlich langen, anliegenden Härchen locker bekleidet.

√ **16. *A. festiva* Ph.** A. fronte, facie, occipite argenteis, vertice fusco; thorace nigro, antice collari pilorum fulvorum, ad orginem alarum vitta pilorum alborum ornato, dorso pilis appressis fulvis vestito; scutello rufescente; abdomine vittis atris, fulvis et argenteis picto; alis hyalinis, cellula costali tantummodo fusca. Long. corp. 7 lin., extens. alarum 12 lin.

Santiago, Valdivia, Colchagua, haud rara.

Eine schöne, leicht kenntliche Art. Die Fühler sind schwarz, der erste Hinterleibsring ist mit aufgerichteten gelblichen Haaren dicht bekleidet, bei den folgenden Ringen stehen die längeren Haare, welche von schwärzlicher Farbe sind, schräger, und fallen wenig in die Augen, desto mehr die anliegenden. Der zweite Ring hat in der ersten Hälfte hellgelbe oder weisse, in der zweiten Hälfte sammtschwarze Haare, der dritte in der ersten Hälfte gelbe, in der zweiten schwarze, der vierte fast immer in der ersten Hälfte silberweisse, der fünfte ebenso. Die Unterseite des Körpers ist weiss behaart. Die Haare an den Seiten des Hinterleibes fallen nicht besonders auf. Die Beine sind hellbraun, die Tarsen schwärzlich. Die Flügel sind wasserhell bis auf die Wurzel und die Costalzelle. Zwei Submarginalzellen.

17. *A. argentiflua* Ph. A. nigra, corpore supra pilis longis flavis vestito, ano pilis appressis argenteis; alis hyalinis, cellula costali pallide fusca; lateribus abdominis longe hirsutis fasciculisque binis pilorum latorum nigrorum ornatis, Long. 6 lin., extens. alar. 9½ lin.

Specimen prope Santiago captum ornat. Ferd. Paulsen debeo.

Der Kopf ist unten mit weisslichgelben Härchen bekleidet, je weiter nach oben, um so dunkler werden diese Härchen, auf dem Scheitel sind sie braun. Die Fühler sind schwarz. Das Schildchen ist ganz schwarz. Die Rückenseite der Fliege ist sehr abgerieben, nach den an den Seiten übrig gebliebenen Haaren kann man aber mit Sicherheit schliessen, dass der Hinterleib keine Binden gehabt hat. Um so auffallender sind die silberweissen Härchen der Aftersegmente. Die Unterseite des Körpers ist weiss behaart, wie bei der vorigen Art. Die Seiten des Hinterleibes sind ganz anders gebildet, mit lockeren abstehenden Haaren bekleidet, und jeder mit zwei Büscheln sehr auffallend gebildeter schwarzer Haare verziert, von denen das eine auf dem dritten, das andere auf dem fünften und sechsten Segment steht. Diese Haare sind nemlich nicht rund, sondern platt und breit, an der Spitze flach ausgeschnitten, und allmälig nach der Wurzel verjüngt. Auf den Flügeln ist wie bei *A. festiva* die Wurzel und die erste Zelle dunkel, aber doch weit heller. Die Beine sind röthlich, die Tarsen wenig dunkler.

√ **18. *A. vulpecula* Ph.** A. nigra, pilis fulvis dense villosa, alarum parte antica fusca, postice sensim in hyalinam transeunte; pectore ventreque albis; pedibus testaceis. Long. corp. 6 lin., extens. alarum 14 lin.

In prov. Valdivia specimina duo cepi, aliud orn. Germain in Museo reliquit more suo absque patriae indicatione.

Der Kopf ist dicht mit gelblichen Härchen bekleidet, welche um die Mundgegend und an der hinteren Orbita fast weiss, auf dem Scheitel fast braun werden. Die Fühler aber sind schwarz. Die ganze Oberseite ist sehr dicht mit anliegenden und etwas aufgerichteten, nicht besonders langen Haaren bekleidet, und auf der Brust schimmern bei sehr wohl erhaltenen Exemplaren vier dunklere Striemen. Die Haare an den Seiten des ersten, zweiten und dritten Hinterleibsringes sind länger und abstehend, an der Basis des fünften und sechsten stehen schwarze Haare, die aber nicht abstehen. Die Unterseite des Körpers ist weiss behaart, bisweilen fast silberweiss. Die Beine sind sehr blass, röthlich. Die Hälfte der Flügel etwa ist hellbraun, der hintere Rand der braunen Färbung aber verwaschen. Ich kenne keine chilenische Art die ähnliche Flügel hätte.

19. *A. fulvago* Ph. A. corpore grisco, pilis e fulvo-flavis densissime obtecto; antennarum articulis duobus basalibus fulvis, tertio nigro; pedibus testaceis; alis hyalinis, cellula costali flava, et saepe punctis 2—3 nigricantibus in parte hyalina. Long. 5 lin., extens. alarum 9 lin.

Santiago. Illapel.

Ich habe fünf Exemplare vor mir; bei allen sind die Augen weiter von einander entfernt, als es bei *Anthrax* gewöhnlich ist, und das Gesicht fällt, von der Seite gesehen, in einer geraden Linie schräg nach vorn vor und macht mit der horizontalen Linie des Untergesichts einen spitzen Winkel. Auch ist das letzte Fühlerglied abweichend gebildet, indem nicht eine dicke, fast kugelige Basis ziemlich plötzlich in eine feine Borste übergeht, sondern es verjüngt sich ganz allmälig, und bleibt bis zur Spitze selbst ziemlich dick. Der Kopf und der ganze Körper ist sehr dicht mit röthlichgelben anliegenden Haaren bekleidet, so dass die Grundfarbe nur an ganz abgeriebenen Exemplaren zu erkennen ist, und da sieht man, dass der Hinterleib bald ganz schwarz, bald (ähnlich wie bei *A. rufescens* Ph.) in der hinteren Hälfte grösstentheils rothgelb. Die Brust zeigt hellere Striemen im gewissen Lichte, und bei sehr wohl erhaltenen Exemplaren. Die Haare am Halskragen, an der Seite der Brust und an den ersten Hinterleibsringen sind dicht, lang, abstehend. Die Unterseite erscheint gelb, und ist mit weissgelben Haaren bekleidet. Die erste Flügelzelle ist gelb, und meist ist ausserdem am Ursprung der Submarginalzelle, wie der letzten hinteren Zelle ein schwärzliches Fleckchen zu sehen. Die zweite und vorletzte Ader sind gelb. Zwei Submarginalzellen. Schwingkölbchen weiss, auf gelbem Stiel.

20. *A. villica* Ph. A. corpore pilis e fulvo-flavis omnino obtecto; anten-

narum articulis basalibus fulvo-rufis, tertio nigro; pedibus testaceis; alis
hyalinis; cellula marginali, submarginalis dimidio inferiore, cellula basali
prima pallide fuscis; guttulis fuscis in origine c. submarginalis secundae,
c. posticae tertiae, et c. posticae quartae. Long. corp. 3⅔ lin., extens.
alar. 8 lin.

Prope Santiago cepi.

Stark behaarte Exemplare sind der vorigen Art sehr ähnlich, von
der sie sich aber gleich durch die Flügel unterscheiden, an denen ein
weiterer Theil gebräunt ist. Auch scheint mir das letzte Fühlerglied
weniger dick zu sein. Abgeriebene Exemplare zeigen die zweite Hälfte
des Schildchens, und den hinteren Theil des Hinterleibes roth.

21. *A. duodecimpunctata* Ph. A. cinereo-fusca; thorace vittato; scutello
fusco; abdomine hirsuto, fusco, albo- et nigro-vittato; alis hyalinis, ad
marginem anticum pallidissime fuscis, utraque guttulis 6 fuscis ad originem
nervorum. Longit. corp. fere 5 lin., extens. alarum 10 lin.

In prov. Santiago, rara videtur.

Der Kopf ist braungrau, dicht mit borstenartigen Haaren bekleidet,
die unten heller, fast weisslich sind; etwas über den Fühlern sind die
gelblichen Haare gedrängter, so dass eine Art gelber Fleck entsteht. Die
Fühler sind schwärzlich, der dünnere Theil des letzten Gliedes ist plötzlich abgesetzt vom dickern, cylindrisch, am Ende abgestutzt, und mit
einer Binde von Börstchen versehen. Der Thorax scheint braun; weissliche Haare bilden vier Längsstriemen und eine Querlinie vor dem Schildchen. Der Hinterleib zeigt einmal lange, abstehende, feine, schwärzliche
Haare, sonst ist er mit gelbgrauen anliegenden, und an den Rändern der
Segmente mit anliegenden silberweissen Haaren besetzt; silberweisse
Haare sind auch in der Mittellinie zu sehen; das zweite Segment zeigt
eine schmale schwarze Querbinde, und die Basis der Segmente ist ebenfalls tiefschwarz, was aber meist von den silberweissen Härchen des vorhergehenden Ringes verdeckt ist. Die Unterseite der Brust ist dicht mit
weisslichen Haaren bedeckt; die des Hinterleibes ist schwächer behaart,
hell, mit schwarzen Rändern der Ringe. Die Beine sind hellbraun, die
Hinterschenkel mit anliegenden, silberweissen Härchen. Auf jeder Querader der sonst wasserhellen Flügel ein schwärzliches Tröpfchen. Zwei
Submarginalzellen. Schwinger weiss.

22. *A. caloptera* Ph. A. facie argentea; thorace pilis luteis appressis tecto, pilis argenteo-albis trivittato; abdomine nigro, pilis appressis
luteis et aliis erectis nigris vestito, albo-bifasciato; alis ad marginem anticum pallide fuscis punctisque tribus fuscis (duobus aegre conspicuis) notatis. Long. 4½ lin.

Prope Santiago semel cepi.

Die Fühler sind schwarz und läuft ihr letztes Glied in Gestalt einer
feinen Borste aus, was diese Art wesentlich von der vorigen unterscheidet.

Der Scheitel und die obere Hälfte der Stirne sind schwarz und mit gelben Härchen bekleidet, der übrige Theil des Kopfes mit silberglänzenden, längeren; Brust und Hinterleib sind schwarz, grösstentheils mit gelben, dicht anliegenden Härchen bekleidet, auf der Brust sieht man drei silberweisse, von längeren Haaren gebildete Striemen; die seitlichen reichen von vorn bis etwas hinter den Ursprung der Flügel und fallen am meisten auf, die mittlere reicht nicht ganz so weit. Der Hinterleib zeigt zwei breite, silberweisse Querbinden; die erste nimmt die vordere Hälfte des zweiten Ringes ein, die zweite die vordere Hälfte des vierten; auch ist der Hinterrand des dritten Ringes so wie der drei letzten Ringe mit weissen Härchen bekleidet. Die Unterseite der Brust ist grösstentheils mit abstehenden weissen, der Bauch mit anliegenden gelben Haaren bekleidet. Die vorderen Beine sind hellbraun, die Hinterbeine etwas dunkler. Die Flügel sind wasserhell bis auf die erste Zelle, die bräunlich ist; ein schwarzes Fleckchen steht am Ursprunge der ersten Submarginal- und der ersten hinteren Zelle, ein zweites, oft wenig deutliches, am Ursprunge der vierten hintern und ein noch schwächeres am Ursprunge der zweiten Submarginalzelle. Schwinger schwarz.

23. *A. vitripennis.* A. nigra; facie argentea; pilis collaris lateramque thoracis pallide fulvis; abdomine fasciis angustis tribus argenteis, duabus luteis picto; alis hyalinis vix ad nervum submarginalem fuscescentibus. Long. corp. 5⅓ lin., extens. alarum 12 lin.

Ex itinere illapelino specimen attulit orn. Landbeck.

Der Kopf ist mit anliegenden, weissen Härchen bekleidet, zu denen auf der Stirne und dem Scheitel abstehende schwarze Haare kommen, ähnlich wie bei der vorigen Art. Auch sind die Fühler schwarz und das letzte Glied läuft gleichfalls in eine feine Borste aus. Der Brustrücken ist fast ganz abgerieben, doch erkennt man, dass er anliegende, gelbe Härchen gehabt hat, und silberne Seitenstriemen haben jedenfalls gefehlt. Die gelblichen Haare des Halskragens und der Brustseiten sind sehr lang und dicht, länger als bei der vorigen Art. An der Basis des zweiten und vierten, so wie am Hinterrande des sechsten Hinterleibsringes stehen weisse Härchen, kürzer und dichter als bei *caloptera*, am Grunde des dritten eine Binde von gelben Härchen, so wie auch auf den Seiten der hinteren Ringe; sollten sie in der Mitte des Rückens abgerieben sein? Derselbe ist (mit Ausnahme der Binden) kohlschwarz und fast frei von anliegenden Härchen, aber er zeigt doch die aufgerichteten Härchen vollständig, welche weisslich sind. Die ersten beiden Ringe haben an den Seiten lange weisse Haare, dann sind die Seiten mit kürzeren, weniger abstehenden dichten Haaren verziert, die abwechselnd weisse und schwarze Flecken bilden, weit auffallender als bei der vorigen Art. Die Brust ist unten mit abstehenden, der Bauch mit anliegenden weissen Haaren bekleidet, letzterer zeigt aber in der Mitte des hinteren Theiles einen schwarzen Fleck. Beine hellbraun, Schienen schwärzlich. Flügel nur an der Wurzel und im Mediastinum bräunlich, sonst vollkommen wasserhell. Zwei Submarginalzellen. Schwinger weiss.

24. *A. calogastra* Ph. A. nigra, hirsuta; supra pilis baseos et apicis abdominis albis, medio nigris; subtus pilis ventris nigris, in macula media albis; alis hyalinis, ad marginem anticum fuscescentibus. Long. 7¼ lin., extens. alar. 12½ lin.

Ex itinere ad Illapel.

Der Kopf ist schwarz, (wenn man auch mit der Lupe anliegende gelbe Härchen erkennt), mit schwarzen Borsten besetzt. Die Fühler schwarz, das letzte Glied geht langsam in die borstenförmige Spitze über. Die Brust ist dicht mit schräg abstehenden schwarzen Börstchen bedeckt und scheint keine anliegenden Härchen zu haben. Das Schildchen ist röthlich. Der Halskragen und die Seiten der Brust sind mit längeren, zum Theile weisslichen Haaren bekleidet. Der Hinterleib ist mit ziemlich langen und groben, schräg abstehenden Haaren nach Art der Bienen bekleidet; auf den beiden ersten Ringen sind dieselben weiss, auf den beiden folgenden schwarz, auf den letzten wieder weiss. Der Bauch ist stärker behaart wie die Brust, so stark wie der Rücken des Hinterleibs; er hat ebenfalls auf dem dritten und vierten Ringe schwarze Haare, aber die beiden ersten Ringe sind nur in der Mitte weiss, und an den Seiten schwarz. Die letzten sind wieder weiss behaart. Bei einem zweiten Exemplar ist das Weiss auf dem Bauch weniger ausgedehnt, aber derselbe scheint etwas abgerieben. Die Beine sind schwarz. Die Randzelle der Flügel ist bräunlich, auch sind die Queradern schwach bräunlich eingefasst, was wenig auffällt und die zweite Ader ist braun. Die Beine sind schwarz.

25. *A. leucomalla* Ph. A. niger; thorace et abdomine pilis erectis, mollibus, elongatis albis dense villosis; pilis segmenti quinti nigris praesertim ad latera, nec non ultimi segmenti; alis hyalinis, modo ad marginem anticum infumatis. Long. corp. 7 lin., extens. alarum 13 lin.

Locum ubi provenit ignoro.

Kohlschwarz, selbst Gesicht und Hinterkopf, so wie die Fühler. Sehr auffallend ist die Behaarung, die aus senkrecht aufgerichteten, langen, feinen, dicht gestellten Härchen besteht. Die des Halskragens und der Seiten der Brust sind kürzer als gewöhnlich, und kürzer als die des Hinterleibs. Die schwarzen Haare des sechsten Hinterleibssegmentes fallen besonders auf den Seiten auf, und sind durch einen Büschel weisser Haare von den schwarzen Afterhaaren getrennt. Die Unterseite des Körpers und die Beine sind ganz schwarz. Die Flügel sind wie die der vorigen Art, nur am Vorderrande blasser.

26. *A. squalida* Ph. A. nigra, nigro-hirsuta; alis basi et antice paullulum infuscatis; cellulis submarginalibus prima et secunda nervulo recurrente baseos insignibus. Longit. 4½ lin., extens. alarum 10 lin.

E prov. Santiago. Invenit ornat. Ferd. Paulsen.

Diese Fliege sieht auf den ersten Blick eher einer *Tachina* als einem *Anthrax* ähnlich. Der Kopf ist graubraun, mit schwarzen Haaren bekleidet. Die Fühler sind schwarz, die Borste ihres letzten Gliedes ist dicker als bei den meisten Arten, cylindrisch, abgestutzt, und an der Spitze mit Börstchen besetzt. Die Haare, welche den Rücken der Brust und des Hinterleibes bekleiden, sind lang, schräg abstehend, dicht und ziemlich weich, an den Seiten der Brust und namentlich des Hinterleibes gesellen sich weisse Haare zu den schwarzen. Die Beine sind schwarz. Die Nerven, welche nach vorn die erste und zweite Submarginalzelle begrenzen, laufen am Grunde etwas über die Querader zurück. Da ich nur ein Exemplar besitze, kann ich nicht sagen, ob diess immer der Fall ist.

27. *A. calvescens* Ph. A. nigra; pilis thoracis supra fulvis, ad latera et subtus albis; abdominis segmentis primo, secundo tertioque ad latera aurantiacis vel rubris; alis hyalinis, cellula marginali tantum fuscescente. Long. corp. 6 lin., extensio alar. 14 lin.

In prov. Colchagua et Aconcagua reperta est.

Ich habe drei Exemplare vor Augen, die alle stark abgerieben scheinen. Scheitel und Stirne sind mit schwarzen, schräg vorwärts gerichteten, steifen Haaren bekleidet; die Stirne hat ausserdem anliegende, bräunlich gelbe Härchen; das Untergesicht hat nur anliegende, gelbliche oder weisse Härchen. Der hintere Augenrand ist silberweiss eingefasst. Die Fühler sind schwarz und zeigen nichts Merkwürdiges. Der Rücken des Thorax ist offenbar mit anliegenden, gelben Härchen bedeckt gewesen; die Seiten tragen ziemlich lange, weiche abstehende Haare, gelb bei zwei Exemplaren, weiss beim dritten und eine Reihe solcher Haare zieht sich jederseits bis über den Ursprung der Flügel, am Ursprung der Flügel selbst ist bei zwei Exemplaren ein Büschel silberweisser Haare. Das Schildchen ist röthlich. Die seitlichen Flecke des Hinterleibes sind sehr auffallend. Dieser Körpertheil scheint anliegende gelbliche oder weisse Härchen auf dem Rücken gehabt zu haben; an den Seiten der beiden ersten Ringe stehen lange, abstehende, gelbliche oder weisse Haare. Die Brust ist mit mässig langen, gelblichen, der dunkelgelbe Bauch mit anliegenden weisslichen Haaren bekleidet. Die Beine sind hellbraun, fast gelblich, die Tarsen dunkel. Die erste Zelle der Flügel ist heller oder dunkler braun, im Uebrigen ist der Flügel vollkommen wasserhell.

28. *A. balteata* Ph. A. minuta, nigra, facie cinerea; fascia alba in basi abdominis ornata; alis hyalinis, cellula prima fuscescente. Long. corp. 3 lin., extens. alar. 7 lin.

In prov. Santiago et Aconcagua occurrit.

Das Gesicht und der ganze Körper sind mit anliegenden gelben

Härchen bekleidet, welche dem Körper eine mäusegraue Färbung verleihen. Die Fühler sind wie gewöhnlich. An den Seiten des Thorax innerhalb des Ursprungs der Fühler stehen längere, weisse, aufgerichtete Haare, ohne jedoch eine deutliche Längsbinde zu bilden. Die weisse Querbinde des Hinterleibs wird durch Härchen der hintern Hälfte des ersten Hinterleibssegmentes gebildet. Beine und Flügeladern sind hellbraun; die Schwinger weiss.

29. *A. pusio* Ph. A. minuta, nigra; facie argentea; fascia alba basin abdominis ornante; alis hyalinis; cellula marginali prima guttulisque in nervis transversalibus fuscis. Longit. corp. 3 lin., extens. alarum 7 lin.

In provincia Santiago.

Das Gesicht steht unten spitz hervor, wie bei der vorigen Art, welche *A. pusio* sehr ähnlich ist, ist aber dicht mit silberweissen Härchen bekleidet, die auch am hintern Augenrande stehen. Der Scheitel ist kohlschwarz mit einzelnen gelben Härchen. Die Fühler sind schwarz von der gewöhnlichen Bildung. Der Thorax hat auch an jeder Seite eine Reihe weisser Härchen, und der Hinterleib dieselbe Binde, allein die gelben Härchen stehen auf der hintern Hälfte der Ringe dichter, so dass beinahe bräunliche Querbinden entstehen. Die Flügeladern sind schwarz; die Schenkel dunkelbraun, gleich den Tarsen, die Schienen hellbraun. Die Schwinger sind weiss.

30. *A. Conopas* Ph. A. minuta, nigra; pilis appressis flavescentibus vestita; fronte argentea, fascia in basi abdominis argentea; alis versus apicem infuscatis; pedibus atris. Long. 1¾ lin., extens. alarum 4½ lin.

In Andibus prov. Santiago semel cepi.

Der Kopf ist unverhältnissmässig gross und dicker als der Hinterleib. Der Scheitel ist schwarz, die Gegend über dem Ursprunge der Fühler silberweiss, das Untergesicht wieder schwach mit gelblichen Härchen bekleidet. Die Fühler sind schwarz, wie gewöhnlich gebildet. Die anliegenden Härchen des Thorax und Hinterleibes sind fast weiss und spärlich; die in der hintern Hälfte des ersten Ringes, welche die weisse Querbinde bilden, verhältnissmässig länger als bei den beiden vorhergehenden Arten. Es ist die einzige chilenische Art, die wasserhelle gegen die Spitze getrübte Flügel hat. Die Schwinger sind weiss.

31. *A. ingloria* Ph. A. minuta, atra, pilis albidis appressis (ut videtur raris) tecta; alis omnino hyalinis; pedibus atris. Longit. corp. 3 lin., extens. alar. 7 lin.

Santiago.

Die Körperverhältnisse sind die gewöhnlichen und namentlich ganz wie bei *A. balteata* und *pusio*. Die anliegenden Härchen, welche man auf Kopf, Thorax und Hinterleib bemerkt, sind aber fast rein weiss und sehr spärlich, was mir nicht Folge von Abreiben zu sein scheint. Es ist keine Spur von weisser Querbinde auf dem Hinterleibe zu sehen; die Beine sind schwarz, nicht hellbraun wie bei *A. balteata*, und die Flügel ganz wasserhell. Die Schwinger sind weiss.

32. *A. bellula* Ph. A. atra, abdomine pilis appressis albis aliisque erectis nigris vestito, satis nigro, ad latera pilis fasciculatis ornato; alis hyalinis utraque guttis c. 9 nigris picta. Long. $3\frac{2}{3}$ lin., extens. alar. $9\frac{1}{2}$ lin.

Orn. Ferd. Paulsen cepit.

Der Körper und die Fühler sind kohlschwarz, und letztere am Ende mit einem Büschelchen Borsten besetzt. Der Rücken der Brust, des Hinterleibes und des Bauches sind mit abstehenden schwarzen, borstenähnlichen Haaren weitläufig bekleidet; an den Seiten der Brust stehen längere schwarze Borsten und feinere, dichtere, weisse aber fast eben so lange Haare. Dieselben weissen Haare stehen auch an den Seiten der ersten Hinterleibsringe. Der Rücken des Hinterleibes zeigt ausserdem kurze, anliegende, weisse Härchen, welche denselben grauschwarz erscheinen lassen; an den Seiten stehen Büschel langer schwarzer, breiter Haare. Die Basis der Flügel ist schwarz, dann folgen in der ersten Marginalzelle 3 schwarze Fleckchen, die mit eben so viel Fleckchen der hinten anstossenden Zellen zusammenfliessen; ausserdem sind die drei Queradern schwarz gesäumt. Die Schwinger sind schwarz, die Beine ziemlich hell braun, mit schwarzen Dornen. Kann mit keiner andern chilenischen Art verwechselt werden.

Comptosia Macq.

Bei Gay ist nur eine Art beschrieben:

Comptosia bifasciata Macq. Gay VII. p. 385. tab. 3. fig. 8.

„E prov. Coquimbo" et Aconcagua?

Die Abbildung stimmt nicht mit der Beschreibung, indem in den dunkeln Flügeltheilen der Flügel gleichmässig gefärbt ist, während doch nur die Nerven braun gesäumt sein sollen, so dass also auch in den dunkeln Theilen die Mitte der Flügelzellen wasserhell aber doch nur schwach getrübt ist. Nach der Figur wäre die Fliege beinahe 8 Linien lang, nach der Beschreibung soll sie 5 Linien lang sein. Ich besitze aus der Prov. Aconcagua eine Fliege, die gar 10 Linien lang ist und 25 Linien Flügelspannung hat. Das erste Fühlerglied ist braunroth, die beiden folgenden schwarz. Die Haare des Untergesichtes sind weiss, die über den Fühlern rostgelb, die auf Stirne und Scheitel schwarz. Der Thorax zeigt oben jederseits eine beinahe schwarze, in der Mitte zwei kastanienbraune Striemen, die Räume zwischen diesen Striemen schimmern bläulich. Die Härchen sind oben schwärzlich, borstenartig, an den Seiten bräunlich, unten schneeweiss. Der Hinterleib ist oben dicht mit schwarzen, schräg abstehenden, borstenähnlichen Haaren bekleidet, die Härchen des ersten Segmentes jedoch sind weicher, länger und gelblich. Auf dem Hinterrande eines jeden Segmentes, auf einem breiten Mittelstriemen vom dritten Segmente an, an den Seiten des zweiten, dritten, vierten, fünften und sechsten stehen anliegende weisse Haare, und innerhalb dieser Seitenflecke stehen braunrothe Haare, so dass nur ein halbkreisförmiger oder bogenförmiger Fleck auf jedem Segmente schwarz bleibt. Solche braunrothe Haare fassen auch als schmaler Saum aussen die weissen Seitenflecke des fünften und sechsten Segmentes ein. Der Bauch ist grau, und grau behaart, die Ränder der Abschnitte, namentlich die Seitenränder sind röthlich. Dagegen sagt Blanchard von *C. bifasciata* a. a. O.: „Hinterleib schwarz, an den Seiten mit schwarzen Haaren bekleidet, unten von einem helleren oder dunkleren Braunroth." Wenn er nicht etwa ein ganz abgeriebenes Exemplar beschrieben hat, muss seine Art verschieden sein.

Eine zweite Form, von der ich mehrere Exemplare besitze, ist 7 Linien lang, bei 18 Linien Flügelspannung. Der Kopf ist ganz und gar mit weissen Haaren bekleidet, auch dicht über den Fühlern, nur mischen sich auf der Stirne und noch mehr auf dem Scheitel schwarze Haare dazwischen. Der Rücken von Brust und Hinterleib trägt weniger abstehende Haare, und diese sind feiner, dagegen mehr anliegend. Daher erscheint der Brustrücken bläulich mit blasseren braunen Striemen; die Haare an den Seiten sind, eine Reihe röthlicher Borsten abgerechnet, rein weiss, dicht und wollig, wie auf der Unterseite der Brust. Das erste Hinterleibsglied ist hell aschgrau, mit einem schneeweissen Haarbüschel in der Mitte, die folgenden haben hellbraune Hinterränder, die weit breiter sind als bei der vorigen Form und in der Mitte einen weissen Fleck haben, von dem sich eine hellbraune Strieme nach vorn zieht, und weissliche Seitenränder. Die Unterseite des Hinterleibes ist schwärzlich grau. Die Flügel zeigen keinen Unterschied, die Beine sind aber ganz schwarz, selbst die Schenkel, während Blanchard der *C. bifasciata* rothe Schenkel „muslos mas bermejos" zuschreibt, und mit weisslichen Härchen ziemlich dicht bekleidet, weit dichter als bei der vorigen Art. Wegen der gelben Behaarung und der braunrothen Schenkel halte ich die erste Form für *C. bifasciata* und die zweite für neu, und unterscheide beide durch folgende Diagnose:

1. *Comptosia bifasciata* Macq. C. antennarum basi rufa, regione supra earum originem ferrugineo-pilosa; thorace ad latera flavo-hirsuto; alarum nervis fusco- late-limbatis, praeter fasciam medianam et apicem hyalinas; pedibus fuscis, femoribus rufis. Long. corp. 10 lin.

2. *C. consobrina* Ph. C. antennarum basi nigra; regione supra earum originem aeque alba ac facies; thorace ad latera niveo-lanato; alarum

nervis late-fusco limbatis, praeter fasciam medianam et apicem hyalinas; pedibus nigris, etiam femoribus. Long. corp. 7 lin.

In prov. Santiago, Aconcagua, Colchagua.

3. *C. vulgaris* Ph. C. antennis nigris; facie niveo-pilosa ; thorace pilis brevibus canis dense hirsuto, abdomine dense hirsuto nigro, margine postico anguste albo, maculis albis in linea mediana obsoletis, ad latera nullis; alarum nervis anguste fusco-limbatis, apice hyalino, fascia haud distincta; pedibus pallide fuscis. Long. corp. 5½ lin., extens. alar. 12 lin.

Frequens in prov. Santiago.

Die dichte, weiche, greise Behaarung, welche die ganze Oberseite bekleidet und auf dem Thorax keine Striemen erkennen lässt, der gänzliche Mangel weisser Einfassung an den Seitenrändern des Hinterleibs, der sehr schmale weisse Saum des Hinterrandes seiner Segmente zeichnen diese Art sehr aus, selbst wenn die Flügel dieselben wären, allein auch diese sind verschieden, die Einfassung der Adern ist schmäler und fehlt auf der letzten Ader (der axillaris gänzlich). Der Bauch ist röthlich oder grau, mit weissen wolligen Härchen bekleidet, die Beine hellbraun, die Tarsen schwärzlich.

4. *C. Landbecki* Ph. C. antennarum basi roseo-alba; facie omnino niveo-pilosa; thorace ad latera albo-lanato, supra distincte albido-vittato; abdomine fusco, linea mediana interrupta lateribusque albis : alarum nervis late fusco-limbatis, fascia transversa apiceque hyalinis; pedibus pallide fuscis. Long. corp. 6 lin., extens. alarum 14 lin.

E prov. Colchagua specimen attulit orn. Landbeck.

Ich habe diese Fliege lange für *C. consobrina* gehalten, allein sie unterscheidet sich durch röthliche Fühlerbasis, dichtere Behaarung der Oberseite des Körpers, braune, nicht schwarze Färbung des Hinterleibes und etwas andere Färbung der Flügel. Bei *C. consobrina* ist die Spitze der zweiten Basilarzelle wasserhell, der nervus axillaris bis an das letzte Viertel braun gesäumt, der nervus analis in seiner letzten Hälfte mit einem schmalen Saume versehen, der den Flügelrand nicht erreicht. Bei *Comptosia Landbecki* dagegen ist die zweite Basilarzelle ganz braun, der Axillarnerve nur in der Mitte mit einem länglichen braunen Fleck versehen, der Analnerve bis zum Flügelrande breit braungesäumt.

5. *C. montana* Ph. C. nigra, fulvo-hirsuta; antennarum basi rufa; facie niveo-setosa; alis hyalinis, fusco-nervosis; nervis anticis, transversalibus omnibus, anali in medio fusco-limbatis. Long. corp. 7 lin., extens. alar. 16 lin.

In andibus prov. Santiago et Aconcagua.

Das erste Fühlerglied ist rothbraun, der Brustrücken grauschwarz mit drei schmalen weisslichen Striemen, die aber durch die dichten, gelblichen und graubraunen Haare ziemlich verdeckt sind. Die Haare an den Seiten der Brust sind gelblich, die an den Seiten des Hinterleibes schwarz.

Auf der Mitte des ersten Hinterleibssegmentes steht ein kreisrunder
Büschel weisser Haare, sonst ist der Hinterleib schwarz, mit schmalen
weisslichen Rändern der Segmente und spärlich mit schwarzen Haaren
bekleidet. Ausser den in der Diagnose genannten Adern sind auch noch,
da wo bei *C. bifasciata* eine braune Binde ist, die Längsadern mit einem
bräunlichen Saume eingefasst. Die Schwinger haben einen braunen Stiel
und ein an der Spitze weisses Kölbchen. Die Beine sind hellbraun.

6. *C. infumata* Ph. C. nigra, pilis flavis erectis densissime vestita,
facie albo-setosa, antennis atris; thorace nigro-vittato; abdomine vitta
mediana albido-notato; ano nigro-piloso; alis antice ad basin et paullo
pone medium infumatis. Long. corp. 8 lin., extens. alarum fere 17 lin.

In andibus prov. Santiago capta est.

Die ungemein dichte, aufrecht stehende, blonde Behaarung zeichnet
diese Art sehr aus und ist nur noch bei der folgenden Art ähnlich. Die
Brust zeigt drei schwärzliche Striemen, von denen besonders die seitlichen
deutlich sind; die mittlere ist blasser und schmäler. Die Färbung der
Flügel ist sehr charakteristisch. Die ganze Membran ist schwach getrübt
und stärker gebräunt, da wo bei *C. bifasciata, consobrina* etc. die dunklen
Querbinden sind, aber nur bis zur Hälfte; die hintere (innere) Hälfte ist
frei von dieser Trübung. Die Beine sind schwarz, die vorderen Schenkel
auf der Unterseite, die Hinterschenkel überall mit silbernen Schüppchen
bekleidet.

7. *C. canescens* Ph. C. nigra, pilis albidis erectis, praesertim in
thorace et ad latera abdominis densis vestita; vitta abdominis mediana
alba, interrupta; ano albido-piloso; alis antice ad basin et paullo pone
medium infuscatis. Long. corp. 5½ lin., extens. alar. 11½ lin.

In prov. Santiago occurrit.

Der vorigen Art sehr ähnlich. Das Gesicht ist ebenfalls ganz und
gar weissborstig, die Fühler kohlschwarz, die Flügel ähnlich getrübt, die
Behaarung ähnlich, doch auf dem Rücken des Hinterleibes weniger dicht.
Allein die Härchen sind weit heller, mehr greis; auf dem Brustrücken
kann ich keine Striemen erkennen; die weisse Längsbinde des Hinterleibes ist unterbrochen und verschwindet auf den letzten Hinterleibsringen
ganz; der After ist nicht schwarz behaart, sondern mit denselben greisen
Härchen wie der Hinterleib besetzt; die Flügel sind heller; die Querader
am Grunde der letzten hintern Zelle ist nicht braun gesäumt wie bei *C.
infumata.*

8. *C.? lugubris* Ph. C. omnino atra; facie inferiore albo-setosa;
vittis angustis, pallidis in dorso thoracis; alis fere omnino
nigris, nervis sc. omnibus late nigro-marginatis. Long. corp.
7¼ lin., extens. alarum 17 lin.

Santiago, Illapel.

Kaum ist die Flügelspitze, die Spitze der Marginal- und der ersten

Submarginalzelle wasserhell und das Centrum der grösseren Zellen schwach getrübt. Der Rüssel ist etwas länger als bei den andern Arten und die Fühler sind ziemlich abweichend. Ihr drittes Glied ist nämlich cylindrisch und so lang als die beiden ersten Glieder zusammengenommen. (S. Figur.)

Exoprosopa Macq.

Exoprosopa erythrocephala Fab. (*Anthrax*).
Häufig von Illapel bis nach Talcahuano.

Nectaropota setigera Ph.

Siehe Abbildung.

Herr Ferd. Paulsen hat eine Fliege gefangen, welche zwar in beschädigtem Zustande aber zu merkwürdig ist, als dass ich sie nicht hier beschreiben möchte. Die Augen sind sehr gross, halbkugelig, nicht nierenförmig, kahl, von einander entfernt, hellbraun, wie es scheint mit dunkleren Querbinden. Punktaugen fehlen. Der Scheitel ist, von vorne gesehen, gewölbt und durch eine Vertiefung von den Augen getrennt. Der Theil des Hinterkopfes hinter dem obern Augenrande trägt senkrechte Borsten, von denen die erste Reihe schwarz, die zweite weiss ist. In der Mitte der hell braungrauen Stirne stehen nach vorn und abwärts gerichtete Borsten, darüber anliegende gelbe Härchen. Das erste Glied der Fühler ist lang, cylindrisch, kahl; das zweite kurz, nicht einmal so lang als dick; das dritte fehlt. Das weissliche, kahle Gesicht springt etwas unterhalb der Fühler spitz vor, und mit dieser Spitze beginnt die grosse, weite Mündöffnung, deren oberer Rand mit weissen Borsten gewimpert ist. Der Rüssel ist horizontal vorgestreckt und offenbar länger als der Kopf; die Unterlippe und ein Theil der Borsten ist abgebrochen; ebenso fehlen die Palpen. Der Rücken der Brust ist braun, durch eine schmale Längsbinde und eine in der Mitte unterbrochene, schmale Querbinde von hellerer Farbe beinahe in vier gleiche Theile getheilt und scheint mit anliegenden, gelblichen Härchen bekleidet gewesen zu sein; er trägt ausserdem ziemlich lange schwarze Borsten und ebenso das graubraune Schildchen. Der Hinterleib ist breit, ziemlich flach, so lang·als die Brust, sechsringelig, ebenfalls graubraun, mit anliegenden, (grösstentheils abgeriebenen) gelben Härchen und kurz vor dem Hinterrande der Segmente mit einer Querreihe dicker, schwarzer Borsten bekleidet. Die Flügel haben zwei Submarginal- und vier hintere Zellen, von denen die zweite weit vor dem Flügelrande geschlossen ist. Die vordere Flügelader ist braun und auf allen Queradern stehen braune Fleckchen. Die Schwinger sind weiss. Die Beine sind dünn, spärlich mit Borsten besetzt, ganz wie bei *Anthrax*.

Ich glaube, dass diese Fliege nahe zu *Anthrax* gestellt werden
muss, von welchem Genus sie durch den langen Rüssel, das lange erste
Fühlerglied, die geschlossene erste hintere Zelle und den borstentragenden
Hinterleib abweicht.

Midasii Latr.

Cephalocera Latr.

Blanchard führt bei Gay eine Art auf.

1. *Cephalocera albocincta* Bl. VII. p. 361. (*C. dentitarsis* Macq.)
„Von Coquimbo." Ist mir noch unbekannt. Ich kenne aber eine zweite
Art, wenn die Blanchard'sche Beschreibung bei Gay richtig ist.

2. *C. elegans* Ph. C. corpore nigro, lateribus thoracis margineque
posteriore segmentorum abdominis albis; antennis pedibusque rufis. Long.
corp. fere 8 lin., extens. alar. 9¼ lin.

In collibus prope Santiago cepi; rapide volat, flores humiles
frequentat.

Die ausgehöhlte Stirne und der Hinterkopf sind mit kurzen, weissen
Borsten bedeckt, der untere Theil des Gesichtes und Kopfes mit schwarzen.
Die Augen sind kahl. Die **Fühler** sind über der halben Höhe des Gesichtes eingelenkt, horizontal vorgestreckt, länger als der Kopf, genähert,
fünfgliedrig; das erste Glied ist walzenförmig, lang behaart; das zweite
kurz, beinahe napfförmig; das dritte walzenförmig, etwas kürzer als das
erste; das vierte Glied fast so lang als das dritte, aber dicker, beim ♀
beinahe walzenförmig, von dem fünften schwer zu unterscheiden; beim ♂
nach oben verbreitert; das fünfte Glied ist unregelmässig eiförmig, etwas
eckig, zusammengedrückt, eben so lang oder etwas länger als das vierte.
(Die Abbildung der Fühler von *C. albocincta* bei Gay t. 2. f. 10 a zeigt
die drei ersten Glieder kurz und gleich lang! im grellsten Widerspruche
mit der Beschreibung!!) Der **Rüssel** ist horizontal vorgestreckt, so lang
als Kopf und Brust zusammen, beinahe fadenförmig, ohne abgesetzte
Lippe, schwarz. Die Palpen sind sehr kurz. Die Brust ist kohlschwarz,
mit schwarzen Härchen bekleidet; sie hat jederseits eine Längsbinde von
längeren, dichteren, weissen Haaren und eine Querbinde lockerer, weisser,
borstenförmiger Haare am Rande vor dem Schildchen. Die Hinterbrust ist
an den Seiten mit weissen Borsten besetzt. Auch der erste Hinterleibsring
ist mit weissen Borsten besetzt, die folgenden scheinen oben kahl, sind
aber mit feinen, kurzen, schwarzen Härchen bekleidet; unten sind sie
länger behaart. Die Hinterränder des zweiten bis siebenten Ringes sind weiss
und der zweite und dritte Ring sind ausserdem auch an den Seiten bis
auf den Vorderrand weiss. Sämmtliche Adern der Flügel sind rothgelb,
auch ist die vorderste Zelle blass rothgelb; ihr Verlauf ist fast genau wie

bei *C. longirostris*. Die Schwinger sind schwarz, die Beine fuchsroth, ziemlich stark behaart; sämmtliche Schienen, nicht bloss die hinteren (wie es in den generischen Kennzeichen bei Gay heisst) haben am Ende zwei Dorne, die aber wenig auffallen, weil sie kaum länger als die Borsten der Schienen sind; die Tarsen sind mit starken Borsten besetzt. *C. albocincta* soll schwarze Fühler haben, an denen nur der Grund des letzten Gliedes roth ist; die weisse Querbinde des zweiten Hinterleibsringes soll kurz sein, die des dritten jederseits verbreitert, und von den sehr auffallenden weissen Seiten der ersten Hinterleibsringe ist nicht die Rede. Ein Exemplar, welches Herr Landbeck von einer Reise nach Illapel mitgebracht hat, hat das zweite und dritte Fühlerglied von schwarzer Farbe.

3. *C. leucotricha* Ph. C. nigra, pilis longis albis in capite, thorace et basi abdominis vestita; margine postico segmentorum posteriorum luteo; antennis nigris, articulo ultimo obscuro, rufo-castaneo. Long. 6 lin., extens. alarum 9 lin.

In itinere ad Illapel invenit orn. Landbeck.

Der schwarze Rüssel ist fast so lang als Kopf und Brust. Die Fühler tragen an den zwei ersten Gliedern lange schwarze Haare, ebenso sieht man schwarze Haare an Untergesicht und Hinterkopf, allein Gesicht und Scheitel sind mit langen, abstehenden, weissen Haaren dicht bedeckt. Die Seiten der Brust tragen ebenfalls lange weisse Haare, während kürzere weisse Haare zwei Striemen auf dem Rücken bilden. Sehr lange weisse Haare bekleiden die beiden ersten Hinterleibsringe; der zweite trägt in der Mitte des Hinterrandes einen citronengelben Fleck, die folgenden Segmente, welche mit kurzen, anliegenden, schwarzen Härchen bekleidet sind, haben sämmtlich einen citronengelben Hinterrand. Die Unterseite der Brust und der Bauch sind kohlschwarz aber glänzend; die Brust ist ziemlich kahl, aber der Bauch ist mit ziemlich langen, abstehenden, schwarzen Haaren bekleidet. Die Flügel sind wasserhell mit schwarzen Adern, die Beine schwarz.

4. *C. dimidiata* Ph. C. nigra, pilis longis e flavo albidis in capite, thorace et basi abdominis vestita; segmentis secundo et tertio abdominis albidis, margine postico sequentium luteo; antennis nigris, articulo ultimo castaneo. Long. 6 lin., extens. alarum 7 lin.

Cum priore specimen unicum captum est.

Sämmtliche Haare am Kopfe, auch die an der Wurzel der Fühler und am Untergesichte sind gelblich weiss, ebenso die der Brust und der drei ersten Hinterleibssegmente. Auf dem Brustrücken erkennt man ebenfalls zwei helle Striemen. Das erste Hinterleibssegment ist schwarz; die beiden folgenden hellgelb, doch hat das zweite auf jeder Seite am Hinterrande einen schwarzen Fleck. Die folgenden Segmente sind kohlschwarz, mit anliegenden Härchen bekleidet und ihr Hinterrand ist auf dem Rücken gelb; die Bauchseite ist ebenfalls mit längeren, abstehenden Haaren bekleidet. Die Flügel sind wasserhell mit schwarzen Adern, die Beine schwarz, wie bei voriger Art.

Folgende Fliege steht in der Mitte zwischen *Cephalocera* und *Mydas*; sie hat die Fühler von *Cephalocera*, Rüssel und Flügel, so wie Hinterschenkel von *Midas*. Ich nenne sie:

Apiophora [1]) Ph.

Corpus elongatum, cylindricum. Proboscis brevissima, labiosa. Antennae articulis duobus basalibus brevibus, aequalibus, tertio cylindrico, perperam antice incrassato, anteriores simul sumtos ter vel quater aequante, quarto pyriformi sed acutiusculo, tertium aequante, imo superante. Alae nervulo transverso in medio marginis postici munitae. Femora postica incrassata, subtus spinosa; tibiae posticae spina valida terminatae. Siehe Abbildung.

Der Analogie mit *Cephalocera* nach sollte man das letzte Fühlerglied als aus zweien gebildet betrachten, von denen das erste dem dünneren Theil der Birne entspricht, allein ich finde keine Andeutung von Trennung zwischen beiden Theilen.

Apiophora Paulseni Ph. A. oculis verticeque nigris; orbitis albis, pilis longis vestitis, facie albo-!pilosa; antennis pedibusque rufo-fulvis; thorace supra cinnamomea, strigis tribus cinereo-nigris ornato, subtus maxima ex parte atro; abdomine basi nigro, apicem versus sensim rufo, cum thorace glaberrimo; margine postico segmentorum 2, 3, 4, 5, 6 lacteo, sensim angustiore; alarum nervis rufis. Long. corp. 6 lin., extens. alarum 11 lin.

In prov. Santiago cepit orn. Ferd. Paulsen, mecumque specimen communicavit.

Die Beine sind mässig behaart; die Hinterschenkel zwei Drittel so lang als der Hinterleib, unten mit zwei Reihen von je acht bis 9 Dornen. Die Mittelschienen tragen feine Dornen oder Borsten und am Ende zwei Dornen, während die Vorderschienen so wie die Hinterschienen unbewehrt sind; letztere enden in einen kurzen, sehr kräftigen Dorn. Das etwas aufgeschwollene Untergesicht ist rothgelb, ebenso der Bauch. Die Seiten der Mittelbrust sind dunkelbraun, beinahe schwarz.

Megascelus [2]) Ph.

Caput semiglobosum. Oculi (in utroque sexu?) distantes, glabri. Vertex vix concavus. Antennae brevissimae; articuli duo basales bre-

---

[1]) απιος Birne und φέρειν tragen.
[2]) μεγας gross und σκελως Schenkel.

vissimi, tertius antecedentes simul sumtos ter aequans, crassus, oviformis, apice productus et oblique truncatus. F a c i e s nuda. P r o b o s c i s brevis. A b d o m e n cylindricum, segmentorum octo. A l a r u m cellulae fere omnes (excepta quarta postica) clausae, discoidales duae (v. fig.). P e d e s elongati (femora postica clavata), setulis brevis vestiti; ungues parvi; pulvilli duo.

Der Verlauf der Flügeladern ist verschieden von *Midas*, und schliesst sich an mein Genus *Anypenus* (s. unter *Asilici*) an, mit welchem Geschlechte auch die kurzen Fühler übereinkommen, sowie der Mangel des Knebelbartes, während der schlanke Körper, die schlanken kaum bewehrten Beine und der ganze Habitus an *Midas* erinnern. Von den *Midasiis* findet ein Uebergang durch *Megascelus* und *Anypenus* zu den *Asilicis* statt. Ist etwa *Midas ipterus* W i e d. ein *Megascelus?*

Megascelus *nigricornis* Ph. P. antennis nigris; corpore nigro, segmentis 3, 4, 5, 6, 7 abdominis postice helvolo-limbatis; alis infumatis, antice et basi lutescentibus; pedibus rufis, tarsis nigricantibus. Long. 5 lin., extens. alar. 7½ lin. V. Siehe Abbild.

E coll. ornat. Ferd. P a u l s e n.

Die Augen nehmen fast den ganzen halbkugeligen Kopf ein; sie stehen mässig entfernt und sind dunkelbraun, fast schwarz. Der Scheitel ist kaum ausgehöhlt, und trägt zwei Punktaugen; in grosser Entfernung davon, in der Mitte zwischen Scheitel und Fühler, steht das dritte. Die Fühler entspringen in der halben Höhe des Kopfes. Stirne, Scheitel und Hinterkopf sind ziemlich lang aber nicht dicht behaart, wogegen das Untergesicht vollkommen kahl ist. Thorax, Schildchen und Hinterleib sind kahl zu nennen, nur der Hals und das letzte Segment des Hinterleibes tragen Härchen. Die vorderen Ecken der Brust treten spitz hervor; die Seiten derselben, sowie der Hinterkopf schimmern grau. Die Beine sind mit kurzen, anliegenden Härchen bekleidet, die Schienen ausserdem mit einzelnen kurzen Börstchen. Die Hinterbeine sind verlängert, ihre Schenkel keulenförmig, auf der unteren Seite mit einigen kurzen, wenig auffallenden Dornen versehen; die Spitze der Hinterschienen ist ebenfalls schwärzlich.

Midas Fabr.

B l a n c h a r d führt a. a. O. eine Art aus Chile auf, B i g o t a. a. O. eine zweite, ich besitze eine dritte.

1. ***Midas*** *rubrocinctus* Bl. l. c. VII. p. 362. tab. 2. f. 11.

Von Concepcion.

2. ***M.*** *igniticornis* B i g o t. An. Soc. entom. l. c. p. 288.

Von Germain nach Paris gesandt und nach dessen Weise, ohne Angabe des Fundortes.

3. *M. lugens* Ph. M. ater, articulis antennarum duobus ultimis fulvo-rufis; alis nigris. Long. corp. 8 lin.

Prope Llico in prov. Colchagua ab orn. Landbeck specimen captum est.

Das ganze Thier ist mit Ausnahme der beiden letzten Fühlerglieder kohlschwarz. Die Fühler sind zweimal so lang als der Kopf; das letzte Glied ist spindelförmig, das erste wie der Kopf mit schwarzen Haaren bekleidet. Der Rüssel ist sehr kurz, die Lippe breit. Der Thorax ist kohlschwarz, matt, mit kurzen Härchen besetzt, die nur im vordern Theil etwas länger sind. Der Hinterleib ist vollkommen kahl, grob punktirt, oben etwas runzelig und hat dunkel blaugrünen Metallglanz. Die Flügel sind dunkel, mit violettem Glanz, und gleichsam mit wellenförmigen Querrunzeln versehen; die Adern sind schwarz und mit einem breiten, schwärzlichen Saum versehen. Die Beine sind kohlschwarz, ziemlich matt; die Hinterschenkel haben an der Unterseite Dornen. Bei *M. igniticornis* Big. ist nicht nur die Spitze, sondern auch die Basis der Fühler orange-gelb und der Hinterleib wird finement chagriné genannt, während er bei unserer Art grob punktirt ist. *M. iopterus* Wied. aus Brasilien hat ebenfalls einen punktirten Hinterleib, dornige Hinterschenkel und dunkel stahlblaue Flügel, allein der Hinterleib ist gelb gefleckt und die Fühler sind kurz.

Asilici Latr.

Laphria Meig.

Blanchard führt bei Gay nur eine Art auf.

1. *Laphria* *rufiventris* Blanch. VII. p. 364. t. 1. f. 5.
Von Concepcion.

2. *L.* *calogastra* Ph. L. capite, antennis, mystace, barba, thorace primo abdominis segmento, pedibusque atris; reliquo abdomine rubro; alis infumatis, nervorumque omnium margine nigrescente. Long. corp. 9 lin., extens. alarum 14½ lin.

Semel in praedio meo Valdiviano cepi.

Das Gesicht springt in der Mitte auffallend stark hervor und ist mit sehr langen, schwarzen Haaren bekleidet. *L. rufiventris* muss ihr sehr ähnlich sein, hat aber nach der Beschreibung einen langen Büschel schwarzer Haare auf der Stirn, und lange graue Haare im Gesicht, wogegen meine Art nur wenige Borsten oberhalb der Fühler, dagegen desto mehr, und zwar kohlschwarze auf dem Vorsprung in der Mitte zwischen Fühler und Mund hat. Auch ist der vordere Theil der Schenkel bei *L. rufiventris* roth. Der Verlauf der Flügeladern ist wie bei *L. maroccana*.

Eben zeigt mir Herr Hornecker jun. ein Exemplar, an welchem die erste Hälfte der vorderen Schienen roth ist. Der Knebelbart ist ebenfalls schwarz. Bei *L. rufiventris* soll die erste Hälfte der Schenkel roth und der Knebelbart grau sein.

3. *L. modesta* Ph. L. nigra, facie, maculis in pectoris lateribus et plerumque incisuris abdominis argenteis; barba alba; tibiarum anticarum basi genubusque fulvis; alis hyalinis. Long. corp. 3⅓ lin., extens. alarum 4½ lin.

In prov. Santiago occurrit.

 Der Scheitel ist schwarz, die Stirn grau; beide sind nur mit wenigen Borsten besetzt. Das Gesicht ist silberweiss, und zeigt in der Mitte keinen vorspringenden Höcker. Die Brust ist oben mit anliegenden, feinen, röthlichgelben Härchen bekleidet, die der Schwärze wenig Eintrag thun, und hat an den Seiten silberweiss schillernde Flecke. Der Hinterleib ist kahl, sammtschwarz, mit schmalen weissen Rändern der Segmente, die sich an den Seiten des zweiten und dritten Segmentes in einen silbernen Fleck ausbreiten. Die Beine sind kurz und dick, die Schenkel mit langen, feinen, ziemlich entfernt stehenden Haaren, die Schienen mit zwei Reihen weisser, nicht besonders dichter Borsten besetzt. Die Beschaffenheit der Flügeladern wird aus nebenstehender Figur deutlicher erkannt werden, als aus einer Beschreibung mit Worten, und darnach wird es den mit der neueren Literatur vertrauten Entomologen möglich sein, diese Art in das gehörige Genus einzureihen. Den Geschlechtsapparat des Männchens werde ich hoffentlich später Zeit finden zu beschreiben.

Dasypogon Meig.

Blanchard hat bei Gay folgende 7 chilenische Arten, ich kenne deren weitere 11.

1. *Dasypogon Gayi* Macq. Gay VII, p. 365, tab. 3, fig. 1.

„Von Coquimbo.“ Ich besitze sie auch von Santiago. Zwei Exemplare von Colchagua haben schwarze Vorderschienen.

2. *D. punctipennis* Macq.

Findet sich nach Macquart in Chile. Gay scheint diese Fliege also auch nicht gefunden zu haben.

3. *D. terebratus* Macq.

In der Prov. Coquimbo gefunden. Ist mir unbekannt.

4. *D. fulvicornis* Macq.

In der Prov. Coquimbo gefunden. Ist mir unbekannt.

5. *D. chilensis* Macq.

Bei Santa Rosa gefunden. Ist mir unbekannt.

6. *D. nitidigaster* Macq.

Von Coquimbo. Ich besitze sie von Santiago.

7. *D. hirtipes* Macq.

Von Santiago. Ich besitze diese durch den grauen Fleck auf Schildchen und Hintertheil der Mittelbrust sehr ausgezeichnete Art auch von Valdivia. Das dritte Fühlerglied ist fast so breit als bei einer *Laphria*, endet aber mit einem kleinen Griffel. Sie scheint weit verbreitet aber überall selten zu sein.

8. *D. Landbecki* Ph. D. ater; antennis, pilis capitis, partis anticae thoracis, laterum segmenti tertii et ultimi abdominis, terebraque nigris; pilis scutelli, reliquae partis abdominis laterum prothoracis flavis; pedibus densissime hirsutis, femoribus supra flavido hirsutis; nervis alarum luteo-marginatis. Long. corp. 14 lin., extens. alarum 28 lin. — Siehe Abbildung.   = *terebratus* ? *Jena*

In prov. Valdivia, Colchagua, rarus.

Das dritte Fühlerglied ist zusammengedrückt, ziemlich breit, spindelförmig. Scheitel und Stirn sind kohlschwarz, und mit wenigen schwarzen Borsten besetzt; das Gesicht erscheint von vorn gesehen ebenfalls kohlschwarz, von oben und von der Seite gesehen schillert es goldgelb. Der starke lange Bart ist ebenfalls schwarz, wie die übrigen Kopfhaare, während er bei *D. terebratus*, der unserer Art sehr nahe stehen muss, blassgelb ist. Die Brust ist oben fast kahl, schwarz, glänzend, indem die schwarzen, nach hinten gerichteten feinen Härchen dem Glanz keinen Eintrag thun. Um so mehr fallen die langen, ziemlich dichten, gelben Haare des Hinterrandes und des Schildchens auf. Auch an den Seiten sind solche lange, gelbliche Haare. Der Hinterleib ist dicht mit senkrechten, langen, aber weichen Haaren bekleidet, die an den Seiten des dritten Ringes und auf dem siebenten Ringe schwarz, sonst goldgelb sind. Alle vier Exemplare, die vor mir liegen, stecken eine 3½ Linien lange, glänzend schwarze, dreigliedrige Legeröhre heraus. Der Bauch ist mit ebenso langen senkrechten Haaren bekleidet, wie die Oberseite des Hinterleibes, allein sie sind schwarz, nur die des vierten und sechsten Ringes sind gelb. Die Schenkel und die Schienen sind ringsum mit langen Haaren dicht bekleidet, welche mit Ausnahme der auf der Oberseite der Schenkel (die hellgelb sind) schwarz sind. Den Verlauf der Flügeladern zeigt die Figur am besten. Muss wohl mit *D. terebratus* ein eigenes Genus bilden.

9. *D. latus* Ph. D. latus, omnino niger; pilis verticis baseosque antennarum albidis; thorace in parte antica pilis flavis appressis tecto; in postica nitidissimo, chalybeo; abdominis dorso nitidissimo, glaberrimo, fere aeneo-micante, lateribus albido-hirsutis; alis infumatis. Long. corp. 5 lin., extens. alar. 8½ lin.

Ex itinere Illapelino.

Cat. Dipt. puts in Dasypecus

Das erste Fühlerglied ist wie Stirn, Scheitel und Unterkopf mit langen weissen Haaren bekleidet. Der Endgriffel scheint so dick als das dritte Glied zu sein, und ist desshalb nicht mit Sicherheit zu unterscheiden. An den Seiten der Brust, über dem Ursprung der Flügel und am Hinterrand des Schildchens stehen lange borstige Haare. Die Haare an den Seiten des Hinterleibes sind kürzer, abstehend und verlieren sich allmälig gegen den Rücken desselben. Schenkel und Beine sind dicht mit schräg abstehenden, langen Haaren bekleidet. Die Flügeladern sind ganz wie bei *D. punctatus*. Kein Dorn am Ende der Vorderschienen.

10. *D. atratus* Ph. D. latus, omnino ater; abdomine glabriusculo, atroviolaceo; antennarum articulo tertio subcylindrico, quarto haud distincto; alis paullulum nigrescentibus. Long. corp. 4 lin., extens. alarum 8 lin.

In praedio meo Valdiviano bis cepi.

Fast so breit im Verhältniss als die vorige Art, kohlschwarz, die Brust glänzend, besonders glänzend ist aber der Hinterleib, und zwar mit violettem Schimmer. Von der Seite gesehen schimmert das Gesicht weiss; die Borsten von Gesicht und Stirn sind schwarz, die des Kinnes weiss. Die Brust ist spärlich mit langen schwarzen Härchen bekleidet, und nur ein paar solcher langer Haare stehen auf dem Rand des Schildchens. Der Hinterleib ist oben ganz kahl. Schenkel und Schienen sind locker, mit langen, weichen, schwarzen Haaren bekleidet, und haben die der Hinterbeine ausserdem auf der Innenseite bürstenförmige, kurze, weisse Härchen. Die Flügel sind schwärzlich, aber doch hell, heller als bei voriger Art, mit schwarzen Adern; die Querader der Discoidalzelle und der geschlossenen vierten hinteren Zelle liegen fast in einer Linie. Kein Dorn am Ende der Vorderschienen.

11. *D. carbonarius* Ph. D. corpore, capite, antennis pedibusque atris; facie albomicante; vittis duabus thoracis angustis albidis; alis infumatis. Long. corp. 5 lin., extens. alar. 8 lin.

Habitat in prov. Colchagua et Valdivia.

Die sehr langen Haare, welche den Kopf fast gleichmässig bekleiden, sind schwarz. Der Griffel der Fühler ist sehr deutlich; ziemlich lang, zweigliedrig. Die Brust trägt auf dem Rücken lange, wenig nach hinten geneigte, schwarze Haare; die Wimpern des Schildchens sind dicht, lang, in die Höhe gebogen. Der Hinterleib ist oben beinahe kahl, sehr glänzend: der Bauch dagegen trägt lange, büschelförmige, senkrecht abstehende, weisse Haare: nur die letzten Bauchringe tragen schwarze und kürzere Haare. Die Beine sind mit langen, gelblichen Haaren bekleidet, und die Vorderschienen ohne Enddornen. Die Flügel haben eine ziemlich lange, schmale, fünfeckige Discoidalzelle, die vierte hintere Zelle ist weit offen, und die Analzelle ist ein klein wenig geöffnet. Ein Exemplar aus der Prov. Colchagua hat aschgraue Brustseiten und aschgrauen Bauch. Kein Dorn am Ende der Vorderschienen.

Diese drei Arten ähneln im Habitus *D. Gayi*, stimmen aber durch die langhaarigen Beine und das langhaarige Gesicht mehr mit den folgenden *D. micans* und *splendens* überein.

12. *D. pictus* Ph. D. ater; facie, margine laterali thoracis, scutelloque flavis; abdomine violaceo, nitido; alis flavescentibus, apice fuscis; pedibus rufis, femorum basi nigra. Long. corp. 5—5½ lin., extens. alar. 11—11½ lin.

In prov. Colchagua satis frequens videtur, invenit orn. Landbeck.

Die Stirn ist schwarz, glänzend, mit wenigen schwarzen Borsten besetzt; das Gesicht goldglänzend, der Knebelbart schwarz, so lang als der Rüssel. Augen und Fühler sind schwarz; letztere sind dünn, die beiden ersten Glieder beinahe gleich lang und gleich dick, das dritte Glied ist etwas länger als die beiden ersten zusammengenommen, dünn, walzenförmig, der Griffel kurz und dick. Die Brust ist mässig mit Borsten bedeckt. Die Flügel sind im vorderen Theil blass rostgelb, an der Spitze grau, hinten weisslich. Die Discoidalzelle ist mässig verlängert, fünfeckig, die Schwinger schwefelgelb. Die Vorderschienen haben einen ziemlich starken Haken am Ende. Der Hinterleib ist stark glänzend, sehr kurz flaumhaarig, beim Weibchen mit weissen Einschnitten.

13. *D. tricolor* Ph. D. niger; antennis rufis, mystace albo; thorace supra antice, albo bivittato, postice rufo; alis flavescentibus, centro subfusco; abdomine nigro, albo fasciato; pedibus rufis, basi femorum nigra. Long. corp. 6½ lin., extens. alar. 11½ lin.

Eodem loco cum priore captus.

Stirn und Augen sind schwarz, der hintere Augenrand weiss, und von derselben Farbe sind die Borsten des Hinterkopfes. Das Gesicht ist schwarz, nur der Augenrand neben den Fühlern weiss schimmernd; der Knebelbart ist weiss, kürzer als der Rüssel, welcher schwarz ist, mit einem gelben Flecken an der Spitze. Die Fühler sind rothbraun, die ersten zwei Glieder beinahe gleich lang, das dritte ziemlich spindelförmig, dicker als die beiden ersten, aber eben so lang als die beiden zusammengenommen. Die Brust ist oben an den Seiten und hinten braunroth, sonst schwarz, oder wenn man will, mit drei schwarzen abgekürzten Striemen, mit zwei weissen abgekürzten Striemen im vorderen Theil; auch die Schulterecken selbst sind weiss; sie ist mit ziemlich kurzen schwarzen Borsten im vorderen Theil bekleidet, im hinteren Theil aber mit langen weissen. Auch das Schildchen und die Seiten der Hinterbrust sind braunroth. Das erste Glied des Hinterleibes ist ganz schwarz, das 2., 3., 4. und 5. beim Weibchen mit breiten, weissen, bis an den Hinterrand reichenden, in der Mitte beinahe unterbrochenen Querbinden verziert, beim Männchen fast ganz schwarz; er ist mit dicht anliegenden Härchen bekleidet. Die

Flügel haben eine verlängerte, fünfeckige Discoidalzelle, sind vorn rost-
gelblich und in der Mitte bräunlich getrübt. Schwinger rostgelb. Beine
rostgelb bis auf die Hüften und das erste Drittel der Schenkel, die
schwarz sind, auch ist die Spitze der Klauen schwarz. Die Vorderschienen
haben am Ende keinen Haken.

14. *D. lugens* Ph. D. ater, antennis apice rufis; facie argentea;
mystace fasciisque abdominis in ♀ albis; alis basi nigricantibus. Long.
corp. 7 lin., extens. alar. 13 lin.

Et haec species ex itinere Colchaguense orn. Landbeck provenit.

Stirn und Stirnborsten sind schwarz, die Borsten des Hinterkopfes
weiss. Die beiden ersten Fühlerglieder sind beinahe ziemlich gleich lang
und schwarz, das dritte stark spindelförmig, so lang als die beiden ersten
zusammengenommen, roth, mit schwarzer Basis und Spitze, der Endgriffel
ist kurz und schwärzlich. Die Brust ist schwarz, hat vorn eine bogen-
förmige, in der Mitte unterbrochene, weisse Querbinde und dahinter zwei
weisse Fleckchen, vorn schwarze Härchen, hinten weisse Borsten. Der
Hinterleib ist ganz wie bei der vorigen Art beschaffen. Die Flügel sind
am Grunde und vorn schwarz, nach hinten allmälig heller, zuletzt wasserhell, und haben eine ziemlich breite, fünfeckige, oder vielmehr sechseckige
Discoidalzelle. Die Schwinger sind gelblich; die Beine schwarz, mit
weissen Borsten; Schienen und Tarsen zum Theile mit fuchsrothen Härchen
besetzt, die Hinterschenkel innen gegen das Knie mit einem silberweissen
Fleck. Die Vorderschienen sind ohne Haken am Ende.

15. *D. venustus* Ph. D. ater; facie et mystace argenteis; antennis
rubris; vittis duabus antice junctis thoracis, scutelloque albidis; abdomine
albo fasciato; alis antice fulvis, medio nigris, postice hyalinis; femoribus
partim, tibiis tarsisque omnino rufis. Long. corp. 7 lin., extens. alarum
14 lin.

Semel prope Santiago cepi.

Schliesst sich zunächst an *D. pictus* an. Stirn und Scheitel sind
schwarz, schwarzborstig, ebenso der Hinterkopf, aber der hintere Rand
der Augen ist weiss. Der Rüssel ist weit länger als der Knebelbart. Das
dritte Fühlerglied ist fast zweimal so lang als die beiden ersten zusammengenommen, cylindrisch; am Ende ist ein fast kugeliges Stückchen
abgeschnürt, als kurzer dicker Griffel. Die Brust ist mit kurzen schwarzen
Haaren, und nur in einer Linie jederseits mit langen weissen Borsten
besetzt; der Hinterrand des Schildchens trägt kürzere schwarze Wimpern.
Der Hinterleib ist breiter als bei *D. tricolor* und *lugens,* und selbst noch
etwas breiter als bei *D. pictus,* flaumhaarig. Der zweite, dritte und vierte
Ring haben am Ende ein weisses Band, das beim vierten sehr schmal
ist. Die Discoidulzelle ist mässig lang und weit, fünfeckig, die vierte
hintere Zelle ist etwas offen. Die Vorderschenkel sind ganz braunroth,
die mittleren oben grösstentheils schwarz, unten mit einem schmalen

schwarzen Ring, die Hinterschenkel nur oben schwarzgefleckt. Die Vorderschienen haben keinen Haken am Ende, Schwinger braunroth.

Diese vier Arten stimmen im Habitus mit *D. nitidigaster* überein;
und haben namentlich auch dicht anliegende, seidenglänzende Härchen
im Gesicht. Die beiden folgenden Arten erinnern durch den breiten
Körper an *Gayi, latus, carbonarius, atratus,* und haben wie die drei letzten
Arten keinen besonderen Knebelbart, sondern das ganze Gesicht mit
langen Borsten bedeckt. Ich hatte sie desshalb als eigenes Genus *Euthrix*
mihi, aufgeführt.

16. *D. micans* Ph. D. corpore atro-caeruleo, metallice micante, dense
pubescente; pilis griseis, in segmentis tribus ultimis abdominis vero aureis;
antennis pedibusque nigris, pilis densis brevibus in parte inferiore tibiarum anticarum flavis; alis paullulum infumatis. Long. corp. 4 lin.,
extens. alar. 6¼ lin.

Prope Santiago, rarus.

Der Körper ist im Verhältniss so breit wie bei *D. latus.*
Die langen, borstenartigen Haare der ersten Fühlerglieder, die
an Stirn, Hinterkopf und Unterkopf sind weiss, die des
eigentlichen Gesichtes schwarz; die inneren Ränder der
Augen schimmern weiss. Das dritte Fühlerglied ist so lang,
als die beiden ersten zusammengenommen, nicht dicker, nach
der Spitze allmälig dünner; der Endgriffel beinahe halb so
lang, cylindrisch, abgerundet an der Spitze. Siehe Abbildung.

Die Härchen der Brust und an den Seiten der ersten drei Hinter-
leibsringe stehen aufrecht, die auf dem Rücken des Hinterleibes liegen
dicht an. Die Wimpern des Schildchens sind lang, dicht und fein. Die
Beine sind sehr dicht und lang behaart wie bei *latus, carbonarius* und
atratus, die Haare greis; die Schienen haben ausserdem längere schwarze
Borsten, und die Innenseite der Vorderschienen, sowie die Unterseite der
Tarsen, dichte, kurze, gelbe Bürstenhaare, wie die genannten drei Arten.
Die Vorderschienen haben keinen Haken am Ende. Die Flügel haben eine
vollständig geschlossene, mit einem Stiel auf dem Hinterrand aufsitzende
dritte Hinterzelle, wie *D. latus* und *atratus,* während sie bei *carbonarius*
die gewöhnliche Bildung zeigt. Schwinger weiss.

17. *D. splendens* Ph. D. ater; setis faciei nigris; thorace et abdomine pulcherrime chalybeo-caeruleis, hoc pilis flavis vel aureis appressis
tecto; illo dorso fere glaberrimo, lateribus primorum segmentorum flavo-
ultimorum nigro-hirsutis; alis valde infumatis. Long. corp. 5 lin., extens.
alarum 8½ lin.

Ex itinere Illapelino.

Die Fühler sind kohlschwarz, das erste Glied ist dicht mit goldgelben oder weissgelben Borsten besetzt, das dritte Glied so lang als die
beiden ersten zusammengenommen, kaum etwas spindelförmig, das End-

glied beinahe kugelig, so dick als das dritte. Das Gesicht ist mit gelben oder weissen anliegenden Härchen und langen schwarzen Borsten bekleidet. Das Halsschild hat in der vorderen Hälfte besonders dicht anliegende, goldgelbe oder blassgelbe Härchen, an den Seiten, sowie das Schildchen lange gelbe Haare. Der Hinterleib ist auf dem Rücken fast kahl, prachtvoll glänzend; an den Seiten tragen die ersten vier oder fünf Segmente längere gelbe, die letzten aber schwarze Haare. Die ganze Unterseite, auch des Kopfes ist gelblich oder weisslich behaart. Die Beine sind lang, dicht und schwarz behaart, die bürstenförmigen Haare der Unterseite der Vorderschienen sind wie bei allen andern Arten rothgelb. Die Flügel sind noch etwas dunkler als bei der vorigen Art, der Adernverlauf ist derselbe. Schwinger ebenfalls weiss.

18. *D. sericeus* Ph. D. ater; abdomine satis angusto, lineari, caeruleo-micante, in basi segmentorum pilis appressis, flavescentibus, pulcherrime sericeo-micantibus vestito; alis apicem versus infuscatis; antennis tenuibus. Long. 3¼ lin., extens. alar. 6 lin.

Mecum commun. orn. Ferd. Paulsen.

Das erste Fühlerglied ist lang, das dritte nicht dicker als die ersten, etwas länger als beide zusammengenommen, mit kurzem, dicken Griffel am Ende. Der ganze Kopf ist ziemlich dicht mit langen, kohlschwarzen Haaren bekleidet. Die Brust trägt oben spärliche, ziemlich lange, schwarze Haare, ebenso das Schildchen. Vor den schwefelgelben Schwingern stehen lange, weisse, dünne Borsten. Auch die langen Haare an den Seiten der ersten Bauchringe sind weiss. Die Schienen sind mit sehr langen, abstehenden, weichen, schwarzen Borsten bekleidet, und ausserdem flaumhaarig; die Vorderschienen haben keinen Haken. Steht *D. atratus* nahe, dem jedoch die prachtvoll seidenglänzenden Härchen des Hinterleibes fehlen. Wegen Grösse und Färbung auch wohl bei oberflächlicher Betrachtung der *Laphria modesta* ähnlich.

19. *D. rufipes* Ph. D. ater, facie, margine laterali thoracis, scutelloque e flavo cinereis; abdomine atro, nitido; alis ad marginem anticum flavescentibus, vix infuscatis; antennis pedibusque omnino rufis. Long. 6½ lin., extens. alar. 12 lin.

In coll. orn. Ferd. Paulsen exstat.

Das Exemplar ist ein Männchen. Dem *D. pictus* sehr ähnlich, vielleicht bloss das andere Geschlecht? Das Gesicht, die Seiten der Brust, das Schildchen sind nicht so gelb, sondern eher grau; die Fühler roth, nicht schwarz; die Beine länger, schlanker, vollkommen roth; die Flügel weit schwächer getrübt. An der Spitze der Vorderschienen ist kein Haken; die Fühler sind nicht bloss anders gefärbt, sondern auch anders gestaltet: nämlich das dritte Glied wohl doppelt so breit, von der Mitte an allmälig verschmälert, nicht linearisch oder walzenförmig.

Dasypecus [1]) Ph.

Corpus satis latum, depressum villosum. Caput valde transversum. Antennarum articuli primi satis elongati, tertius antecedentes simul sumtos aequans, sensim angustatus; stylus terminalis dimidium articulorum aequans. Alarum cellula basalis prima elongata, posteriores quatuor, quarum tres clausae; secunda et tertia a margine remotae. Pedes robusti, sat breves. dense hirsuti. Pulvilli. Durch seine dichte Behaarung und den Aderverlauf der Flügel sehr ausgezeichnet.

Dasypecus heteroneurus Ph. D. corpore nigro; pilis faciei albis; proboscide testacea; antennis nigris; segmentis abdominis 3, 4, 5, 6 postice luteo-marginatis; alis hyalinis; pedibus fulvis, genubus nigris. Long. 4 lin., extens. alar. 7 lin.

E coll. orn. Ferd. Paulsen.

Die Augen sind rothbraun, kahl. Der Scheitel ist schwarz und mit gelblichen Haaren bekleidet, die Stirn weiss. Das ganze Gesicht, sowie der Hinterkopf sind dicht mit senkrecht gestellten, ziemlich feinen, weisslichen Haaren bedeckt. Aehnliche Haare stehen auf Brust und Hinterleib, nur sind sie etwas kürzer und weniger dicht auf dem Rücken; an den Seiten dieser Theile sind sie aber wiederum sehr lang. Das Schildchen ist am Rande mit aufrechtstehenden Haaren besetzt. Die Vorderschienen haben keinen Dorn am Ende. Schenkel, Schienen und Tarsen sind lebhaft rothgelb, mit Ausnahme der Spitze des Schenkels, welche schwarz ist; auch das letzte Tarsenglied ist schwärzlich. Die Klauen sind schwarz mit gelbem Grunde; die Haftlappen sind weiss. Die Schwinger sind ebenfalls weiss.

Erax. Scopoli.

Blanchard führt bei Gay VII. p. 368, 69, zwei Arten auf.

1. *Erax* griseus Guérin Voy. de la Coq. Asilus. (Ich habe in dem Werk nichts der Art finden können.) Tab. 3. f. 2 bei Gay. Die Figur des Fühlers 2 b ist ganz falsch; das dritte Glied ist kurz, beinahe kugelig!! Soll von Concepcion sein, und Blanchard war nur das Männchen bekannt.

2. *E.* chilensis Macq.

„Aus Chile nach Macquart, wir glauben aber, er stamme aus Bolivien."

Es ist mir nicht möglich, nach den von Blanchard bei Gay gegebenen generischen Kennzeichen die Weibchen dieses Geschlechtes von *Asilus* zu unterscheiden. Folgende drei Arten möchte ich hieher rechnen:

---

[1]) δασύς dicht bewachsen, πέκος Wolle.

✓ 3. *E. speciosus* Ph. E. niger, facie, capite inferiore, pectoreque pilis longis flavis obsitis; pilis frontis, antennisque nigris; thorace supra cinereo-flavescente, ad latera cinereo; scutello pilis flavis erectis dense vestito; abdominis segmentis duobus primis atris, primo ad latera dense flavo hirsuto, reliquis lacte rubris. Long. corp. ♀ 15 lin., extens. alar. 27 lin. Siehe Abbildung.

In prov. Colchagua prope Llico specimen cepit orn. Landbeck.

Die Augen sind schwarz, kahl, überaus fein facettirt, hinten und unten mit langen, gelben Haaren eingefasst. Stirn und Scheitel sind schwarz, jederseits mit schwarzen Haaren eingefasst, die so lang als die beiden ersten Fühlerglieder sind. Das dritte Fühlerglied endigt allmälig in eine feine Borste, die fast so lang als der übrige Fühler, und kurz vor der Spitze etwas verdickt ist; das erste Glied ist zweimal so lang als das zweite. — Eine schmale Querbinde dicht unter den Fühlern und der innere Augenrand sind kahl, graugelb, den Rest des Gesichtes nimmt ein dichter, hellgelber Bart ein, der so lang ist als der schwarze Rüssel. Die Brust ist grauschwarz und die Unterseite derselben ebenfalls mit gelben Borstenhaaren dicht besetzt; ähnliche finden sich auf dem ersten Hinterleibssegment an jeder Seite oben und auf dem Schildchen, wo sie aber aufgerichtet sind. Die Oberseite der Brust erscheint grösstentheils graugelb, die Seiten sind aschgrau und ziemlich dicht mit schwarzen Börstchen bekleidet, ebenso der hintere abschüssige Rand; der Rücken selbst trägt weit kürzere und entferntere Börstchen. Das zweite Hinterleibssegment trägt an den Seiten dichte, mässig lange, schwarze Haare. Die rothen Segmente sind oben fast vollkommen kahl; das 3. und 4. Segment schimmern an den Seiten aschgrau. Unten ist auch nur das erste Segment behaart, und zwar mit langen, feinen, weisslichen Härchen. Das letzte Segment (das 9.) ist mit zwei Längsreihen Dornen besetzt, die schräg nach aussen stehen, und trägt senkrechte, röthliche Härchen. Die Flügel sind glashell, mit schwarzen Adern, am Aussenrand nicht erweitert und die zweite Marginalzelle ist geschlossen. Schwinger schwarz. Die Beine sind schwarz, schwarzborstig; die Unterseite sämmtlicher Schenkel und die Innenseite der Hinterschienen mit feinen, gelblichen, dichten Härchen. Siehe die Abbildung.

4. *E. cinereus* Ph. E. omnino cinereus; mystace et pilis inferioris corporis partis albis, setis partis posterioris thoracis nigris, cum pilis albis mixtis: alis hyalinis. Long. corp. 12 lin., extens. alar. 18½ lin.

Prope Santiago sera aestate satis frequens, prov. Colchagua etc.

Die Grundfarbe des Körpers ist wohl grauschwarz, doch ist derselbe mit anliegenden weissen Härchen so dicht bekleidet, dass er ganz aschgrau erscheint, selbst Schenkel, Schienen und Tarsen. Die inneren Augenränder, das Untergesicht, die Borsten des Kopfes, die unteren Fühlerglieder und der Schnurrbart sind weiss. Die Fühler sind schwarz; der dickere Theil des letzten Gliedes ist kaum so lang als das erste, und läuft plötzlich in eine feine Borste aus, die so lang ist als die beiden ersten Glieder zusammengenommen. Eine Querreihe Borsten auf dem Scheitel ist schwarz. Der Brustrücken zeigt undeutliche braune Striemen, und ist mit kurzen schwarzen Börstchen bedeckt, der hintere Theil dagegen trägt lange, weisse, weiche Haare, vermischt mit langen schwarzen Borsten, und ebenso das Schildchen. Die drei ersten Hinterleibsringe sind an den Seiten mit abstehenden, feinen, weissen, langen Härchen bekleidet. Was den Zangenapparat des Männchens betrifft, so bemerkte ich, dass die beiden oberen gewölbten Platten schwarz, mit langen, weissen Haaren besetzt sind, spitz zulaufen und auf dem oberen Rande zwei grosse Zähne zeigen. Die Beine sind weissborstig, die Tarsen haben aber unten jederseits eine Reihe schwarzer Borsten und schwarze Klauen. Die Hinterschienen sind bei dem Männchen schwach gekrümmt; sie haben keine dichte Behaarung auf der Innenseite. Der Vordertheil der Flügel ist beim ♂ stark verbreitert.

5. *E. murinus* Ph. E. griseus; thorace fusco vittato; abdominis fusco-grisei incisuris griseis; alis versus apicem subinfumatis; parte dilatata marginis antici fusca; pedibus anterioribus griseo-rufescentibus; posticis nigro-cinereis. Long. corp. 9 lin., extens. alar. 13½ lin.

Prope Santiago marem cepi.

Gesicht beinahe weiss. Die Haare des Hinterkopfes und des nicht besonders dichten Knebelbartes sind schwarz mit weiss untermischt, die der Fühlerwurzel schwarz. Die Fühler sind schwarz. Die Brust schimmert an den Seiten aschgrau; hinten ist sie wie das Schildchen mit langen schwarzen Haaren bekleidet. Die Behaarung an den Seiten der ersten Hinterleibsringe ist weit spärlicher als bei der vorhergehenden Art, dafür stehen aber auf jedem Ring an der Seite des Hinterrandes ein paar schwarze Borsten. Die beiden oberen Zangen am Ende des Hinterleibes sind aussen schwarz behaart, am Ende durch einen tiefen runden Busen getheilt und die untere Spitze stark einwärts gebogen. Die Beine haben sehr lange, starke, schwarze Borsten, und Vorderschenkel und Vorderschienen ausserdem lange, feine, weisse Haare. Die erste Marginalzelle und ebenso die letzte hintere Zelle sind geschlossen.

Lycomyia. Bigot.

Lycomyia Germaini Bigot Ann. Soc. Ent. p. 290. t. VI. f. 2.

Von Germain mitgetheilt, und zwar nach dessen Mode ohne Fundort, doch ist wohl nicht zu bezweifeln, dass das a. a. O. beschriebene Weibchen aus den mittleren Provinzen oder von Concepcion stammt, da Germain dazumal nur an diesen beiden Orten gesammelt hatte. Ich besitze beide Geschlechter von Valdivia. Die oberen Zangen des Männ-

chens sind von derselben lebhaft rothgelben Farbe wie der Hinterleib.
Doch finde ich folgende Verschiedenheiten. Die Borsten des Brustrückens
sind an den vier Exemplaren, die vor mir liegen, nicht schwarz, wie
Bigot sagt, sondern rothgelb; die Hinterbeine und die Schienen der
vorderen Beine sind schwarz, und nur die vorderen Schenkel unten gelb,
während Bigot diess im Allgemeinen, also von allen Beinen, sagt. Auch
ist zu bemerken, dass die untere Seite der Vorderschienen und die innere
Seite der Hinterschienen, sowie die untere Seite der Tarsen dicht mit
kurzen, rothgelben Härchen bedeckt sind.

Asilus. L.

Blanchard führt bei Gay VII. p. 370 eine einzige Art auf, das
Museum besitzt deren ausserdem noch neun:

✓1. *Asilus Gayi* Macq.
Von Santiago, Valparaiso, Valdivia.
Die Zangen des Männchens sind beinahe halbkugelig.

2. *A. spectabilis* Ph. A. facie, mystace, barba albis; antennis nigris;
thorace scutelloque nigro-fuscis; abdomine atro, albo fasciato; alis hyalinis: pedibus nigris. Long. corp. 9 lin., extens. alarum $14\frac{1}{2}$ lin.
Santiago (Paulsen), Illapel (Landbeck).

Kurz und gedrungen und dadurch sehr abweichend von allen anderen chilenischen Arten, und sich an *Anypenus* u. s. w. anschliessend.
Die Stirn hat weisse und schwarze Haare unter einander gemischt; die
des Hinterkopfes sind schwarz. Die Fühler sind grauschwarz; die ersten
beiden Glieder sind mit kurzen, schwarzen Börstchen besetzt; das dritte
Glied ist zweimal so lang als das zweite, eiförmig, seine Borste etwa
$1\frac{1}{2}$mal so lang, cylindrisch, mit einem feinen Griffel endend. Der Rücken
der Brust zeigt Andeutung von Striemen, und ist grösstentheils mit
kurzen, schwarzen Börstchen, in dem hintern Theile aber wie das Schildchen mit langen, schwarzen Haaren bekleidet. Der Hinterleib hat auf
den Seiten und theilweise auch auf dem Rücken der drei ersten Ringe
ziemlich lange, weisse Haare, sonst erscheint er kahl; von oben gesehen
haben der erste, zweite und dritte Ring eine breite weissgraue bis zum
Hinterrand reichende Binde; bei den drei folgenden Ringen ist der Rand
selbst silberweiss, der siebente Ring ist ganz silbergrau; auch die Seiten
schillern silbergrau. Die Spitze des Hinterleibes ist beim ♀ glänzend
schwarz, der Bauch schwarz und kahl. Der Hinterleib des ♂ ist etwas
stärker behaart und endet mit einer sehr langen, aussen stark behaarten
Zange, die bis an die Mitte in zwei Zipfel getheilt ist. Die Beine sind
mit feinen, weissen Härchen bekleidet und tragen schwarze Borsten. Die
Flügel haben eine geschlossene zweite Marginalzelle, und auch die vierte
hintere Zelle ist geschlossen.

3. *A. nigriventris* Ph. A. niger; pilis capitis antennisque atris; thorace atro aut subcinereo, maculis fulvo micantibus picto; abdomine atro, pilis albis hirsuto; alis hyalinis, cellulis apicalibus et posticis medio infumatis; pedibus atris; tibiis ferrugineis, apice atris. Long. corp. 6½ lin., extens. alar. fere 12 lin.

Der hintere und untere Augenrand sind weiss; der Backenbart ist weiss, und unter dem schwarzen Knebelbart stehen auch einige weisse Borsten; eine Querbinde dicht über dem Knebelbart schimmert gelb. Die ersten beiden Fühlerglieder tragen lange, schwarze Borsten, das letzte ist dünn und geht allmälig in eine kurze, dicke Borste über. Die Brust ist mit längeren, weicheren Haaren bekleidet, und so ist auch der ganze Hinterleib mit abstehenden, weissen, ziemlich langen Härchen bekleidet. Die Beine sind schwarz behaart und schwarz bedornt. Die Vertheilung der Flügelnerven wie bei der vorigen Art. Schwinger weisslich. Die Zangen des Männchens sind klein und fallen nicht auf.

4. *A. occidentalis* Ph. A. nigro-cinereus; mystace, pilis occipitis thoracisque longis mollibus, nigris; pilis in parte inferiore capitis albis; pedibus omnino nigris, concoloribus, sed vellere appresso in latere interiore tibiarum et sub tarsis rufo-fulvo; alis in parte postica paullulum infumatis. Long. corp. 5 lin., extens. alarum 10 lin.

E prov. Valdivia.

Die Gegend zwischen Fühler und Knebelbart schimmert goldgelb. Die Brust ist oben mit langen, aufrechten, schwarzen Haaren bekleidet. Dieselbe Farbe haben die paar aufrechten Wimpern des Schildchens, während der Hinterleib mit langen, weisslichen Haaren besetzt ist. Die feinen, anliegenden, sehr locker gestellten Härchen der Beine, ebenso die langen, abstehenden Borstenhaare derselben sind weiss, aber die Schienen tragen auch schwarze Borsten. Die hinteren Zellen der Flügel sind schwach getrübt, doch sind die Adern mit einem wasserhellen Saum eingefasst. Der Aderverlauf zeigt nichts besonderes. Schwinger weiss. Auf der Brust schillern Striemen.

5. *A. valdivianus* Ph. A. murinus; mystace, pilis occipitis, thoracisque longis, mollibus, nigris; partis inferioris capitis pallide fuscis; pedibus nigris, tibiis ferrugineis apice nigris; alis apice et postice paullulum infumatis. Long. corp. 7 lin., extens. alar. 12 lin.

In prov. Valdivia satis frequens.

Ganz mäusegrau, doch sieht man braune Striemen auf der Brust schimmern, und die Mitte des Hinterleibes ist dunkelbraun. Die Fühler sind wie bei den beiden vorhergehenden Arten beschaffen, sehr dünn, schwarz. Das Gesicht schillert gelb. Die Brust ist ebenfalls dicht mit langen, schwarzen Haaren bekleidet, aber der Hinterleib hat oben nur anliegende Haare, und die abstehenden, langen Härchen, welche ihn unten bekleiden, sind wie die des Untergesichtes nicht weiss, sondern hellbräunlich.

6. *A. poecilopus* Ph. A. murinus; facie albida, mystace antennisque nigris; thorace fusco-vittato, setis mollibus, anticis brevibus, nigris vestito; femoribus plerumque cinereis, tibiis tarsisque ferrugineis.

Long. 7½ lin., extens. alarum 13 lin.

Valparaiso. Illapel.

Dem *A. valdivianus* sehr ähnlich und auf den ersten Blick leicht damit zu verwechseln; allein durch folgende Merkmale leicht zu unterscheiden: das dritte Fühlerglied ist länglich, viel breiter als bei der vorhergehenden; Backenbart und Haare des Hinterkopfes rein weiss; die Brust heller; die Striemen aber deutlicher, die Seiten hellgrau; die Behaarung kürzer, sparsamer und namentlich die erste Hälfte der Brust mit kurzen, schräg nach hinten gerichteten Borsten, nicht mit langen, dichten, weichen Haaren bedeckt; die Tarsen so wie die vorderen Schienen gelb, die Hinterschienen am Grunde gelb, an der Spitze grau; die vorderen Schenkel gelb, oder nur mit grauem Ring, die Hinterschenkel grau mit gelber Basis. Der Hinterleib ist mit kürzeren, dicht anliegenden schwarzen Härchen bekleidet, bei einem Exemplar mausgrau mit drei braunen Striemen, beim anderen schwärzlich. Beide Exemplare sind ♀.

7. *A. incomptus* Ph. A. niger, mystace antennisque nigris; facie et barba albis; thorace griseo, nigro-vittato, nigro-hirsuto; alis hyalinis; pedibus nigris, tibiis partim rufis. Long. 6½ lin., extens. alar. 9½ lin.

Locum ignoro, e Valdivia advectum suspicor.

Ein Männchen. Das dritte Fühlerglied ist sehr schlank. Die innern Augenränder und der Raum zwischen den Fühlern und dem buschigen Knebelbart schimmern gelbweiss; der Backenbart ist rein weiss; die übrigen Haare des Kopfes sind schwarz. Der Thorax ist oben dicht mit langen schwarzen Haaren bekleidet, an den Seiten desselben stehen aber lange weisse Härchen, und ebenso an der Unterseite des Hinterleibes, und an den Seiten der ersten Ringe desselben. Auch die Härchen auf der Oberseite des Hinterleibes sind weisslich, und die Seiten desselben schimmern auf den hintern Segmenten grau. Die Vorderschenkel tragen lange weiche Härchen, die auf der oberen Seite derselben schwarz, auf der unteren weiss sind, und die Vorderschienen tragen eben solche Härchen von weisser Farbe und zweizeilig gestellt, und ausserdem die gewöhnlichen Bürstenhaare. Die Zangen sind klein und fallen nicht auf. Von *A. eritrichus* sogleich durch die Farbe der Beine, von *A. nigriventris* durch grauschwarze, nicht tief blauschwarze Färbung, grauen Thorax, weissen Bart, weisse Behaarung der Unterseite des Körpers verschieden.

8. *A. megastylus* Ph. A. cinereus, facie alba, mystace albo vel cum setis paucis nigris mixto; antennarum nigrarum seta elongata; thorace fusco-vittato, antice pilis brevibus, postice longioribus nigris vestito; ab-

domine glabriusculo; pedibus cinereis, tibiis tarsisque plus minus ferrugineis. Long. 6 lin., extens. alarum 9 lin.

Prope Santiago cepi, et et itinere Illapelino attulit orn. Landbeck.

Die Behaarung der Brust ist fast ganz wie bei *A. poecilopus*, die Farbe ist aber weniger braun, mehr aschgrau. Der Hinterleib hat an den Seiten der hinteren Ringe keine oder nur kurze Borsten. Der Knebelbart ist nicht schwarz wie bei *poecilopus*, sondern entweder ganz weiss, oder nur weiss mit ein paar untermischten schwarzen Borsten. Das dritte Fühlerglied ist kurz und breit, kaum 1½mal so lang als breit, eiförmig, spitz; die Borste fein, fast zweimal so lang als das dritte Glied, gegen das Ende verdickt. Die Flügel sind vollkommen wasserhell. Der Zangenapparat des ♂ ist nicht dicker als das letzte Hinterleibsglied, sehr verlängert.

9. *A. brachypterus* Ph. A. cinereus; facie alba; mystace albo, cum setis paucis nigris mixto; thorace **nigro**, postice cinereo-vittato, parce setosa; abdomine haud setoso, supra nigro, incisuris cinereis; alis brevibus hyalinis: pedibus nigris, tibiis tarsisque fuscis. Long. corp. 5½ lin., extens. alarum 7½ lin.

Femina in prov. Colchagua reperta suppetit.

Die schwarzen Fühler sind wie bei der vorigen Art beschaffen, das dritte Glied ist kurz, eiförmig, der Griffel lang dünn, am Ende angeschwollen. Die Brust ist in der grösseren Hälfte schwarz, und bereits von vorne an mit längeren schwarzen Borsten besetzt, die nach hinten zu immer dichter und länger werden. Diese Beschaffenheit der Brust unterscheidet die Art sogleich von *A. megastylus*. So wie die Flügel, so scheinen mir auch die Beine im Verhältniss kürzer. Die Schenkel sind dunkler, beinahe schwarz.

10. *A. eritrichus* Ph. A. niger, pilis longis nigris undique hirsuto; facie argenteo-micante; thorace utrinque vitta albo-micante ornato; pilis abdomis partisque inferioris capitis albis: pedibus pallide fuscis, fere testaceis. Long. corp. 4½ lin., ext. al. 9½ lin.

Die langen schwarzen Haare, welche Gesicht und Brust bekleiden, und die schwarze Farbe erinnern stark an *A. nigriventris* Nr. 3, von dem sich unsere neue Art aber sogleich durch die hellen Beine und den schneeweissen Backenbart unterscheidet. Die Füsse sind ebenfalls ausser den gewöhnlichen Borsten mit langen, weichen, weisslichen Haaren besetzt. Die Fühler sind wie bei der genannten Art, das letzte Glied dünn, allmälig in die Borste übergehend.

Clavator Ph. [1])

Antennae capite longiores; articuli duo basales subcylindrici, crassi, subaequales, tertius antecedentes conjunctos superans, basi angustatus, imo petiolatus, deinde fere ovoideus, stylo crasso brevi, uniarticulato terminatus. Caetera generis Asili.

Der Habitus, die graue Farbe, die Flügeladern, die starkborstigen Beine, der Knebelbart sind ganz wie bei *Asilus*, der kurze Griffel am Ende des breiten dritten Fühlergliedes ist aber eher wie bei *Dasypogon*. Das Gesicht zeigt bald einen vorspringenden Höcker bald nicht; die Borsten des Knebelbartes sind bald abstehend, weich, buschig, bald steif, niedergesenkt. Der Stiel des dritten Fühlergliedes ist bald sehr kurz, bald sehr lang. Die Beine sind immer kurz, und Schienen und Schenkel lang und kräftig bedornt.

1. ***Clavator*** *punctipennis* Ph. Cl. ♀ fusco-cinereus; facie albo-micante, prominente; mystace longo, blando, nigro; tertio antennarum articulo longe petiolato; pedibus gracilibus, alis ad nervulos transversos fusco-maculatis. Long. corp. 5 lin.; extens. alarum 8 lin. Siehe Abbild.

Sub finem hyemis (Augusto 1862) feminam cepi. Fig. 1.

Stirn und Scheitel sind graubraun; die Fühler schwarz, ihre Gestalt zeigt die Figur. Die beiden ersten Glieder tragen feine, lange, borstenartige, weisse Haare. Auch der ganze Kopf ist mit langen, weichen Borsten bedeckt, die der Stirne und des Knebelbartes sind schwarz, doch hat letzterer unten einige weisse, Borsten. Der Backenbart und die Haare des Hinterkopfes sind weiss. Die Brust ist graubraun, doch schillern dunkelbraune Striemen und Flecke darauf; sie ist mit mässig langen, ziemlich weichen, und nicht sehr dicht stehenden schwarzen Borsten bedeckt. Aehnliche und längere stehen am Rand des Schildchens aufgerichtet. Der Hinterleib trägt nur kurze, ziemlich anliegende Börstchen, und seine Einschnitte, so wie die Seiten schillern aschgrau. An den Flügeln bemerkte ich, dass sämmtliche hintere Zellen weit offen sind. Dieser Umstand und der lange Stiel des dritten Fühlergliedes zeichnen diese Art vor den folgenden aus, und begründen eine Unterabtheilung. Schwinger braun. Die Borsten der Beine rothgelb, die ebenso langen, zahlreichen, feinen Härchen weiss.

Ein im September desselben Jahres bei S. Fernando gefangenes ♂ ist 7 Lin. lang, und unterscheidet sich durch folgende Merkmale: die

[1]) Clavator Keulenträger.

Fühler sind braun; die ersten drei Hinterleibsringe sind dicht mit aufgerichteten, weissen Härchen besetzt, auch die Unterseite trägt ziemlich lange abstehende, weisse Haare, und überhaupt ist die Behaarung des Hinterleibes sehr viel stärker. Die Beine sind weit robuster und grau.

2. *Cl. nigribarbis* Ph. Cl. fusco-cinereus; facie albo micante, inferius paullo prominente; mystace nigro, cum pilis albis mixto; antennis rubris, articulo tertio oblongo brevissime petiolato; alis paullulum infumatis, cellula postica tertia clausa. Long. corp. 8½ lin., extens. alarum 13 lin.

Ex itinere Illapelino marem et feminam accepi. Fig. 2.

Die Gestalt der Fühler ist aus der Figur zu ersehen. Die Basis des letzten Gliedes und der Endgriffel sind fast braun. Die Haare des Backenbartes sind weiss, lang und weich. Die Brust ist ebenfalls fast zottig von langen, aufgerichteten, schwarzen Haaren. Der Hinterleib ist wie bei der vorigen Art, unten schwarz und grau schillernd, beim ♀ sehr kurz beim ♂ länger behaart. Die Schwinger sind beim ersteren braun, beim Männchen weiss. Die Beine sind bei beiden Geschlechtern gleich robust, grau. Dornen und Haare wie bei der ersten Art. Von Valdivia habe ich ein nur 5 Linien langes ♀, mit ganz schwarzem Hinterleib, dessen nach unten umgeschlagene Ränder in der vorderen Hälfte lebhaft roth sind.

3. *Cl. rubricornis* Ph. Cl. fusco-cinereus; facie alba, prominente, mystace albo-setoso; antennis rubris, articulo tertio brevissime pedicellato; pilis thoracis albis, partis anticae brevissimis; alis vix infumatis, cellula postica tertia clausa. Long. corp. 7 lin., extens. alar. 12 lin.

Prope Santiago ♀ cepi.

Die Fühler sind wie bei der vorigen Art gestaltet. Von der Seite gesehen erscheint der Gesichtshöcker braunroth; sämmtliche Haare des Kopfes sind weiss, und man sieht nur auf der obern Seite der Palpen ein paar schwarze Borsten. Die Beine sind aschgrau, stark in's Braunrothe ziehend; sämmtliche Dornen und die Börstchen, die sie bekleiden, sind weiss, nur auf den Hinterschienen und Tarsen stehen einige schwarze Dornen. Auch die Hinterschenkel zeigen Dornen.

Ein Weibchen aus Valdivia hat braune Fühler und ist auf der obern Seite mehr grau, auch die Beine sind mehr grau. Schwinger weiss.

4. *Cl. brevicornis* Cl. Rh. fusco-cinereus; facie albo-micante haud prominente; mystace albo-setoso, declinato; antennis rubris articulo tertio subovato vix pedicillato; alis vix infumatis, alarum cellula postica tertia clausa. Long. ♂ 4½ lin., extens. alarum 6 lin. Fig. 3.

Santiago. Illapel.

Die Gestalt der Fühler zeigt die Figur. Der Knebelbart besteht aus steifen, abwärts gerichteten Borsten. Sämmtliche Haare und Borsten des Körpers, auch die Dornen der Beine sind weiss.

5. *Cl. rufescens* Ph. Cl. rufo-cinereus; facie pilisque ejus albis; an-

tenuis rufis; abdomine albo, fusco- et (ad latera) rufo-tessellatim micante; alis hyalinis; pedibus rufescentibus. Long. 9 lin., extens. alar. 12 lin.

E collect. ornat. Ferd. Paulsen.

Ein Weibchen. Die beiden ersten Fühlerglieder sind, so wie das Gesicht, weissborstig, das dritte Glied hat dieselbe Gestalt wie bei *Cl. nigribarbis*. Auf der Brust schimmern rothbraune Striemen; dieselbe trägt feine, weissliche Härchen, und im hintern Theil vier Längsreihen schwarzer Borsten. Der Hinterleib ist mit enganliegenden, weisslichen Härchen bekleidet, und seine Seiten erscheinen bei gewissem Lichte ganz braunroth. Von oben gesehen sind die Schenkel und Schienen blass braunroth, die Unterseite derselben ist grauschwarz; sämmtliche Härchen und Borsten derselben sind weiss; die Klauen sind schwarz mit rothem Grund. Die Flügel sind wasserhell, die ersten Adern bräunlich.

Folgende Raubfliege hat einen so eigenthümlichen Habitus, dass ich sie zu einem eigenen Genus erheben muss, welches ich *Dasycyrton* nenne.

Dasycyrton Ph. [1])

Caput corpore latius. Frons concava, mystax, proboscis Asilicorum. Facies haud prominens. Antennarum articuli primi cylindrici barbati, primus multo longior, tertius antecedentes simul sumpta aequans, tenuis, cylindricus, stylo vix tenuiore dimidiae longitudinis terminatus. Thorax valde gibbosus et valde compressus. Abdomen falcatum compressum. Alarum cellula discoidalis latiuscula, posteriores omnes apertae. Tibiae longe hirsutae, haud spinosae.

Dasycyrton gibbosus Ph. D. omnino niger, nitidus; thorace valde hirsuto; abdominis dorso carinato, subglabro. Long. corp. 3 lin., extens. alar. fere 7 lin. V tab. II. f. 3.

In prov. Santiago et Aconcagua. rarissimus.

Im September 1861 fing ich ein Weibchen in der Hacienda Catemu Prov. Aconcagua. Der stark zusammengedrückte Körper fiel mir nachher sehr auf, allein ich fürchtete, das Thier beim Fangen zusammengedrückt zu haben, so wunderbar kam mir dieser Umstand vor. Später bekam ich ein vom jungen Hornecker bei Santiago im Januar 1864 gefangenes Exemplar, genau ebenso beschaffen, und zweifle nicht länger, dass der stark zusammengedrückte Körper normal ist. Der buschige, abstehende Knebelbart, die Borsten des Kopfes, und die des borstigen Brustrückens sind schwarz, doch mischen sich unter letztere einige gelbliche Borsten. Die Wimpern des Schildchens, die feinen, ziemlich langen, abstehenden Härchen an den Seiten des Hinterleibes und am Bauch, die langen feinen Härchen der Schenkel und Schienen und zum Theile der Tarsen sind

[1]) δασύς rauh, κύρτων ein Buckliger.

weisslich; die Vorderschiene endet nicht in einem Haken. Die Flügel sind
wasserhell mit feinen schwarzen Adern. Die Schwinger hellbraun.

Anypenus Ph. [1])

Caput setis et mystace destitutum. Antennae brevissimae; articuli
primi aequales, setigeri, tertius antecedentes simul sumtos aequans, ellip-
ticus, ovoideus, stylo brevissimo, mastoideo terminatus. Proboscis brevis,
porrecta, antennas subaequans; palpi lati, fere foliacei, oblongi, obtusi.
Alarum cellulae illis Midasiorum similes, quarta clausa. Pulvilli duo.

Von dieser durch den gänzlichen Mangel von Bart und Borsten
am Kopf, so wie durch die Kürze der Fühler und die Flügeladern höchst
ausgezeichneten Gattung, kenne ich zwei Arten.

1. *Anypenus brevicornis* Ph. A. capite, antennis, palpisque albidis;
thorace griseo, fusco-vittato; abdomine ex albido et nigro-variegato, segmentis 5. et 6. omnino albis; pedibus griseis. Long.

In prov. Santiago invenit orn. F. Paulsen, mecumque ♂ communicavit.

Der Kopf ist ganz weiss, lediglich mit feinen weissen Härchen dicht
bekleidet; das Gesicht schwach gewölbt; die Stirne zwischen den Augen
ist beim Männchen schmal, und nur sehr wenig eingesenkt. Die Fühler
sind grau, die ersten Glieder oben mit einzelnen schwarzen Borsten, unten
mit dichtem weissen Borstenbart besetzt. Der Rüssel ist schwarz, die Palpen
sind weiss, mit anliegenden Härchen besetzt. Die Brust ist mit feinen
weichen, abstehenden Härchen, und nur an den Seiten, hinten vor dem
Ursprung der Flügel und unten mit einzelnen schwarzen Borsten besetzt.
Unten ist sie weissgrau, oben graubraun, mit drei weisslichen Striemen
in der vorderen Hälfte, und zwei weissen, dreieckigen Flecken vor dem
Schildchen. Dieses ist dunkelgrau, dicht behaart, am Rande mit ziemlich
langen, schwarzen, nach hinten gerichteten Borsten gewimpert. Der
Hinterleib ist ebenfalls mit feinen, dicht anliegenden Härchen bekleidet,
und ohne alle Borsten. Seine Grundfarbe ist schwarz; der erste Ring hat
zwei in der Mitte unterbrochene Querbinden; der zweite zwei weissgraue,
dreieckige Flecke, deren Basis den Hinterrand berührt, jederseits einen
weissen Fleck am Rande, und am Grunde weisse Härchen, so dass derselbe grau erscheint; der dritte hat zwei weisse Fleckchen am Hinterrande, weissliche Haare am Vorderrande, und zwischen beiden bleibt die
Grundfarbe als eine tiefschwarze Querbinde, an den Seiten ist ebenfalls
ein weisser Fleck; der vierte hat den weissen Seitenfleck, die graue Basis,
und der Hinterrand selbst sind schmal weiss. Die beiden folgenden Ringe
sind ganz weiss; die Spitze des Hinterleibes ist schwärzlich, beim Männ-

---

[1]) ανύπηνος unbärtig.

chen in Folge des sehr entwickelten Zangenapparates kolbig. Der Unter-
leib ist grau. Die Beine zeigen nichts Auffallendes, und sind grau. Die
Vorderhüften haben eine Reihe langer schwarzer Borsten, und die Vorderschenkel oben von der Mitte an, ebenfalls eine Reihe schwarzer Borsten; die Mittelschenkel sind unbewehrt, die Hinterschenkel dagegen auf
der Unterseite mit vielen kurzen schwarzen Borsten bewaffnet; ausser
den dicht anliegenden greisen Härchen haben die vorderen Schenkel zahl-
reiche, feine, weiche, abstehende, weisse Haare. Die Schienen sind borstig bedornt, ebenso die Tarsen, die Borsten sind schwarz. Auf den Vorderschienen fehlen innen die kurzen, weissgelben Bürstenhärchen nicht.
Klauen klein. Die zweite und dritte Flügelader sind röthlich, die übrigen
Adern dunkelbraun; die Membran wasserhell, den Verlauf der Adern
zeigt die Abbildung.

2. *A. obscurus* Ph. A. capite, basi antennarum palpisque albidis;
tertio antennarum articulo fusco; thorace, abdomine, femoribus obscure-
fuscis; tibiis tarsisque pallidioribus; alis hyalinis. Long. 8½ lin., extens.
alar. 13 lin.

Conspicitur in coll. Ferd. Paulsen.

Die Härchen, welche den Kopf bekleiden, sind weiss, mit Ausnahme
derer, die um die Punktaugen stehen und welche schwarz sind, ebenso sind
die Borsten der ersten Fühlerglieder weiss. Die Brust ist oben mit Nektar
beschmiert und vielleicht abgerieben, sie erscheint ganz kahl; an den
Seiten und am Rande des Schildchens stehen schwarze Borsten. Die ersten
vier Hinterleibsringe sind braunschwarz, der zweite, dritte, vierte mit
anliegenden? weisslichen Härchen bekleidet; die folgenden Ringe sind
mehr rothbraun und tragen abstehende, kurze schwarze Härchen. Die
Mittelschienen haben aussen eine Reihe weisser Dornen, sonst sind die
Dornen der Beine schwarz. Das kurze, stumpfe, hinten vorstehende weib-
liche Glied ist mit geraden, abstehenden, schwarzen Dornen bewehrt.

Pachyrrhiza Ph. [1])

Caput transversum, vertice modice setoso, inter oculos haud impresso.
Antennae in medio altitudine capitis insertae, porrectae; articulus primus
cylindricus, crassissimus, longitudine caput aequans, setis brevibus patentibus crassis undique horridum; secundus minimus, cyathiformis; tertius
longitudinem dimidiam primi vix aequans, globoso-acuminatus, stylo brevi
crasso, cylindrico terminatus. Epistoma oblique recedens. Proboscis in ore
recondenda, crassa, labiis magnis pilosis, palpis dimidiam proboscidem
superantibus, linearibus, pilosis. Genae hirsutae, non barbatae. Thorax
parce setosus. Abdomen elongato-conicum, parce pilosum, segmentis 8.

---

[1]) παχύς dick, ῥίζα Wurzel, wegen des dicken ersten Fühlergliedes.

Alae oblongae, cellulis posticis apertis. Pedes mediocres, tibiae, praesertim
posticae, setis horridae. Ungues breves. Pulvilli duo.

Pachyrrhiza *pictipennis* Ph. Siehe Abbildung.

Prov. Santiago rara inhabitat.

Ich fing sie dreimal, dicht bei Santiago, und auf der Cordillere in c.
5—6000 Fuss Meereshöhe, alle drei Exemplare scheinen Weibchen. Kopf
und Fühler sind graubraun; die starken Borsten des Scheitels, die paar
Haare der Stirne, und die Borsten des ersten Fühlergliedes sind schwarz.
Die Brust ist graubraun mit vier dunkelbraunen Striemen, von denen je
das seitliche Paar vor dem Vorderrand verbunden, und im hintern Verlauf unterbrochen ist, (dieses habe ich in der Zeichnung nicht wiedergeben
können); sie trägt einige schwarze Borsten. Das Schildchen trägt vier
lange schwarze Borsten am Rande. Der Hinterleib scheint oben ganz
kahl, ist glänzend schwarz, an den Seiten fein behaart. Genauer betrachtet ist er auch oben mit kurzen, schräg abstehenden Härchen bekleidet.
Unten ist er kaum heller. Die Flügel sind bräunlich grau, mit wasserhellen Flecken und Tröpfchen, die Schwinger dunkelbraun mit hellem
Stiele. Die Beine sind mit so feinen Härchen besezt, dass man sie für
kahl halten möchte; Hüften und Vorderschenkel sind kohlschwarz; Mit-
tel- und Hinterschenkel kohlschwarz mit braungelbem Ring kurz vor der
Spitze; die Schienen und die ersten Tarsenglieder braungelb mit schwarzer Spitze, die letzten Tarsenglieder und sämmtliche Borsten schwarz.

Cylindrophora Ph. [1]

Antennarum articuli duo primi subaequales, tertius antecedentes
simul sumtos bis aequans, aeque crassus, perfecte cylindricus, stylo brevi,
crasso terminatus. Facies setis declinatis barbata. Palpi longe barbati.
Abdomen cylindricum, organis copulatoriis in mare permagnis. Alarum
cellula marginalis et omnes quinque posteriores apertae. Tibiae anticae
unco terminatae. Pulvilli brevissimi.

Die Fühler erinnern an *Dasypogon*, der Habitus und die Begattungs-
organe an *Asilus*, die ausnehmende Kleinheit der Haftlappen erinnern an
Leptogaster.

Cylindrophora *marina* Ph. C. cinereo-fusca: barba et pilis seti-
formibus capitis nec non collaris albis; alis vix rufescentibus, nigro-punctatis.
Long. 6 lin., extens. alar. 8¾ lin.

Habitat prope Santiago.

Ein Männchen von Hrn. O. Hornecker gefangen. Die Augen sind
kahl. Sämmtliche Haare des Kopfes sind borstig und weiss: auch ein
Halskragen von weissen Borsten. Stirn und Scheitel sind dunkelbraun

---

[1] κυλινδρος Cylinder und φέρειν tragen.

und das Gesicht vermuthlich auch. Die weissen Borsten des Knebelbartes sind wie bei *Lycomyia* Big. abwärts gewendet. Die Fühler sind braun, der Rüssel schwarz, auch die Palpen, aber die langen Borsten der letzteren, so wie die der ersten Fühlerglieder sind weiss. Der Thorax ist gewölbt und zeigt in der Mitte zwei schmale, genäherte, schwarze Striemen; er ist grösstentheils mit kleinen bräunlichen Borsten bekleidet; am Hinterrand und am Rand des Schildchens stehen lange, weisse Borsten. Der Hinterleib ist an den Seiten der ersten Ringe lang behaart; die folgenden Ringe haben an den Seiten ziemlich lange Borsten; auf dem Rücken sind alle mit ganz kurzen Börstchen besetzt, ja die letzte Hälfte der Ringe ist ganz kahl. Die beiden letzten Ringe haben in der Mitte einen Kranz abstehender Borsten. Der Begattungsapparat ist sehr eigenthümlich, und hat unten zwei schlanke Haken. Die Flügel zeigen nichts Besonderes; die ersten zwei Adern sind hellbraun oder gelblich; im Centrum derselben ist der Ursprung der äusseren Zellen schwärzlich eingefasst, wodurch der Anschein von schwarzen Punkten entsteht. Die Beine sind wie bei *Asilus*; ausser der feinen, anliegenden Behaarung sind sie mit abstehenden, weissen Borsten bewehrt. Die vorderen Tarsen sind heller, mehr rothbraun, die Hintertarsen sind graubraun. Die langen schwarzen Klauen fallen beim scheinbaren Mangel der Haftlappen doppelt auf.

Leptogaster Meig. *Gonypes* Latr.

Leptogaster fascipennis Blanch. Gay VII. p. 371. t. 1. f. 6.

Aus der Provinz Santiago und Colchagua, nicht häufig. Hat Haftlappen, ist folglich gar kein *Leptogaster*, sondern gehört zur folgenden Gattung.

Deromyia [1]) Ph.

Caput transversum, breve, imberbe. Oculi (in utroque sexu?) distantes, glabri. Antennae tuberculo nullo insertae; articulis duobus primis elongatis, subaequalibus, subcylindricis; tertio antecedentes simul sumtos subaequante, compresso, basi paullo angustiore, stylo brevi, crasso terminato. Facies plana, brevis, glabra, modo setae quatuor in labro; epistoma haud prominens. Proboscis caput aequans; palpi filiformes. Collum longum. Abdomen angustum lineare, glaberrimum, segmento ultimo hirtello. Alarum cellula marginalis aperta, quarta postica clausa vel aperta. Pedes graciles, parce setosi, caeterum glaberrimi; tibiae anticae unco parum curvo terminatae; tarsi moniliformes; femora postica et tibiae posticae clavatae; pulvilli duo.

---

[1]) δειρή Hals und μυῖα Fliege.

90*

Diese sonderbare Gattung erinnert durch die Verlängerung der beiden ersten Fühlerglieder an *Dioctria,* und durch den schlanken Leib und die schlanken Beine an *Leptogaster,* während sie durch das kurze kahle Gesicht und den von hinten nach vorn aufsteigenden Mund sehr eigenthümlich ist.

1. ***Deromyia** gracilis* Ph. D. thorace testaceo, fusco-trivittato; abdomine aurantiaco, maculis duabus atris in segmento secundo, anteriore majore, ornato; pedibus aurantiaco-rufis; alis flavescentibus. Long. 6½ lin., extens. alar. 9¼ lin. Siehe Abbildung.

E coll. Ferd. Paulsen.

Das Gesicht ist blassgelb, etwas ins Graue oder Bräunliche ziehend; Stirn und Scheitel sind tiefschwarz, glänzend. Die Fühler sind dunkel rothbraun mit schwärzlicher Spitze. Der Rüssel ist schwarz, die Taster sind bräunlich mit schwarzen Borsten. Der Hinterkopf ist grau mit vier braunen Striemen, die strahlenartig vom Hals ausgehen; er trägt oben ein paar Borsten, unten ein paar Härchen. Die Vorderbrust ist sattelförmig, mit erhabenem Vorder- und Hinterrand, grau mit schwarzer Mittelstrieme. Die Mittelbrust ist sehr gewölbt, bräunlich grau (wie das Schildchen), und mit wenigen kurzen Börstchen besetzt. In der Mitte verläuft vom Vorderrande an bis beinahe zum Schildchen eine beinahe schwarze Strieme und in der hinteren Hälfte jederseits eine braune. Der Hinterleib ist mit Ausnahme des letzten, mit kurzen Börstchen besetzten Segmentes ganz kahl, doch stehen am Hinterrande des ersten Segmentes jederseits ein paar kurze Börstchen. Dieser Ring ist dunkelbraun, bis auf den gelbrothen Hinterrand. Der zweite ist im ersten Viertel oder Drittel kohlschwarz und stark glänzend und hat im zweiten Drittel einen ebenfalls stark glänzenden, schwarzen Fleck. Die Tarsen sind dunkler braun, die Klauen schwarz, die Haftlappen weisslich. Schwinger braun. Die vierte hintere Zelle der Flügel geschlossen.

2. *D. fascipennis (Gonypes)* Blanch. Gay VII. p. 371. tab. I. f. 6.
S. oben. Hat zwei grosse Haftlappen, und bildet sie Blanchard deutlich ab. Siehe Abbildung.

3. *D. fulvipes* Ph. D. thorace flavo-griseo, vittis duabus approximatis, abbreviatis, et utrimque maculis duabus nigris ornato; abdomine fusco, apice ferrugineo; alis hyalinis; pedibus ferrugineis. Long. fere 6 lin.; extens. alar. 9¼ lin.

In prov. Santiago habitat.

Ich besitze nur ein Exemplar. Das Gesicht ist blassgelb, beinahe weiss, ganz flach, und hat am obern Rand der Mundhöhle eine Reihe weisser, abwärts gerichteter Borsten. Der Scheitel ist gelblich; die Fühler sind hell rostroth mit schwärzlicher Spitze. Brust und Schildchen sind hell gelbgrau; zwei genäherte schwarze Striemen zieren die vordere Hälfte des Brustrückens, und vor dem Ursprung des Flügel stehen jederseits zwei fast quadratische Flecke, eigentlich eine unterbrochene kurze Strieme; die Borsten sind braunroth. Das Schildchen hat entweder am Rande gar keine Borsten, oder falls sie an meinem Exemplar verloren gegangen sein sollten, müssen sie sehr schwach gewesen sein, dagegen ist der hintere Abhang der Mittelbrust mit einzelnen starken, nach hinten gerichteten Borsten besetzt. Der schlanke Hinterleib ist vollkommen kahl, bis auf die zwei letzten Segmente, die mit kurzen aufgerichteten Härchen bekleidet sind. Die Flügel sind wasserhell mit schwarzen Adern, die vierte hintere Zelle ist offen. Die Tarsen sind von derselben gelbbraunen Farbe wie die Beine; die Haftlappen bräunlich.

Tabania, Sicaria, Xylophaga, Stratiomydes, Syrphica, Hybotidae, Empides, Xylotoma, Leptides, Dolichopoda.

Tabania Latr.

Pangonia Latr.

Blanchard führt bei Gay Zool. VII. p. 386 folgende 10 Arten auf, und gibt, wie gewöhnlich, als Gattungskennzeichen einen sehr langen dünnen Saugrüssel an, mit sehr kleinen Lippen, ohne zu bemerken, dass *P. depressa* Macq. und andere einen sehr kurzen Rüssel mit dicken Lippen haben. Es gibt Uebergänge zwischen den langen dünnen und den kurzen dicken Saugrüsseln.

1. *Pangonia lingens* Macq.

„Bei Valparaiso gefunden." Ist mir unbekannt.

2. *P. fascipennis* Macq.

„In der Gegend von Coquimbo gefunden." Ist nicht ganz selten bei Santiago, Valparaiso, in der Provinz Colchagua.

3. *P. albithorax* Macq.

„Umgegend von Coquimbo." Ich fand sie im Frühjahr in der Prov. Aconcagua, später in der Cordillere von Santiago. Der Rüssel ist kürzer als der Kopf.

4. *P. depressa* Macq.

Diese Art, welche die Araukaner nach Gay „Potoquin" nennen, ist nicht nur ausserordentlich gemein in Araukanien, Valdivia und Concepcion, sondern auch in der Prov. Colchagua, fehlt aber wie es scheint in der Provinz Santiago gänzlich, und erscheint wieder nach Illapel hin! von wo Landbeck eine Menge Exemplare mitgebracht hat.

In Valdivia heisst diese durch ihren Stich höchst lästige Fliege „Colihuacho" und pflegt erst mit dem Januar zu erscheinen. Man sieht sie nur in der Hitze und nie auf Blumen. Dennoch enthält das Thier stets im Leibe eine mit Honig gefüllte Blase, welche die Kinder aussaugen und sehr leicht erhalten, indem sie dem Thier den Hinterleib abreissen, worauf die Blase frei wird. Nie findet man Blut darin.

5. *P. eriomera* Blanch.

Angeblich von Valparaiso, was Blanchard selbst bezweifelt. Ist mir unbekannt.

6. *P. viridiventris* Macq.

„Von Coquimbo, Santa Rosa etc." Die Fliege, welche ich für diese Art halte und von Illapel, Santiago, Colchagua besitze, hat schwärzliche Haare auf dem Gesicht und den Palpen. Der Rüssel hat deutliche Lippen, die Hinterschenkel sind grünlich, der Bauch lebhaft blassgrün.

7. *P. albifrons* Macq.

„Von Coquimbo." Das Museum besitzt sie von Illapel. Die erste hintere Zelle ist geschlossen.

8. *P. latipalpis* Macq.

„Von Coquimbo, Santa Rosa." Das Museum besitzt ein Exemplar aus der Prov. Aconcagua? Steht *viridiventris* nahe, hat aber einen längeren dünneren Rüssel, der aber doch die halbe Leibeslänge kaum übertrifft.

9. *P. dorsoguttata* Macq.

„Von Coquimbo," ist mir unbekannt.

10. *P. vulpes* Macq.

„Von Coquimbo," ist mir unbekannt.

Dagegen besitzt das Museum von Santiago folgende 6, bei Gay nicht beschriebene Arten.

11. *P. chlorogastra* Ph. P. capite fulvo; antennis testaceis apice nigris; thorace fusco, flavido hirto; alis infuscatis, praesertim ad marginem anticum, abdomine virescente supra rufo-tomentoso, apicem versus nigrescente; pedibus flavescentibus; proboscide circa tertiam corporis partem aequante. — Long. corp. 7 lin., extens. alarum 13½ lin.

In prov. Valdivia satis frequens, vere.

Steht *P. latipalpis* sehr nahe. Die Stirn ist nicht schwarz mit gelblich grauen Haaren bedeckt, wie es bei Gay heisst, sondern hellbraun mit schwarzen Härchen bekleidet. Der Saugrüssel ist nicht „beinahe von Körperlänge," sondern kürzer als die halbe Körperlänge; der Thorax ist braungelb, aber mit so breiten dunkelbraunen Striemen, dass die Grundfarbe auf schmale Linien reducirt wird und dies sieht man nur bei abgeriebenen Exemplare, frische haben denselben ganz und gar mit rothgelben Härchen bedeckt. Ebensolche Härchen bedecken den Hinterleib, der oben gelbgrün, nach der Spitze hin schwärzlich, unten aber blassgrün wie bei *P. viridiventris* ist, was aber weniger auffällt, da er mehr anliegende gelbe Häreben hat als *P. viridiventris.* Schenkel und namentlich Kniee sind grünlich, die Schienen ebenfalls, was aber wegen der Behaarung weniger auffällt; die Hinterschienen sind aussen mit schwärzlichen, innen mit fuchsrothen Härchen bekleidet; die Tarsen sind schwärzlich, die Hintertarsen eigentlich grün, oben mit schwarzen, unten mit rothgelben Härchen bekleidet. Es gibt Exemplare mit helleren, gelblichen Beinen. Ein ♂ hatte ich als *P. analis* unterschieden, nicht allein weil der Hinterleib hinten einen dunkel schwarzen Fleck hat, sondern auch weil die erstere hintere Zelle geschlossen ist, während sie bei *P. chlorogastra* offen ist; allein ich finde jetzt, dass dies nur auf dem rechten Flügel so ist, auf dem linken ist die Zelle offen. Wegen des kurzen Rüssels kann das ♂ nicht zu *latipalpis* gebracht werden. Es sind Punktaugen da.

12. *P. rufo-aurea* Ph. P. aterrima, parte superiore thoracis et abdominis, maculaque in latere thoracis ante alarum originem pilis aureorufis densissime vestitis; alis in margine anteriore infuscatis macula stigmaticali nigra; proboscide brevi, caput aequante. — Long. corp. 8 lin., extens. alarum fere 17 lin.

Valparaiso, Colchagua, rara.

Ich fing im December ein ♂ auf dem Dampfschiff in Valparaiso, mehrere Jahre später fand Landbeck ein ♀ in Valparaiso. — Kopf, Fühler, Palpen, Rüssel, Beine, die ganze Unterseite kohlschwarz, bis auf die letzten Hinterleibsringe, welche wie der Rand des Hinterleibes die rothgelbe, dichte, zottige Behaarung der Oberseite zeigen. Der erste, gewöhnlich nicht sichtbare Hinterleibsring ist oben kahl, kohlschwarz und glänzend. Die erste hintere Zelle ist geschlossen. Beide Geschlechter haben Punktaugen. — *P. vulpes* hat einen gelben Körper und rothe Fühler.

13. *P. atra* Ph. P. atra, nigro-pilosa, fronte cinerea; pilis occipitis, pilisque lateris exterioris tibiarum posticarum albis; alis infumatis; proboscide brevi. — Long. 6½ lin., extensio alarum 13 lin.

Feminam Octobri 1862 in Andibus prov. Santiago cepi.

Stirn und Scheitel sind aschgrau, mit schwärzlichen Härchen besetzt. Punktaugen vorhanden. Palpen und Unterlippe schwarz, Kiefer rothgelb, wie gewöhnlich. Das erste Drittel der Mittelschienen und fast die ganze Länge der Hinterschienen aussen dicht mit kurzen weissen Härchen bekleidet. Erste Flügelzelle geschlossen.

14. *P. collaris* Ph. P. atra, prothorace lateribusque mesothoracis, nec non segmentis duobus ultimis abdominis aurantiaco-hirsutis. — Long. corp. 7½ lin., extens. alar. 15 lin.

In prov. Valdivia satis rara.

Der Rüssel ist kaum so lang als der Kopf, kohlschwarz wie die Palpen und Fühler. Das dritte Glied derselben ist am Grunde breiter als bei den anderen Arten, Tabanus-artig, wie bei *P. depressa.* Die erste hintere Zelle ist offen. Punktaugen deutlich. Der Halskragen ist oft goldgelb, was sich aber nicht auf die unteren Seiten erstreckt, während bei *P. depressa* der Unterkopf und der Vordertheil der Brust dicht, fuchsroth behaart sind; unsere Art hat an diesen Stellen schwarze Haare. Die Augen sind im Leben prachtvoll broncegrün, während sie bei *depressa* schwarz sind, leider verliert sich diese Farbe mit dem Leben.

15. *P. subandina* Ph. P. nigro-fusca; antennis concoloribus; thorace fusco, albido-vittato, posterius flavido-hirsuto; abdominis segmentis albido marginatis; alis omnino hyalinis. — Long. corp. 5½ lin., extens. alar. 13½ lin.

In valli S. Roman ad radicem Andium Santiaginarum marem cepi.

Die beiden ersten Fühlerglieder sind grau, mit langen schwarzen Haaren besetzt, das letzte Glied schwarzbraun. Die Augen sind (nach dem Tode) schwarzbraun. Das Gesicht ist aschgrau, schwarz behaart, der Hinterkopf weiss behaart. Punktaugen vorhanden. Der Rüssel ist dünn, länger als der Kopf, schwarz, am Grunde braun, ohne deutliche Lippe; die Taster schwarzbraun, mit weissen Härchen besetzt. Die Brust ist braun, mit feinen weisslichen Striemen, oben mit langen, feinen schwarzen Härchen bekleidet, (hirsutus) am Hinterrande mit gelben; die Unterseite der Brust ist grau und trägt weissliche Härchen. Der Hinterleib ist oben grauschwarz mit weisslichen Rändern der Segmente, die ziemlich dichte Behaarung von der Farbe des Grundes; der Bauch ist aschgrau. Die Flügel sind schwach getrübt; die erste hintere Zelle ist offen. Die Füsse sind braun, die Schenkel mit feinen anliegenden und dann auch mit langen weichen abstehenden weissen Härchen bekleidet, Schienen und Füsse mit anliegenden schwarzen Härchen. — Steht der *P. albifrons* am nächsten, ist aber durch die offene hintere Zelle leicht zu unterscheiden.

16. *P. australis* Ph. Anal. Univ. Santiago. P. fronte, labio, apice antennarum, thorace lateribus et subtus albopiloso - nigris; facie palpisque rufis; abdomine aurantio supra nigro-univittato; alis infuscatis; pedibus rufis, basi tarsisque obscurioribus. — Long. corp. 6 lin., extensio alar. 14 lin.

Inter lacus Clanquihue et Nahuelhuapi legit orn. Guill. Cox.

Der Rüssel ist etwas länger als der Kopf, seine Borsten wie gewöhnlich rothgelb. Stirn und Gesicht sind mit schwarzen Härchen besetzt, die Augen mit weissen. Die Basis der Fühler ist... Die Haare an den Seiten des Thorax sind sehr lang, auf dem Rücken sowie auf dem Schildchen sind sie in den vorliegenden Stücken abgerieben. Der Hinterleib hat oben feine, hellgelbe, anliegende Härchen; an den Seiten sind die Härchen länger und schwärzlich. Die hintere Seite der Hinterschienen ist schwärzlich. Die Flügel sind stark schwärzlich getrübt; die erste hintere Zelle ist offen. — *P. dorsoguttata* muss der Beschreibung nach dieser Art ähnlich sein, allein unsere *P. australis* unterscheidet sich durch die ganz schwarze Unterlippe und die geschwärzten Flügel.

17. *P. obscuripennis* Ph. P. basi antennarum, proboscide, palpis

nigris; thorace cinereo, nigro-vittato; abdomine basi aurantio-ferrugineo apice atro, maculis parvis albis in medio marginis postici segmentorum; alis hyalinis, nervis omnibus late fusco-limbatis; femoribus obscure, tibiis tarsisque pallide-fuscis. — Long. 7 lin., extens. alar. 15 lin.

E collectione orn. Ferd. Paulsen.

Es sind Punktaugen vorhanden. Die Augen sind kahl, Gesicht und Stirne mäusegrau, sehr lang und dicht behaart; die Haare der Stirne sind schwarz, die des Untergesichtes gelblich. Das dritte Fühlerglied fehlt am vorliegenden Stücke. Der Rüssel ist fast so lang als Kopf und Brust zusammengenommen, dünn, schwarz, auch die Borsten und die dünnen, fadenförmigen, mässig behaarten Taster. Die Brust ist mit weichen gelblichen, ziemlich langen Haaren mässig dicht bekleidet, dunkelgrau mit vier schwärzlichen Striemen, deren seitliche wie gewöhnlich unterbrochen sind. Der erste Bauchring ist grau, der zweite und dritte lebhaft rothgelb, in der Mitte schwarz; der vierte hat nur rothgelbe Haare an den Seiten des Hinterrandes. Der Rücken des Hinterleibes ist mässig behaart, die hinteren Ränder mit anliegenden Härchen dicht gewimpert. Die Schenkel sind beinahe schwarz, unten lang behaart; Schienen und Tarsen gelb, mit sehr dicht anliegenden Härchen. — Von allen chilenischen Arten sogleich durch die Flügel zu unterscheiden.

18. *P. vittata* Ph. P. antennis rufis, apice nigris; thorace nigro, lateribus albido-hirto; abdomine viridi, flavo-villoso, vitta mediana nigra angusta ornato; alis hyalinis ad costam cinerascentibus; pedibus flavotestaceis, tarsis apicem versus nigricantibus. — Long. 5 lin., extensio alar. 11½ lin.

E coll. Ferd. Paulsen.

Es sind Punktaugen vorhanden. Das Gesicht ist hellgrau, mit schwärzlichen Härchen spärlich besetzt, das Untergesicht so wie die Taster beinahe fleischfarben. Die Augen sind weiss behaart. Der Rüssel ist dünn, so lang als Kopf und Brust zusammen, von Grund an schwarz. Die ersten zwei Drittel der Fühler, welche schwarz behaart sind und die erste Hälfte des dritten sind blassroth. Der Hinterleib ist unten und an den Seiten lebhaft blassgrün; die schwarze Binde ist auf dem ersten Ring ziemlich breit, auf den folgenden schmal. — Von *P. latipalpis* durch den grünen, nicht „dunkel orangegelben", wie es im spanischen Text oder „schalgelben" Hinterleib wie es in der lateinischen Diagnose heisst, und durch die schwarze Binde desselben verschieden; von *P. dorsoguttata* durch den grünen, nicht braunrothen Hinterleib, die zusammenhängende schwarze Binde desselben, die bei *dorsoguttata* in einzelne Flecke aufgelöst ist (durch hellere Beine?).

Mycteromyia Ph. [1])

Herr Bigot hat in den Annales de la Soc. entomol. Ser. 3. tom. V. p. 278 eine *Pangonia conica* beschrieben und sagt am Schluss p. 279: „Cette espèce est surtout remarquable par la forme de ses palpes et du premier article de ses antennes. Elle présente une physiognomie toute particulière qui résulte de la petitesse relative de la tête prolongée en avant d'une façon singulière et du notable rétrécissement de la partie antérieure du thorax. Peut-être l'ensemble de ces caractères pourrait-il autoriser l'établissement d'une nouvelle coupe générique?“ Das Museum besitzt ausser der *P. conica* noch drei Arten mit diesen Merkmalen, zu denen ich noch die kahlen Augen rechne und ich stehe daher nicht an, ein neues Genus unter obigem Namen zu proponiren, dessen wichtigste Kennzeichen folgende sein dürften: Caput thorace angustius, antice longe productum. Oculi glabri. Ocelli. Antennarum articulus paullo longior et angustior quam in Pangoniis. Palpi distincte biarticulati, articulus primus brevis, secundus elongatus, compressus, angustus, apice rotundatus. Pedes graciles. Alarum cellula postica prima clausa, petiolo margini insidens.

1. *Mycteromyia conica* Bigot (*Pangonia*). Rh. grisea, antennis griseis apice nigris, proboscide elongata; thorace griseo, vittis obscure fuscis ornato, subtus albo-villoso, abdomine brunneo, segmentis griseo marginatis, linea dorsali albo-pilosa; alis fuscescentibus nervis transversis fusco-marginatis; pedibus griseis. — Long. corp. 6½ lin., extens. alar. fere 12 lin.

In prov. Santiago, rara.

2. *M. fusca* Ph. M. fusca; proboscide elongata thorace nigro-vittato; abdomine fere nigro, margine postico segmentorum ad latera niveo piloso; media macula triangulari niveo-pilosa pulcherrime ornatis; alis fuscis, nervis omnibus nigro-marginatis; pedibus rufis. — Long. corp. 9 lin., extens. alar. 18 lin.

E prov. Colchagua attulit orn. Landbeck.

Durch die rothen Beine, die dunkleren Flügel, an denen ausserdem sämmtliche Adern eine schwärzliche Einfassung haben, die Zeichnung des Hinterleibes, an welchem nicht der ganze hintere Rand der Segmente, sondern nur die Seiten desselben weiss behaart sind, das weit lebhaftere Weiss dieser Flecke auf weit dunklerem Grunde unterscheidet sich diese Art sogleich von der vorhergehenden. Das dritte Fühlerglied ist auf der unteren Seite roth, auf der oberen schwarz. Der Rüssel ist ebenfalls länger als der Hinterleib.

----

[1]) μυκτερ Rüssel und μυῖα Fliege.

3. *M. brevirostris* Ph. M. pallide fusca, proboscide brevi; thorace vittis destituto; alis parum infuscatis, nervis transversis fusco-marginatis; pedibus pallide-testaceis. — Longit. corp. fere 8 lin., extens. alarum 16. lin.

In prov. Valdivia rara.

Blassbraun, ins Röthliche ziehend. Die ersten Fühlerglieder ebenfalls hellbraun, das dritte dagegen schwarz, wenn ich recht sehen kann, zehnringelig. Der Rüssel ist nicht ganz so lang als der Thorax und so wie die Palpen schwarz. Der Thorax hat die vertieften Linien, welche seine einzelnen Theile abgränzen hell eingefasst, kann aber nicht wohl striemig genannt werden. Schildchen und Hinterleib ebenfalls hell gelblich braun. — Durch den kurzen Rüssel und die hellen Beine etc. auf den ersten Blick zu kennen.

4. *M. murina* Ph. M. murina, pilis nigris vestita; thorace fusco-vittato; abdomine nigro, maculis triangularibus albis medio notato; antennis, palpis, proboscideque nigris: alis infumatis, nervis, praesertim transversis, fusco-limbatis. Long. corp. 5½ lin., extens. alar. 9½ lin.

In colli de Renca dicto, prope Santiago in floribus humilibus Novembri specimen cepi.

Während *Pangonia conica* (*Mycteromyia* mihi) bläulichgrau und mit weissen Haaren bekleidet ist, ist die Grundfarbe dieser Art ein bräunliches Grau, und die Haare, welche Kopf und Brust bekleiden, sind schwarz. Der Hinterleib ist, mit Ausnahme des ersten mäusegrauen Gliedes, sammtschwarz, und hat jedes der folgenden Glieder in der Mittellinie einen dreieckigen, von weissen Haaren gebildeten Fleck, dessen Basis der Hinterrand des Segmentes ist, auch ist an jeder Seite ein Stück des Hinterrandes mit weissen Härchen besetzt. Die Flügel sind stark getrübt, bräunlich, die Queradern mit breitem dunklen Saum versehen. Der Rüssel ohne Schnauze ist so lang als Brust und Hinterleib zusammengenommen, mit der Schnauze aber ist er so lang als der Flügel, während er bei *M. conica* Bigot bedeutend kürzer als der Flügel und nur etwa zwei Drittel so lang als der Hinterleib und Brust zusammengenommen ist.

Tabanus L. (emendatus.)

Blanchard führt bei Gay Zool. VII. p. 391 sq. folgende 11 Arten auf, von denen mir 10 unbekannt sind, wogegen unser Museum 19 Arten besitzt, die im genannten Werk nicht beschrieben sind, wozu noch vier Arten aus der Sammlung des Herrn Ferd. Paulsen kommen.

1. *Tabanus incertus* Blanch. t. 2. f. 1.

„Aus den mittleren Provinzen, Valparaiso etc."

2. *T. pellucidus* Blanch. t. 2. f. 2.

„Ebenfalls aus den mittleren Provinzen."

3. *T. lativentris* Blanch. t. 2. f. 3.

„Aus der Gegend von Valparaiso."

4. *T. lasiophthalma* (sic!) Blanch. t. 2. f. 5.

Blanchard selbst zweifelt, dass diese Art aus Chile sei.

5. *T. testaceo-maculatus* Macq.

„Diese Art findet sich bei Santiago" Ich habe sie nie gesehen.

6. *T. trifarius* Macq.

„Von Valparaiso."

7. *T. chilensis* Macq. t. 2. f. 4.

„Von Santiago."

8. *T. maculiventris* Macq. t. 2. f. 8.

„Von Coquimbo, Santa Rosa."

9. *T. rubrifrons* Blanch. t. 2. f. 7.

„Sehr häufig in Coquimbo."

10. *T. occidentalis* Macq. t. 2. f. 6.

Blanchard vermuthet selbst, diese Art stamme nicht von Chile, sondern von Brasilien.

11. *T. carbo* Macq.

„Coquimbo, Santa Rosa." Findet sich auch bei Santiago. Im Leben sind die Augen feuerroth, während das ganze Thier mit den Flügeln kohlschwarz ist; es sieht prächtig aus, wie eine Kohle mit zwei glühenden Punkten.

Es ist auffallend, dass ich in 11 Jahren von den beschriebenen Arten mit Ausnahme von *T. carbo* keine gefunden habe, selbst keine von denen, die bei Valparaiso und Santiago zu Hause sein sollen, dass ich fast glauben möchte, das Vaterland sei, wenigstens bei einigen falsch angeben. Ich besitze folgende Arten:

12. *T. nigripennis* Ph. T. omnino ater; vittis angustis thoracis albicantibus; pilis albis maculam parvam in medio margine postico segmentorum abdominis formantibus; dente articuli tertii antennarum valde producto; alarum nervis atris late nigro-marginatis. — Long. corp. 8 lin., extens. alar. 16 lin.

In praedio Catamatua prov. Aconcagua Sept. 1859 feminam cepi.

Die Augen sind braunschwarz, behaart; die Fühler kohlschwarz, das zweite Glied beiderseits in einen langen Zahn vorgezogen, der Zahn des dritten Gliedes sehr lang, Taster und Rüssel schwarz, das Untergesicht lang behaart. Die Brust ist beinahe kahl und mit vier schmalen, hellgrauen Striemen geziert, die mittleren erreichen das Schildchen nicht, die seitlichen reichen vom Ursprunge der Flügel bis zum Hinterrand. Der Hinterleib ist oben glänzend, mit einem kleinen Fleck weisser Härchen in der Mittellinie nahe am Hinterrande eines jeden Segmentes geziert, mit

feinen Querrissen. Er erscheint auf den ersten Blick kahl, bei genauerer
Betrachtung erkennt man jedoch sehr feine anliegende Härchen. An den
Seiten ist der Hinterleib mit weissen Haaren gewimpert. Die Unterseite des
Leibes ist kohlschwarz, wenig behaart. Die Flügelhaut ist schwach ge-
trübt und mag etwa die Hälfte der einzelnen Zellen hell sein.

13. *T. acutidens* Ph. T. capite antennisque nigris; oculis villosis,
thorace nigro-fusco; abdomine luteo-fulvo, vitta mediana nigra, ad marginem segmentorum 2. 3. 4. maculis albis interrupta; alis infumatis, nervulis transversis fusco-limbatis; pedibus pallide-fuscis, femoribus nigris;
dente tertii antennarum articuli producto. — Long. 7 lin., extens. alar. 13 lin.

In prov. Valdivia, in praedio meo, ad Corrat etc.

Die Gegend über den Fühlern schimmert hellgrau, beinahe weisslich.
Das Gesicht ist grau mit schwarzen Härchen besetzt, die Brust graubraun
mit vier helleren Linien, das Schildchen schwarzbraun, der Hinterleib ist
rothgelb, an den Seiten mit abstehenden schwarzen Haaren besetzt; die
schwarze Strieme der Mittellinie vom Rande des zweiten, dritten und
vierten Segmentes durch ein weisses Fleckchen unterbrochen. Der Rüssel
ist schwarz, die Taster sind aschgrau. Das zweite Glied der Fühler ist sehr
kurz, nach oben vorn zahnartig verlängert; das dritte mit einem spitzen,
vorstehenden Zahn.

14 *T. xanthogaster* Ph. T. capite albido-cinereo; antennis nigris
basi testaceis; oculis hirsutis; thorace cinereo, velut pulverulento, albido-
villoso, macula testacea utrinque ante alarum originem; abdomine luteo-
testaceo, vitta nigricante obsoleta in segmento secundo tertioque; femoribus
nigris, tibiis testaceis, tarsis fuscis; alarum hyalinarum nervis anticis
testaceis. — Long. 7 lin., extens. alarum 14 lin.

In Museo ab orn. Germain relictus, more ejus absque indicatione loci.

Kopf oben und hinten hellgrau, unten beinahe weiss, die Stirn
beinahe kahl; dicht über den Augen ein kleiner glänzender, schwarzer
Fleck. Der Rüssel ist schwarz, die Taster sind weiss, beinahe kahl. Die ersten
Fühlerglieder beinahe weiss, das dritte ohne vorspringenden Zahn. Der
Hinterleib oben mit sehr dicht anliegenden gelben Härchen bekleidet,
unten beinahe kahl. Nicht blos die beiden ersten Längsnerven der Flügel
nach dem Vorderrande, sondern auch nach der zwischen Submarginal und
erster Hinterzelle, so wie der, welcher die hintere Basilarzelle begränzt,
hellgelblich.

15. *T. senilis* Ph. T. cinereus, pilis albis, in parte inferiore corporis
praelongis vestitus, a latere inspectus fere albus; antennis proboscideque
nigris, palpis albis; thorace obscure griseo, albo-vittato; abdomine obsolete
nigro-birittato; alis hyalinis; pedibus cinereis, tibiis pallide rubris. —
Long. corp. 8 lin., extens. alar. 17 lin.

In prov. Valdivia, Colchagua, Cordillera de Santiago, Illapel.

Unter den grauen chilenischen Arten die grösste. Die Grundfarbe ist ein blasses Grau, aber das ganze Thier ist mit weisslichen Härchen dicht bekleidet. Auch die Härchen, welche die Augen bekleiden, sind hellgrau. Ueber den Fühlern zwischen den Augen ist, wie gewöhnlich, ein erhabener, rothbrauner, kahler Fleck. Der Zahn des dritten Fühlergliedes ist deutlich aber stumpf. Die Rückenseite der Brust ist dunkelgrau, aber wie bereift, mit vier schmalen, weisslichen Striemen. Der Zwischenraum zwischen den beiden schwärzlichen Striemen des Hinterleibes zeigt am Hinterrande eines jeden Segmentes längere, weisse Haare. Die Schenkel sind grau, die Schienen röthlich und die Hinterschienen lang behaart; Tarsen zuletzt schwärzlich.

16. ***T. tephrodes*** Ph. T. fusco-cinereus, pilis albis patentibus subhirsutus; facie albo; antennis nigris basi cinereis; thorace fusco, vittis quatuor angustis albis; abdomine supra nigro-fusco, margine segmentorum utrinque albo, maculaque mediana triangulari flavida ornato; pedibus fuscis, tarsis nigricantibus. Long. corp. 7 lin.

Prope Santiago cepi, nec non in prov. Valdivia.

Die Augen sind mit graulichen Haaren besetzt. Stirne und Untergesicht sind graulichweiss, die Palpen röthlichweiss, der Rüssel schwarz. Das dritte Glied der Fühler hat einen sehr unmerklichen Zahn. Die Unterseite des Körpers ist weisslich. Flügel sind kaum getrübt, aber der nervus marginalis stark verdickt, gegen das Ende stigma-artig.

17. ***T. molestissimus*** Ph. T. albo-pilosus, supra nigro-cinereus, subtus albidus; antennis nigris, basi fuscis; maculis fulvis in utroque latere abdominis; alis hyalinis, striga fusca loco stigmatis pictis; pedibus griseofuscis, tarsis nigris. Long. corp. 6½ lin.

Sub finem aestatis in prov. Valdivia frequens, molestissimus.

Der Scheitel des Weibchens ist kastanienbraun, weiss bereift; die Augen mit grauen Härchen besetzt; das dritte Fühlerglied hat am Grunde einen breiten, stumpfen Zahn. Der Rüssel ist schwarz, aber die Palpen weisslich. Die Brust zeigt oben drei weissliche Striemen, und ist vor dem Ursprung der Flügel röthlich. Flügelschuppe und Schwinger sind grau. Die ganze Seite der beiden ersten Hinterleibsringe ist rothgelb, die folgenden Ringe haben nur einen runden, rothgelben Fleck jederseits; diese Färbung fällt indess meist wenig in die Augen, bisweilen aber sind die Flecke deutlicher und die der ersten Hinterleibsringe laufen dann beinahe zusammen,

18. ***T. andicola*** Ph. T. cinereus, satis angustus; antennarum basi pallide rufa, reliqua parte nigra; thorace albo-vittato; abdomine obsolete albido-maculato; alis hyalinis; pedibus cinereis; tibiis e fusco cinereis. Long. 7½ lin., extens. alarum 14 lin.

In Andibus prov. Santiago

Der Scheitel ist schmal, mit röthlichem Fleck, über den Fühlern zwischen den Augen eine lebhaft glänzende, kahle, dunkelbraune Quer-

binde. Das Gesicht ist weiss, weiss behaart; Taster röthlich weiss; erstes
Fühlerglied röthlichweiss, die folgenden schwarz, das dritte schwach ausgerandet, mit rechtwinkeligem aber abgerundeten Zahn. Die Brust ist
oben aschgrau mit weisslichen Striemen, der Hinterleib ebenfalls aschgrau, mit schmalen, weisslichen Rändern der Segmente, und hie und da
mit weisslichen, anliegenden Härchen bekleidet, die jedoch keine deutlichen Flecke bilden. Die Unterseite ist heller grau, fast weisslich; die
Beine sind hellgrau, die Tarsen schwarz. Von *T. senilis* durch mindere Grösse,
gestrecktere Gestalt, schwächere Behaarung, namentlich des Unterleibes,
und graue Schienen, von *T. tephrodes* durch den aschgrauen, nicht deutlich
gefleckten Hinterleib etc. verschieden.

19. *T. magellanicus* Ph. T. omnino murinus; antennarum articulo
tertio parum dentato; palpis albidis; abdomine fusco, margine postico segmentorum cinereo; alis hyalinis, nervis transversis nigro marginatis. Long.
corp. 6 lin., extens. alar. 12 lin.

E freto Magellanico feminam misit orn. Georg Schythe.

Der Körper ist zwischen mäusegrau und graubraun, auch das Untergesicht, welches mit ziemlich langen, weisslichen Härchen bekleidet ist.
Die Stirn ist gelblichgrau, unten mit dem gewöhnlichen braunen, kahlen
Fleck. Die Fühler sind schwarzbraun, auch das erste Glied, das
dritte hat einen wenig merklichen Zahn. Die Brust lässt oben mit Mühe
drei schmale, hellgraue Striemen erkennen und ist mit gelblichen Härchen
bekleidet; unten ist sie von derselben Farbe und mit ziemlich langen,
bräunlichgrauen Haaren bekleidet. Das Schildchen ist beinahe schwarz,
gelblich behaart. Die Ringe des Hinterleibes tragen in der vorderen
Hälfte schwarze, in der hinteren hellgraue Härchen; der Bauch ist beinahe gelbgrau, mit schmalen, weissen Rändern der Segmente. Die Flügel
sind fast ganz wasserhell, mit schwarzen Adern; die dritte Längsader
und die Basalhälfte der vierten und fünften sind grau, die Queradern sind
schwärzlich eingefasst. Die Beine sind graubraun. Von *T. andicola* sogleich
durch die schwärzlichen Punkte der Flügel, das dunkle erste Fühlerglied,
die graubraune Färbung verschieden.

20. *T. anachoreta* Ph. T. capite albido-cinereo; antennis nigris; thorace nigro, antice vittis duabus, postice ante scutellum maculis albis ornato; scutello omnino nigro; abdomine basi rufo aut castaneo, sensim
atro, maculis triangularibus in margine segmentorum 2. 3. 4. 5. marginibus
eorum ad utrumque latus albis; alis hyalinis, nervis transversis fusco-
limbatis. Long. corp. 7 lin., extens alar. 14 lin.

In nemoribus Valdiviae satis frequens, etiam prope Santiago specimen cepi.

Gesicht und Stirn sind hellgrau, mit schwarzem Scheitelfleck, auf
welchem die Punktaugen stehen. Dicht darunter fängt eine schmale, er-
habene, kahle, glänzende, schwarzbraune Linie an, welche allmälig breiter

werdend über den Fühlern endet. Diese sind schwarzbraun, das dritte
Glied sehr breit, mit stumpfem Zahn. Rüssel und Palpen schwarzbraun.
Rücken der Brust glänzend, beinahe kahl, die weissen Striemen sehr auffallend, sie reichen vom Vorderrand nur bis zur Mitte der Länge, erscheinen aber am Hinterrand als ein dreieckiger Fleck wieder; von diesem
bis zum Flügel hin ist der Hinterrand weiss eingefasst. Die dreieckigen,
weissen Flecke auf dem Hinterleib sind sehr in die Augen fallend, die
weissen Ränder an den Seiten muss man erst suchen. Die Membran der
Flügel ist heller als bei *acutidens*, die bräunliche Einfassung der Queradern breiter als bei *T. magellanicus*. Die Beine sind schwärzlich, die
Schienen braungelb. Am Bauch ist die vordere Hälfte rothgelb. Von *T.
acutidens* durch den kahlen, weissgestriemten Brustrücken, von *T. magellanicus* durch die schwarzen Palpen etc. sogleich zu unterscheiden.
Sonderbar, dass unter 9 Exemplaren, die mir vorliegen, kein einziges
♂ ist.

21. *T. infumatus* Ph. T. niger, nitidus; capite, palpis, abdomine
pilis nigris longis hirsutis; thorace pilis pallide fulvis hirsuto; alis versus
marginem anticum infumatis. Long. corp. 6 lin., extens. alar. 13 lin.

Marem in prov. centralibus captum servamus.

Das letzte Fühlerglied fehlt in meinem Exemplare; die beiden ersten
sind ebenso wie das Untergesicht und die Palpen mit langen, weichen,
schwarzen Haaren dicht besetzt; ähnliche Haare bekleiden den Hinterleib
oben und unten, während Brust und Schildchen gleichfalls ebenso dicht
mit abstehenden, langen, weichen, aber gelben Haaren bekleidet sind;
unten ist die Brust graulich behaart. Auch die Schenkel sind sehr lang
und weich-, aber locker behaart. Die Flügel sind etwas getrübt, die erste
Zelle ganz braun, auch ist ein stigma-artiger Fleck vorhanden.

22. *T. inornatus* Ph. T. omnino niger, villosus; pilis frontis, verticis,
baseos antennarum nigris, reliquis omnibus albis; palporum pilis brevibus
appressis; alis omnino hyalinis. Long. corp. 6½ lin., extens. alar. 12 lin.

In andibus prov. Santiago.

Ich besitze zwei Weibchen. Sie sind wie die vorige Art mit langen
weichen Haaren bekleidet, dieselben sind aber etwas kürzer, und wie in
der Diagnose angegeben ist, anders gefärbt. Die nur mit kurzen, dicht
anliegenden Härchen bekleideten Taster und die glashellen Flügel unterscheiden sie ausserdem wesentlich. Das dritte Fühlerglied hat noch eine
Andeutung von Zahn.

23. *T. coracinus* Ph. T. omnino niger, villosus; pilis omnibus
nigris; palpis villosis, alis nigricantibus, praesertim antice. Long. 5½ lin.,
extens. alar. 11½ lin.

Prope Santiago marem et feminam cepi.

Auch im Leben sind die Augen kohlschwarz, nicht feuerroth wie
bei *T. carbo*, und mit schwärzlichen Härchen bekleidet, überhaupt sind

sämmtliche Haare schwarz, und die Palpen so zottig wie bei *T. infumatus*. Nur der äussere hintere Augenrand schimmert grau. Das dritte Fühlerglied hat keine Spur von Zahn, ist aber am Grunde ziemlich breit. Die Flügel sind schwärzlich, namentlich die erste Zelle.

24. *T.? lugens* Ph. T. niger, nigro-hirsutus; facie cinerea; antennarum articulis duabus primis basique tertii pallide testaceis, hoc ultimo haud dentato, angusto, a basi inde sensim attenuato; thorace obsolete pallide vittato; pilis brevibus albis in medio marginis postici segmentorum abdominis; alis omnino infumatis. Long. corp. 6 lin., extens. alarum 11½ lin.

Prope Santiago inv. ornat. P a u l s e n , mecumque feminam communicavit.

Stirn und Scheitel sind kahl, kohlschwarz, stark glänzend, das grauschimmernde Untergesicht, die Palpen und die ersten Fühlerglieder mit langen, schwarzen, weichen Haaren besetzt. Das letzte Fühlerglied ist ganz wie bei *Panyonia*, nicht dicker als das vorhergehende, allmälig dünner werdend, fast von Anfang an geringelt, aber Habitus und der kurze Rüssel sind von *Tabanus*. Brustrücken und Schildchen sind mit aufrechten schwärzlichen Härchen bekleidet, der Hinterleib an den Seiten ziemlich lang behaart, ebenfalls mit schwärzlichen Haaren, oben beinahe kahl, die weissen Härchen in der Mitte des Hinterrandes der Segmente wenig auffallend. Die Beine ganz schwarz.

25. *T. gagatinus* Ph. T. omnino ater; antennarum articulo tertio haud dentato, subquinque-annulato, annulo primo oblongo-ovato, dimidium totius longitudinis occupante; palpis parum hirsutis; dorso thoracis et abdominis glabro, nitidissimo; alis fere hyalinis. Long. corp. 4 lin., extens. alar. fere 8 lin.

In prov. Valdivia feminam cepi.

Der schwarze, glänzende Körper ist nur sehr spärlich behaart, am dichtesten und längsten der Kopf und die Unterseite der Brust. Dem dritten Fühlergliede kann man keinen Zahn zuschreiben, die untere Hälfte ist aber doch breit, länglich eiförmig. Die glänzend schwarze Stirn bildet im unteren Drittheil einen vorspringenden Höcker.

26. *T.? hirtuosus* Ph. T. niger, dense hirsutus; pilis thoracis abdominisque flavis; antennarum nigrarum articulo ultimo haud dentato, angusto, a basi inde attenuato et annulato; alis subhyalinis, cellula antica, nervisque nonnullis longitudinalibus testaceis; pedibus testaceis. Long. 5 lin., extens. alar. 10½ lin.

Santiago.

Ich besitze zwei Männchen. Die Härchen der Augen sind schwarz, ebenso die langen weichen Haare der beiden ersten Fühlerglieder. Der Hinterkopf ist hellgrau, dieselbe Farbe scheint das Untergesicht zu haben, ist aber dicht mit weissen abstehenden, ziemlich langen Haaren bekleidet. Auch die Palpen sind ausnehmend lang und dicht — beinahe borstig — behaart. Der Rücken der Brust und des Hinterleibes sind dicht mit gelben, aufrecht stehenden, weichen, ziemlich langen Härchen bedeckt. Die Beine sind hellbraun, die Hüften und Kniee schwarz. Die Unterseite des Körpers dunkelgrau. Auf dem Rücken des Hinterleibes eine Andeutung von weisslichen Flecken auf der Mitte der Hinterränder der Segmente,

27. **T.? obscuratus** Ph. T. cinereo-niger, facie pallide cinerea, pilis albis hirsuta; antennarum articulis basalibus pallide testaceis parum setosis, ultimo haud dentato, a basi inde attenuato et annulato; thorace parum hirsuto; abdomine supra pilis appressis tecto, margine segmentorum albo; vitta mediana alba obsoleta; alis subhyalinis, cellula antica nervisque nonnullis longitudinalibus infuscatis; pedibus testaceis. Long. 5 lin., extens. alarum 10 lin.

Prope Santiago cepi.

Zwei ♀, vielleicht das andere Geschlecht von *T. hirtuosus*, denn die Fühler bis auf Farbe und Behaarung der ersten zwei Glieder, Flügel, Beine und Grösse stimmen ganz überein, und die Verschiedenheit liegt nur in der Behaarung, die nicht nur bei *T. obscuratus* weit kürzer, sondern auch anders gefärbt ist, und der blasseren Farbe des Körpers. Die Brust ist oben mit ganz kurzen, anliegenden, weisslichen, und etwas längeren, abstehenden, borstenähnlichen, schwarzen Härchen spärlich bekleidet; ebenso sind die Härchen des Hinterleibes anliegend, selbst an den Seitenrändern.

28. **T. melanostoma** Ph. T. nigro-cinereus, modice hirsutus; palpis nigris, longe hirsutis; antennarum articulo tertio basi rufo; abdomine fere atro, margine postice segmentorum, vittaque interrupta albis; alis infumatis, macula stigmaticali obscuriore. Long. corp. 5½lin., extens. alarum 11½ lin.

Prope Santiago ♂ cepi.

Die Augen sind mit schwarzen Härchen bekleidet. Das dritte Fühlerglied ist ungezähnt, breit eiförmig, dunkel braunroth, am Grunde und an der Spitze schwarz; die folgenden Ringe, sowie die beiden ersten Glieder schwarz. Man erkennt nur bei sehr gutem Willen hellere Striemen auf der Brust: dieselbe ist mit abstehenden schwärzlichen Härchen locker bekleidet. Aehnliche finden sich auch auf dem Rücken des Hinterleibes, dessen Seiten längere Haare tragen, abwechselnd schwarz und weiss. Seine Färbung ist ähnlich wie bei *T. tephrodes* und *T. obscuratus*, seine Unterseite ist schwarz, mit weissen Rändern der Segmente und lang behaart. Brust, Untergesicht und Palpen sind grau behaart.

29. **T. nigrifrons** Ph. T. labis, fronte, oculis, parte superiore corporis nec non pectore nigris, pilis . . . . .; antennis nigris, basi albidis; facie, palpis, ventre albidis; lateribus baseos abdominis luteis; alis hya-

linis; pedicus testaceis, apice femorum, tibiarum, tarsorumque nigris. Long. corp. 3²/₃ lin., extens. alar. 8½ lin.

Inter lacus Todos los Santos et Nahuelhuapi invenit orn. Cox.

Ich bekam zwei Exemplare, die in Spiritus aufbewahrt waren, so dass von der Behaarung nichts zu erkennen ist. Es ist die kleinste chilenische Art, so gross wie *gagatinus*, der damit nicht zu verwechseln ist. Die gelben Beine sind wie bei *T. hirtus* und *T. obscuratus*. Das dritte Fühlerglied ist ziemlich breit, und zeigt eine Andeutung von Zahn.

Bemerkung. Macquart sagt (hist. nat. des ins. dipt. I. p. 197) von *Tabanus*: „Point d'ocelles."

Ich finde Ocellen bei den ♂ von *T. coracinus*, *T. hirtuosus*, *T. melanostoma T. carbo* und bei folgender Art;

30. *T.? annulicornis* Ph. T. nigricans; articulo tertio antennarum igneo, suborbiculari, stylum nigricantem gerente; abdomine serie macularum albo-pilosarum notato; alis infumatis, nervis nigris, transversis fusco-limbatis. Long. corp. fere 4 lin., extens. alarum 6 lin.

Ex itinere Illapellino ornat. Landbeck ♂ attulit.

Die Augen, deren gelbliche Härchen schwer zu erkennen sind, stossen zusammen, lassen aber doch einen kleinen dreieckigen Scheitel, auf welchem deutliche Ocellen stehen; die Facetten der unteren Hälfte sind weit feiner als die der oberen. Die Fühler sind auf den ersten Blick

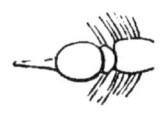

ziemlich abweichend; das erste Glied ist dick, cylindrisch, fast so dick als lang, das zweite sehr kurz, napfförmig; das dritte hat eine fast kreisrunde untere Hälfte, deren Längendurchmesser dem ersten Gliede gleichkommt, und trägt einen dünnen geringelten Griffel, der beinahe eben so lang ist. Das Untergesicht ist dicht mit ziemlich langen, schwarzen, borstenartigen Haaren besetzt, und ebenso sind die Palpen ungemein dicht mit langen borstenartigen, theils weissen, theils schwarzen Haaren bekleidet. Die schwarze Brust ist mässig mit weissen, etwas abstehenden Haaren bekleidet, ebenso das Schildchen. Der Hinterleib ist schmäler und spitzer als gewöhnlich, kohlschwarz, die Ränder der Segmente an den Seiten weiss behaart, und in der Mitte mit einem dreieckigen, weiss behaarten Fleck. Unten ist die ganze Fliege nebst den Beinen kohlschwarz.

Ich hatte aus diesem Thierchen ein eigenes Genus *Chaetopalpus* gemacht, und dasselbe durch die Gestalt der Fühler, die borstigen Palpen und kahlen Augen unterschieden, als ich aber die feinen gelblichen Härchen derselben entdeckte, habe ich es für rathsamer erachtet, es wieder zu *Tabanus* zu bringen, wo ja die Gestalt der Fühler auch sehr veränderlich scheint, und ebenfalls langbehaarte, borstige Palpen vorkommen.

31. *T. Paulseni* Ph. T. capite albido-cinereo; antennis basi pallide

fuscis, apice nigris; thorace nigro, albovittato; scutello albido vitta nigra
ornato; abdominis segmentis plerisque roseo-cinereis, maculisque duabus
obliquis triangulum albidum includentibus ornatis; alis subhyalinis, nervulis
transversis angustissime nigro-limbatis; pedibus pallidis, roseo-cinereis.
Long. 6⅓ lin., extens, alar. 15 lin.

     E coll. ornat. Ferd. Paulsen.

     Ein Weibchen, auf den ersten Blick mit *T. anachoreta* zu verwech-
seln. Allein das Gesicht ist fast ganz weiss; ein dreieckiger Fleck auf
dem Scheitel und vollständig davon getrennt, ein viereckiger über den
Fühlern, kahl, hellbraun. Die Augen sind mit weit kürzeren Härchen
besetzt als bei *T. anachoreta.* Die Härchen der Brust sind rein weiss. Das
erste Hinterleibssegment ist aschgrau, mit einer kurzen, gebogenen,
schwarzen Querbinde vor dem Hinterrande, die folgenden haben in der
Mitte eine sparrenförmige, schwarze Zeichnung, an den Seiten sind sie
grau. Die Palpen sind heller als bei *T. anachoreta.* Der schwärzliche
Saum der Quernerven der Flügel ist schmäler. Die übrigen Unterschiede
ergibt die Diagnose. Von *T. andicola* unterscheidet sich gegenwärtige
Art sogleich durch lebhaft gefleckten Hinterleib, lebhaft gestriemte Brust
und Schildchen. Sie hat wie die beiden erwähnten Arten keine Punktaugen.

     32. **T.** *obscuripennis* Ph. T. facie grisea, caeterum niger, sub-
nitidus: thorace glabriusculo; antennis basi testaceis, apice nigris; alis
omnino infumatis. Long. 5½ lin., extens. alar. 12 lin.

     E collectione Paulseni.

     Ein Weibchen. Stirn und Scheitel sind kahl, glänzend schwarz, das
Untergesicht mäusegrau; ein kahler, glänzender, schwarzer Fleck unter
den Fühlern. Diese haben die ersten Glieder hellbraun, das dritte ohne
alle Spur von Zahn, nicht dicker als die beiden ersten, geringelt wie bei
Pangonia, aber der Rüssel und die Taster sind von *Tabanus.* Rüssel,
Taster, Beine, Härchen sind schwarz, aber der Brustrücken ist nur mit
kurzen Härchen bekleidet; er zeigt drei Längsgrübchen, die alle hinten
breiter sind und vorn allmälig in eine feine Spitze auslaufen; dieselben
erreichen hinten beinahe das Schildchen, vorn nicht die Mitte der Länge.
Von *T. infumatus* sogleich durch die weit schwächere Behaarung, namentlich des Gesichtes und Brustrückens zu unterscheiden, sowie durch die
stark geschwärzten Flügel. Punktaugen deutlich.

     33. **T.** *pullus* Ph. T. supra niger, subtus albidus; pilis in dorso
thoracis flavidis; margine segmentorum abdominis albido; alis hyalinis,
in regione stigmatis lineola fusca notatis. Long. 5 lin., extens alarum
9½ lin.

     Ex eadem collectione.

     Ein Männchen. Der Kopf ist bedeutend breiter als der übrige
Körper, welcher auffallend linearisch ist. Keine Punktaugen. Die Augen
sind weiss behaart, die Fühler schwarz und ihre ersten Glieder schwarz-

borstig, das dritte mit einem deutlichen, wenngleich stumpfwinkeligen Zahn. Das Untergesicht ist fast weiss, in der oberen Hälfte mit schwarzen, in der unteren mit weissen Härchen bekleidet. Die Taster sind fleischfarbig, der Rüssel schwarz. Am oberen Augenrande stehen ziemlich lange, aufgerichtete Haare. Die gelblichen Härchen des Brustrückens sind ziemlich lang und dicht, ohne der schwarzen Grundfarbe Eintrag zu thun. An den Seiten der Brust stehen schwarze, unten, sowie am Bauch weisse Haare. Der zweite nervus submarginalis ist wo er den Rand erreicht hinten mit einem schwärzlichen Strich eingefasst. Die Beine sind schwarz, die mittleren Schenkel aber in gewissem Lichte röthlich.

34. *T. rubricornis* Ph. T. murinus, basi articuli tertii antennarum crassa, rotundata, rubra; thorace fusco-vittato; margine segmentorum abdominis vittaque mediana interrupta albo-pilosis, alis subhyalinis, nervis transversis fusco-limbatis; pedibus pallide fuscis. Long. 4½ lin., extens. alarum 9 lin.

E collectione Ferd. Paulsen.

Ein Weibchen. Deutliche Punktaugen auf einem erhabenen braunen Fleck des Scheitels. Ein viereckiger, dunkelbrauner, glänzender Fleck unterhalb der Mitte der Stirn. Die ersten Fühlerglieder sehr kurz, graulich, das zweite oben mit schwarzer Spitze; die untere Hälfte des dritten gross, fast kreisförmig, lebhaft roth, die andere Hälfte ein allmälig zugespitzter schwarzer Griffel. Die Palpen röthlich grau. Die Kopfhärchen greis. Der Brustrücken ist so wie das Schildchen mit kurzen greisen Härchen bekleidet, und die Härchen des Hinterleibes sind anliegend. In der Mittellinie bilden sie in gewissem Lichte eine Reihe dreieckiger Flecken, deren Basis mit dem weiss gewimperten Hinterrand der Segmente zusammenfällt. Gehört offenbar mit *T. annulicornis* zusammen, welcher sich sogleich durch schwarze Färbung des Körpers, der Härchen und dunkle Flügel unterscheidet, und schwerlich das Männchen dieser Art ist.

35. *T. fulvipes* Ph. T. capite pallidissime rufo, albo-hirsuto; antennis nigris, basi albidis; thorace nigro, vittis pallidis obsoletis, scutello nigro; abdomine medio nigro, lateribus fulvo; margine segmentorum et macula triangulari eorum albidis; alis hyalinis; pedibus fulvis, basi femorum, apice tibiarum, tarsisque nigricantibus. Long. corp. 6 lin., extens. alar. 10 lin.

Prope Illapel invenit orn. Landbeck.

Sämmtliche vier vorliegende Exemplare sind Weibchen. Die Augen sind mit sehr kurzen, weisslichen Härchen besetzt. Keine Punktaugen. Die Stirn ist braungelb, der braune Scheitelfleck sehr klein, rudimentär, dagegen die kahle, dunkel gelbbraune Binde über den Fühlern sehr gross. Die beiden ersten Fühlerglieder sind, wie das Gesicht, hell rosenroth, ins Grauliche fallend, das dritte schwarzbraun, mit deutlichem, wiewohl stumpfen Zahn. Die Taster sind weisslich, der Rüssel schwarz. Die ganze Unterseite des Körpers und die Seiten der Brust sind weisslich, weiss behaart, und die helle Binde, welche jederseits vom Kopf bis zum Ursprung der Flügel reicht, ist vorn gelb. Der Brustrücken trägt schwarze Härchen. Die hinteren Hinterleibsringe werden auch an den Seiten schwärzlich, so dass zuletzt nur zwei gelbe Flecke auf jedem übrig bleiben. Die Hüften sind von der Farbe des Bauches, aber die Trochanteren sind schwarz; die schwarze Färbung der Spitze der Schienen und der Tarsen ist an den Vorderbeinen am meisten entwickelt. Die Schwinger sind schwarz.

Steht dem *T. andicola* am nächsten, und ist vielleicht mit diesem zu vereinigen; mindere Grösse, die gelbe Färbung der Seiten des Hinterleibes und die gelbliche Färbung der Beine unterscheiden ihn jedoch leicht davon.

Chrysops Meigen.

Blanchard führt bei Gay nur eine Art auf, ich kenne eine zweite chilenische.

1. *Chrysops* trifaria Macq.

„Von Serena in der Prov. Coquimbo etc." Findet sich bei Santiago in der Nähe von kleinen am Ufer mit Binsen, Schilf und Rohrkolben bewachsenen Seeen.

2. *Chr.* merula Ph. Chr. omnino atra; alis basi, fascia et limbo antico nigris. Long. corp. 3½ lin., extens. alar. 7½ lin.

Prope Llico in prov. Colchagua specimen invenit orn. Landbeck.

Diese Art ist ohne weitere Beschreibung zu kennen. Die Flügel sind wie bei der andern Art.

Trichopalpus Ph.[1]).

Caput semiglobosum, imberbe, vertice planum. Oculi in ♀ pilosi, distantes, in ♂ contigui; ocelli. Antennae breves, porrectae, triarticulatae; articuli longitudine subaequales, sensim crassiores; primus subcylindricus, secundus subconicus, tertius globosus, seta terminali antennam parum superante. Proboscis porrecta, caput sesquies aequans, aut brevior, capite minor, satis crassa; palpi porrecti, antennas aequantes, biarticulati, valde hirsuti. Thorax parum convexus, fere glaber. Scutellum muticum. Abdomen ovato-oblongum, subdepressum, segmentorum sex. Pedes normales, pilis tenuibus vestiti; tibiae calcaratae; pulvilli tres, unguibus minutis breviores. Alae longae cellula marginali distincta, submarginalibus duabus, posticis quinque, anali aperta.

---

[1]) δρίξ, τριχός, Haar, palpus.

1. **Trichopalpus** *obscurus* Ph. Tr. capite, thorace, antennis, proboscide, pedibusque nigris; abdomine atro-caeruleo; alis infumatis, macula stigmaticali nigra. Long. corp. $2\frac{1}{2}$ lin., extensio alarum $7\frac{1}{2}$ lin.

Frequens in prov. Valdivia, mensibus Decembri et Januario, avide sanguinem rostro petit.

Der Kopf und die ersten Fühlerglieder sind mit mässig kurzen Haaren bekleidet; die Haare des Untergesichtes, der Brust und des Unterleibes sind ziemlich lang, fein und weich, die äusserste Hälfte der Marginalzelle ist schwarz.

2. *Tr.* *poecilogaster* Ph. Tr. corpore, antennis pedibusque nigris; abdomine luteo, vitta mediana segmentorum 3 et 4, apiceque nigris; alis infuscatis, margine antico nigris. Long. corp. 3 lin., extens. alar. $7\frac{1}{2}$ lin. Siehe Abbildung.

In prov. Valdivia non Valde rarus.

Diese Art ist aus der Diagnose sogleich zu erkennen, und mit keiner andern zu verwechseln.

3. *Tr.* *fulvus* Ph. Tr. capite, basi antennarum, palpis, thorace, abdomine praeter apicem nigrum luteis; oculis, proboscideque nigris; pedibus fuscis; alis flavescentibus. Long. corp. $2\frac{1}{2}$ lin., extens. alar. 6 lin.

Semel in praedio meo valdiviano cepi.

Das Exemplar ist ein Weibchen, das dritte Fühlerglied fehlt demselben. Auch diese Art ist so auffallend verschieden, dass es überflüssig scheint, sie weitläufiger zu beschreiben.

4. *T.* *cinerascens.* Tr. cinereus; articulo tertio antennarum in ♂ nigro, in ♀ testaceo; foeminae abdomine margine segmentorum fascia lata luteo-ferruginea, medio interrupta ornato; maris abdomine aurantio, basi apice et vitta mediana nigris; alis parum infuscatis, striga basilari, fasciaque mediana irregulari nigricantibus; pedibus testaceis. — Long. corp. $2\frac{1}{2}$ lin.

Feminas duas in prov. Santiago, marem in prov. Aconcagua cepi.

Das Gesicht ist heller grau, als der übrige Körper, das Untergesicht mit langen weissen Haaren bekleidet. Thorax und Schildchen sind mit schräg gestellten, der Rücken des Hinterleibes mit anliegenden weisslichen Härchen bekleidet. Bei den beiden Weibchen zeigt der Hinterrand der Hinterleibsringe eine schmutzig orangegelbe in der Mitte unterbrochene Querbinde, bei dem Männchen sind die ersten drei Hinterleibsringe grösstentheils rothgelb und nur die Basis des ersten, Flecke auf der Mittellinie nahe dem Hinterrande, und je ein kleinerer an den Seiten schwarz. Auch ist das dritte Fühlerglied schwarz. Sollte das Männchen eine eigene Art sein?

Sicaria Latreille. Coenomyidae Big.

Coenura Bigot.

Ann. Soc. entom. 3. Ser. tome V. p. 286.

1. *Coenura longicauda* Big. l. c.

Bigot hat nur ein Weibchen, von Germain wie gewöhnlich ohne Angabe des Fundortes erhalten, beschrieben. Das Museum besitzt zwei Männchen von Parrat in der Prov. Colchagua, die einen ganz gewöhnlichen Hinterleib haben und scheint die Verlängerung des Aftersegmentes zufällig gewesen zu sein. Meine Exemplare haben nicht nur auf dem Bauche, sondern auf dem Rücken an den Seiten weisse oder atlasgraue schillernde Flecke.

2. *C. xanthopleura* Ph. C. atra, vittis duabus thoracis pilisque ad latera ejus flavis; maculis orbicularibus albis ad latera dorsi abdominis; alis pallide rufis. Long. 9 lin., extens. alar. 18 lin.

In prov. Valdivia Decembri 1859 feminam cepi.

Vielleicht blosse Varietät der vorigen Art; doch sind die Haare des Untergesichtes und vielleicht der Vorderbrust, so wie die an den Seiten der Brust, welche bei der vorigen Art kohlschwarz sind, bei dieser gelb, und die atlasgrau schillernden Flecke oben an den Seiten des Hinterleibes sind kreisrund.

3. *C. biguttata* Ph. C. atra, vittis duabus thoracis pilisque ad latera ejus flavis; margine postico scutelli flavo ciliato; segmento quarto abdominis supra maculis duabus transversis albis notato; alis antice pallide rufis, postice et apice infumatis. Longit. corp. 7½ lin., extens. alar. fere 16 lin.

In prov. Valdivia habitat.

Auf einem Waldwege zwischen Santo Domingo und Futa schwebten diese schönen Fliegen zwei bis drei Fuss über dem Boden lange Zeit ohne sich zu setzen, flogen pfeilschnell davon, wenn ich mich ihnen nahte, und kamen dann wieder auf dieselbe Stelle zurück. Auch diese Art ist kohlschwarz, Brust und Schildchen sammtartig und ersteres mit zwei hellgelben Striemen verziert. Die Seiten der Brust und das Untergesicht sind noch reichlicher mit gelben Haaren bekleidet als bei *C. xanthopleura*, und auch der Hinterrand des Schildchens trägt sehr dichte, gelbe, abwärts gerichtete Härchen. Der vierte Hinterleibsring hat oben eine weisse, in der Mitte unterbrochene Querbinde, die sehr auffällt und der Bauch drei atlasgraue Querbinden, von denen die beiden vordersten in der Mitte breit unterbrochen sind; die dritte schliesst sich an die unterbrochene Querbinde der Oberseite an. Das Gesicht ist grau wie bei der folgenden Art.

4. *C. elegans* Ph. C. atra; thorace flavo-bivittato, ad latera aureo-fulvo-hirsuto; abdomine supra maculis sex albis biseriatis ornato; alis antice pallide rufis, postice et apice infumatis. Long. corp. 8 lin., latit. thorac. 3 lin., extens. alar. 16½ lin.

Prope Llico specimen nactus est orn. Landbeck.

Auch diese Art hat ein graues Gesicht und eine reichliche gelbe Behaarung an dem Untergesichte, dem Praesternum und den Seiten der Brust, aber die Wimpern am Ende des Schildchens sind gelbweiss, und der zweite, dritte und vierte Hinterleibsring haben zwei querovale weisse Flecke; auf dem vierten Ringe erstrecken sie sich bis zum Seitenrande und bilden so eine in der Mitte unterbrochene Querbinde wie bei der vorigen Art. Der zweite und dritte Ring haben am Rande selbst ein kleines weisses Fleckchen. Der Bauch hat dieselben drei atlasgrauen Querbinden wie *C. biguttata*, sie sind aber breiter und weniger unterbrochen. Die Flügel sind dieselben.

Bemerkung. Wenn die Spitzen der Kiefer etwas über die Unterlippe hinausstehen, so sieht der Rüssel ganz wie ein Aderlassschnepper aus.

Xylophagia Meig.

Heterostomus Bigot.

Ann. Soc. entom. Ser. 3. tom. 5. p. 285

1. *Heterostomus curvipalpis* Big. l. c. p. 285.

Ich habe diese schöne Fliege nur ein Mal am Fusse der Cordilleren von Santiago gefangen.

Xylophagus Meig.

1. *Xylophagus carbonarius* Ph. X. omnino fusco-niger; basi femorum fusca; alis valde infuscatis. Long. corp. 7½ lin., extens. alar. 14 lin.

Prope Corral invenit indefessus Krause.

Zwei Weibchen. Die Fühler sind kürzer als der Kopf, das dritte Glied so lang als die beiden ersten zusammen und deutlich geringelt, abgestutzt, mit einem Büschel Härchen endigend. Die Seiten der Brust, die vorderen Ecken, die Streifen jederseits vom Ursprunge der Flügel bis zum Schildchen, die Seitenränder des Schildchens sind hellbraun. Der schmale Rand der Hinterleibsringe orangegelb.

Hylorus [1]) Ph.

Caput subglobosum. Oculi in ♂ magni, contigui, in ♀ mediocres, distantes, glabri. Ocelli... Antennae capite breviores, in media ejus altitudine inserti, triarticulati. Articuli duo primi breves, aequales, cylindrici, subnudi; tertius antecedentes aequans, subcylindricis ex octo annulis constans, primo magno, apice fasciculum pilorum brevium gereus. Facies recedens, pubescens. Os parvum; proboscis et palpi vix apice exserti. Thorax modice convexus, in ♀ capite multo latius. Scutellum inerme. Abdomen septem annulis formatum, in ♂ lineare, depressum, in ♀ conicum. Alae margine antico convexo ut in *Xylophago*, sed nervi ut in *Beride*. Pedes simplices, satis tenues; tibiae inermes, ecalcaratae; tarsi tibias fere bis aequantes; pedes postici longiores, anticos sesquies aequantes; tarsi eorum latiores; ungues parvae; pulvilli tres.

Durch die zusammenstossenden Augen des Männchens sogleich von *Xylophagus* verschieden.

Hylorus *Krausei* Ph. H. corpore e flavescenti fusco; thorace fusco strigato; alis hyalinis, fusco subbifasciatis; pedibus pallide fuscis. ♀ long. corp. 7 lin., extens. al. 16 lin.

Prope Corral, puertum Valdiviae ins. ornat. Krause.

Der Körper hat zur Grundfarbe ein blasses, gelbliches Braun, und ist mit kurzen, weisslichen Härchen bekleidet, die meist anliegen. Die Augen sind dunkelbraun. Die Brust hat braune Striemen, nämlich in der Mitte eine b.eite, getheilte Linie, dicht daneben jederseits eine schmale, braune Linie, und mehr nach der Seite hin eine braune, in der Mitte unterbrochene und den Vorderrand nicht erreichende Strieme. Die Basis der Flügel ist wasserhell, dann folgt eine breite, graue Querbinde; die Discoidalzelle ist wasserhell, so wie der äussere und hintere Theil des Flügels, aber Marginalzelle und Mediastinalzelle sind braungrau. Das Knieende der Schenkel ist dunkelbraun, sonst sind die Beine hellbraun und die Tarsen kaum dunkler.

Lagarus [2]) Ph.

Caput transversum, frons longitudinaliter sulcata. Oculi distantes, parvi, pilosi. Ocelli tres. Antennae in media oculorum altitudine insertae, breves, triarticulatae; articulus primus sat longus, cylindricus; secundus brevior; tertius antecedentes conjunctos aequans, oblongus, obtusus, pilosus, obsolete annulatus. Proboscis inclusa. Scutellum inerme.

---

[1]) ὑλωρός in Wäldern lebend.
[2]) λαγαρός, dünn, schmächtig, weich.

Abdomen segmentorum septem. Alarum cellula costalis brevis; marginalis perbrevis, longe ante apicem alae terminata; submarginalis usque ad apicem alae extensa; cellulae posticae quatuor, secunda petiolata, omnes apertae; cellula analis clausa; cellula discoidalis nulla. Pedes tenues, simplices, inermes; tibiae ecalcaratae; ungues breves; pulvilli tres.

Von den übrigen Gattungen dieser Familie sogleich durch die kurzen Fühler und den Mangel der Discoidalzelle zu unterscheiden.

Lagarus Paulseni Ph. L. omnino testaceus; articulo tertio antennarum abdomineque cinereis; alis pallide fuscis. — Long. 3¾ lin., ext. alar. 7½ lin.

E coll. orn. Ferd. Paulsen.

Die Augen sind dunkelbraun, weisslich behaart; jedes nimmt den dritten Theil der Breite des Kopfes ein. Von jedem Auge verläuft auf dem Scheitel eine Furche schräg nach hinten und innen und verlängert sich nach vorn, bis sie vor den Punktaugen in einem Winkel zusammenstossen; von diesem Winkel senkt sich eine Furche bis zur Mundhöhle. Der ganze Kopf ist mit kurzen feinen Härchen dicht bekleidet. Noch kürzer ist die Behaarung der Brust, die keine deutlichen Striemen zeigt, des Hinterleibes und der Beine.

Beris Latr.

Blanchard beschreibt bei Gay eine Art, ich kenne deren 5 mehr.

1. *Beris maculipennis* Bl. Gay VII. p. 400.

„Von Coquimbo." Das Museum besitzt sie von Illapel, aus der Prov. Santiago und auch aus der Prov. Valdivia, sie scheint also über den grössten Theil Chiles verbreitet zu sein.

2. *B. luctifera* Ph. B. omnino nigra, nigro-pubescens; scutello quadrispinoso; tarsis subtus atro-villosis; femoribus posticis basi tarsorumque posticorum articulo primo albis; alis hyalinis, ad apicem infuscatis, macula stigmaticali nigra. Long. corp. 5 lin., extens. alar. fere 9 lin.

Prope Corral ab ornat. Krause inventa.

Das Thier ist fast ganz schwarz. Die Augen sind stark behaart, die Stirne ungefurcht, die Gegend über den Fühlern silberweiss schimmernd. Die Fühler sind ganz schwarz, die beiden ersten Glieder behaart, das erste verlängert, fast doppelt so lang als das zweite, das dritte an der Basis stark verdickt. Der Rüssel ist an der Spitze weisslich, die Taster sind schwarz. An den Seiten der Brust vor dem Ursprung der Flügel stehen längere schwarze Haare, z. Th. mit weissen gemischt. Die Dornen des Schildchens sind sehr langhaarig. Die Flügel haben fünf vollständige hintere Zellen. Schwinger weiss. Die Unterseite der Brust ist mit weissen Haaren besetzt. Die Hinterbeine sind verlängert und verdickt; die Schienen schimmern z. Th. weiss, noch mehr die Tarsen.

3. **B.** *trichonota* Ph. B. capite corporeque atris; thorace scutelloque albo-villosis; scutello decemspinoso; alis hyalinis, apice fuscescentibus, macula magna, stigmaticali nigra; pedibus flavis. Long. corp. $3\frac{1}{2}$ lin., extens. alar. $6\frac{1}{2}$ lin.

Prov. Valdiviam inhabitat.

Die Fühler sind so lang als der Kopf; das erste und zweite Glied dunkelgelb, das dritte Glied schwarz und stumpflich. Der Hinterleib ist breit und im trockenen Zustande mit schneidenden Rändern. Alle Flügeladern sind schwarz, die Costalzelle auffallend breit. Ausser dem schwärzlichen Stigmafleck ist vor der Spitze noch ein kleiner dunkler Fleck am Rande und der Raum zwischen beiden wasserhell. Die Beine sind alle so ziemlich von gleicher Länge.

4. **B.** *modesta* Ph. B. capite, antennis, corpore omnino nigris; spinis scutelli quatuor albidis; abdomine angusto; alis macula stigmaticali nigrescente; pedibus anterioribus albidis; posticorum femoribus nigro biannulatis, tibiis apice nigris; tarsis omnibus apicem versus nigricantibus. Long. corp. $2\frac{1}{2}$ lin., extens. alarum 5 lin.

In prov. Valdivia loco dicto „los Ulmos" semel cepi.

Der Körper ist ganz schwarz mit violettem Schimmer, nur der untere Theil der Stirne schimmert weisslich. Die Fühler sind ganz schwarz, so lang als der Kopf. Der Hinterleib ist schmal und ziemlich stark mit weisslichen Haaren bekleidet. Die vier Dorne des Schildchens sind lang, etwas in die Höhe gebogen und weisslich. Der Rüssel ist weisslich, die Spitze der Palpen schwarz. Nur vier hintere Flügelzellen. Weisse Schwinger.

5. **B.** *thoracica* Ph. B. lutea; thoracis dorso coeruleo; scutello coeruleo, spinis sex luteis armato; abdominis elongati segmentis duobus primis omnino, reliquis medio violaceo-coeruleis; tibiis posticis apice infuscatis; alis hyalinis, macula stigmaticali fusca; antennis capite subbrevioribus. Long. corp. $4\frac{1}{2}$ lin., extens. alarum $8\frac{1}{2}$ lin.

Prope Corral occurrit.

Die Stirne ist oben violett und hat zwei Längsfurchen, unten hat sie eine Querfurche und schimmert graugelb. Die Augen sind braun. Die Fühler kaum so lang als der Kopf; die beiden ersten Glieder sind gleichlang, braungelb, das dritte ist schwarz und läuft allmälig in eine feine Spitze aus. Rüssel und Palpen sind hellgelb. Von den sechs Dornen des Schildchens bilden zwei die Verlängerung des Vorderrandes und sind blau, die andern sind länger und gelb, die mittelsten am längsten. Die Flügel sind ziemlich wasserhell, die vorderste Ader bis zum Flügelmal gelb, die übrigen schwarz; das Flügelmal ist schwarzgrau; die dritte hintere Zelle am Rande der Discoidalzelle mit einem Ansatz zur Theilung. Die vorderen Beine sind hellgelb, die Hinterbeine verlängert, verdickt, dunkelgelb, die letzte Hälfte der Schienen fast schwarz, was stark mit den hellen, beinahe weissen Tarsen contrastirt. Ein sehr feiner kurzer Flaum bedeckt Brust, Schildchen und Hinterleib, ohne dem Glanze Eintrag zu thun; die beiden ersten Hinterleibssegmente sind an den Seiten mit längeren abstehenden Haaren bekleidet; die Beine fast kahl.

6. *B. longicornis.* B. gracilis, lutea, vix puberula; macula in parte posticali thoracis ante scutellum, aliis in lateribus segmentorum primorum abdominis, fascia latissima posteriore atro-violaceis; scutello quadridentato; alis flavescentibus, fascia fusca, in regione stigmatis fere nigra; antennis capite multo longioribus nigris. Long. corp. 5 lin., latit. 1 lin., ext. alar. 9 lin.

In prov. Valdivia; primus comm. orn. Landbeck.

Der vorigen Art sehr ähnlich, jedoch sogleich durch die sehr viel längeren Fühler, den bis auf einen kleinen Fleck ganz gelben Rücken der Brust, die andere Vertheilung der blauen Farbe auf dem Hinterleib und die ganz gelben Hinterschienen zu unterscheiden.

7. *B. luteiventris* Ph. B. thorace scutelloque quadrispinoso pulchre viridi-coeruleis; abdomine luteo lateribus nigro-marginato; alis hyalinis macula stigmaticali nigra notatis; pedibus anterioribus pallide flavis; posticorum elongatorum femoribus fuscis, flavo annulatis, tibiis fuscis, basi flavis. Long. 3 lin., extens. alarum fere 6 lin.

E coll. ornat. Ferd. Paulsen.

Stirne und Scheitel sind dunkelblau, aber der Raum unmittelbar über den Fühlern ist weiss; das Untergesicht ist schwarz. Die Fühler sind braunroth mit schwarzer Spitze. Die Dorne des Schildchens sind hellgelb. Der bräunlich gelbe Hinterleib wird gegen die Spitze dunkler und ist an den Seitenrändern schwärzlich eingefasst; auch die Hinterränder der Segmente sind schwärzlich. Die Hinterschenkel sind, wenigstens beim Männchen, nicht bloss verlängert, sondern auch verdickt.

8. *B. viridiventris* Ph. B. thorace cum scutello quadrispinoso abdomineque coeruleo- seu viridi-aeneis; antennis nigris, basi testaceis; alis hyalinis, macula stigmaticali fusca; pedibus pallide flavis, posticis elongatis, incrassatis. Long. 3⅓ lin., extens. alar. 7 lin.

E collect. orn. Ferd. Paulsen.

Diese Art hat die Gestalt, Grösse, verlängerten Hinterbeine der vorigen Art, von der sie sich aber sogleich durch den ganz broncegrünen Hinterleib unterscheidet. Die Stirne ist violett mit dem gewöhnlichen weissen Flecke über dem Ursprunge der Fühler. Die Hinterbeine sind heller und die braunen Ringe kaum angedeutet.

Stratiomydes Latr.

Odontomyia Latr.

1. *Odontomyia elegans* Macq. Gay VII. p. 401.

„Santa Rosa etc." Bei Santiago, in Valdivia etc.

2. *O. cruciata* Macq. Gay VII. 402.

„Coquimbo etc." Landbeck fand sie bei Illapel, ich selbst fing sie am Ronco-See in Valdivia.

3. *O. fascifrons* Macq.

„Coquimbo." Wir besitzen sie von Illapel.

Cyclogaster Macq.

1. *Cyclogaster Paulseni* Ph. C. niger; vittis quatuor griseis in thorace; macula rotunda, albo-pilosa in utroque latere segmentorum 2. 3. 4. abdominis; alis hyalinis. Long. corp. $3\frac{1}{2}$ lin., extens. alar. 7 lin.

Ad radicem Andium prov. Santiago invenit orn. Ferd. Paulsen.

Es liegt ein Männchen vor. Dasselbe ist glänzend schwarz, bis auf die Augen, welche rothbraun und mit schwärzlichen Härchen besetzt sind. Das Epistom tritt nicht hervor, es ist also das vortretende Epistom kein wesentlicher Charakter des Genus. Die Basis des dritten Fühlergliedes schimmert bei gewissem Lichte roth. Die Brust trägt aufrecht stehende, schwärzliche Härchen; die grauen Striemen derselben werden durch anliegende Härchen hervorgebracht. Der Hinterrand des Schildchens trägt ebenfalls graue Härchen, die wenig auffallen. Längere, anliegende, weisse Härchen bewirken die kreisrunden Flecke auf den Seiten des kreisförmigen, in eine Spitze auslaufenden Hinterleibes. Die Schwinger sind weiss. Die Beine sind ganz schwarz, selbst die Tarsen.

2. *C. rubriceps* Ph. C. ater; capite laete rubro; thorace cinereo-vittato; maculis rotundis albo-sericeis in segmentorum 2. 3. 4. lateribus; alis hyalinis. Long. 4 lin., extens. alarum $8\frac{1}{2}$ lin.

E coll. ornat. Ferd. Paulsen, qui in Prov. Santiago cepit.

Das Epistom tritt eben so wenig hervor als bei der vorigen Art. Der Scheitel ist so weit er die drei Punktaugen trägt, glänzend schwarz. Die Augen sind behaart, also wohl ein Männchen.

Cyanauges [1]) Ph.

Frons lata, sicut totum animal nitidissima. Oculi glabri. Antennae triarticulatae; articulis duobus primis brevissimis, tertio elongato, fere

---

[1]) κυαναυγής glänzend blau.

lanceolato, sexannulato, in stylum brevem obliquum teretem desinente, qui apice setulam minimam gerit. Proboscis horizontalis vix prominens. Scutellum sex- vel potius octodentatum. Abdomen breve, depressum, suborbiculare, quadriannulatum, margine acuto. Alae incumbentes; nervo mediastino rectilineari, mox cum costali confuso; nervo marginali ramum obliquum, sat crassum emittente; nervis reliquis plerisque tenuibus, subhyalinis; cellulis posticis tribus. Pedes mediocres, tibiae inermes, pulvilli duo.

Durch die Zahl der Dornen des Schildchens sogleich von den andern Gattungen dieser Familie zu unterscheiden; es sind acht Dornen vorhanden, aber die äussersten bisweilen klein, und an kleinen Exemplaren zu übersehen.

Cyananges valdivianus Ph. C. obscure caeruleus, nitidus, etsi sub lente puberulus; antennis pedibusque nigris, ultimo antennarum articulo interdum obscure rufo; alis hyalinis. Long. corp. 3 lin., extens. alar. 7½ lin.

In prov. Valdivia satis frequens, in prov. Santiago rarissimus.

In Valdivia fange ich die Fliege öfter im Zimmer an den Fenstern, nur ein- oder zweimal habe ich sie auf Blumen angetroffen. Der ganze Körper ist von einem prachtvollen Kornblumenblau, die Flügeladern hellbraun, die Schwinger weiss.

Syrphica Meig.

Aphritis Latr.

✓ *Aphritis violaceus* Macq. Gay VII. p. 404.
„Coquimbo". Santiago, Illapel, Colchagua, Valdivia, selten. Die blaue Farbe fällt vielleicht eben so oft ins Grüne, wie ins Violette.

Volucella Geoffr.

✓ 1. *Volucella scutellata* Macq Gay. VII. p. 405.
„Coquimbo, Santa Rosa". Santiago, Colchagua, ziemlich häufig.

✓ 2. *V. concinna* Ph. V. capite pallide flavescente, antennis nigris; thorace fusco; scutello flavescente; abdomine luteo, pellucido, linea mediana in segmentis 2. et 3., margine segmenti 3., apiceque nigris; femoribus nigrofuscis, genubus, tibiis, tarsisque rufis; alis hyalinis. Long. 7 lin., extens. alar. 16 lin.

In prov. Santiago et Aconcagua, priore multo rarior.

Das Gesicht fällt senkrecht in gerader Linie herab, reicht weiter nach unten als bei *V. scutellata*, und ist daselbst spitzer. Ueber dem Ursprung der Fühler ist beim ♂ ein sehr auffallender Kamm oder Wulst von schwärzlichen, aufgerichteten Härchen gebildet. Auf dem mit aufgerichteten, greisen, sehr feinen, weissen Härchen, und einzelnen, stärkeren schwarzen Härchen bekleideten Rücken der Brust, schimmern nur bei gewissem Licht weissliche Striemen. Das Schildchen trägt ausser seiner greisen Behaarung am Hinterrande eine Reihe schwarzer langer Borsten; die erste Hälfte des dritten Hinterleibsringes schimmert graulich; das vierte Hinterleibssegment hat eigentlich eine spornförmige schwarze Binde, allein der dreieckige gelbe Fleck, den diese frei lässt, ist sehr klein, und fällt wenig in die Augen. Der Bauch ist hellgelb, glänzend, fast kahl, und jeder Ring hat in der Mitte einen grossen schwarzen Fleck, ebenso hat der umgeschlagene Rand der Rückensegmente in der hinteren Hälfte einen grossen schwarzen Fleck. Der Hinterleib ist länglich, kaum breiter als die Brust.

3. *V. azurea* Ph. V. capite corporeque obscure caeruleis, nitidis; antennis pedibusque atris; abdomine suborbiculari, thoracem latitudine superante; alis hyalinis, macula nigra in medio ad marginem anticum notatis. Long. 7 lin., latit. thoracis 3 lin., extens. alar. 15 lin.

Prope Llico in prov. Colchagua ornat. Landbeck specimina tria ♂ cepit.

Gesicht, Brust und Hinterleib sind prachtvoll stahlblau und glänzend. Das Gesicht erscheint unter den Fühlern ausgehöhlt und tritt dann horizontal hervor, um senkrecht und in einer schwach concaven Linie nach der Mundöffnung abzufallen; es ist mit sehr feinen Härchen besetzt. Die Stirne und die Augen sind ziemlich lang behaart; der Haarwulst quer über den Fühlern, welchen die beiden vorhergehenden Arten im männlichen Geschlecht besitzen, fehlt. Die Brust ist dicht und ziemlich lang behaart, mit schwärzlichen Haaren. Die Borsten am Rande des Schildchens fallen wenig auf. Der Hinterleib trägt auf den beiden ersten Segmenten sehr kurze, dicht anliegende Härchen, auf den folgenden längere. Der Bauch ist kahler, glänzender, prachtvoll blau. Die Beine haben wenig Glanz. Der tief schwarze, scharf begränzte Fleck der Flügel ist beinahe viereckig, und nimmt sich auf der wasserhellen, mit feinen schwarzen Adern durchzogenen Membran sehr hübsch aus.

Phalacromyia Rondani.

1. *Phalacromyia nigripes* Bigot. Ann. Soc. ent. Ser. 3. tom. V. p. 296.

„Chile". Vermuthlich aus den mittleren Provinzen. Herr Germain, von dem die von Bigot beschriebenen chilenischen Fliegen herstammen, war nie dahin zu bringen, den Fundort zu bemerken. Ich habe diese Art noch nicht gefunden, die durch ihre kupferrothe Farbe sehr ausgezeichnet sein muss, wohl aber eine andere.

2. **Ph.** *rufoscutellaris* Ph. Ph. corpore nigro; facie, antennis scutelloque aurantio-rufis; alis hyalinis cellula mediastina infuscata et macula stigmaticali netata; pedibus nigris. Long. corp. 4 lin., extens. alar. $10\frac{1}{2}$ lin. Habitat in prov. Santiago.

Die Augen sind mit greisen Härchen bekleidet, der Scheitel ist dunkel braunroth; das Gesicht hat einen Höcker in der Mitte zwischen der vorspringenden Stirne und dem Munde, ganz wie die vorige Art. Die Härchen des Kopfes sind schwarz, und stehen auf Stirne und Scheitel dichter. Das dritte Fühlerglied ist vielleicht doppelt so breit als bei jener Art (nach der Abbildung), nämlich nur $1\frac{1}{2}$mal so lang als breit. Die schwarze Borste ist in der letzten Hälfte fast vollkommen kahl. Brust und Schildchen sind mit ziemlich langen, aufgerichteten schwarzen Härchen, der Hinterleib mit kürzeren, dichteren besetzt. Die Borsten am Ende des Schildchens sind feiner, nicht so dornenartig wie bei *Volucella scutellata* Macq. Die Flügel haben eine offene Marginalzelle. Schwingkölbchen weiss, Stiel schwarz.

3. **Ph.** *concolor* Ph. Ph. corpore, etiam scutello, nigro; facie et antennis aurantio-rufis; alis hyalinis, cellula mediana infuscata et macula parva stigmaticali notata; pedibus nigris. Long. corp. $5\frac{1}{2}$ lin. extens. alar. $12\frac{1}{2}$ lin.

E prov. Santiago.

Die Behaarung der Augen ist schwarz, nicht greis, wie bei der vorigen Art, der sie sonst, mit Ausnahme der Farbe des Schildchens, vollkommen gleicht. Der ganze Körper hat einen blassblauen eigenthümlichen Schimmer.

Eriophora [1]) Ph.

Corpus crassum, dense villosum. Facies inferius perpendiculariter producta, sub prominentia antennifera transversim concava. Antennarum articuli duo basales breves, tertius ovatus, latior quam longus, seta fere basali, nuda terminatus. Alarum cellula submarginalis haud petiolata, aperta; nervus submarginalis rectus; cellulae porticae prima et secunda nec non analis clausae. Pedes satis tenues, tibiae posticae arcuatae, versus apicem sensim incrassatae.

Von *Eriorrhina* und *Mallota* durch das senkrecht nach unten verlängerte Gesicht, welches an *Volucella* erinnert, verschieden, von *Pelecocera*, welches dieselbe Kopfform hat, durch die dünne, lange Borste der Fühler, der breiten Leib.

---

[1]) ἔριον Wolle und φερειν tragen.

94

Eriophora *aureo-rufa* Ph. E. supra rufo-aurea; facie aurea, sericea, genis glabris nigris, nitidis; alis lutescentibus, ad apicem infumatis; pedibus nigris, apice femorum, basique tibiarum luteo-rufis. Long. corp. 7½ lin., extens. alar. 17 lin.

In prov. Valdivia rara.

Die Augen sind vollkommen kahl, braun, und stossen beim ♂ zusammen; beim ♀ wird die ziemlich breite Stirn nach oben allmälig etwas schmäler. Auf Stirn, Scheitel und Hinterkopf stehen kurze aufgerichtete gelbe Härchen. Die Fühler sind rothgelb, die Borste braun, ziemlich lang, unter der Lupe ungegliedert. Der Brustrücken lässt drei feine genäherte Längslinien in der Mitte, und jederseits eine breitere Strieme von hellgrauer Farbe durchschimmern. Die ersten Hinterleibsringe haben kürzere, mehr anliegende Härchen. Die Brust erscheint unten graulich, ist aber eigentlich schwarz, mit hellgelben Härchen bekleidet. Der Bauch ist fast kahl, kohlschwarz, glänzend. Die Beine sind dicht mit ziemlich kurzen, meist anliegenden Härchen bekleidet, welche zum Theile, besonders auf den Tarsen, die eigentliche Farbe verdecken.

Stilbosoma [1]) Ph.

Corpus latum, glaberrimum. Oculi glabri, etiam in mare separati, Prominentia antennifera valde producta. Facies infra producta, labro tridentato. Antennarum articuli basales, breves, tertius suborbicularis, latior quam longus, ad originem setae elongatae subangulatus. Alarum cellula submarginalis aperta, nervus submarginalis rectus, cellula basilaris prima appendiculata. Pedes postici multo majores, femora incrassata, ante apicem bidentata; tibiae arcuatae.

Durch den hohen Höcker, welcher die Fühler trägt sehr ausgezeichnet. Männchen und Weibchen unterscheiden sich äusserlich nicht, oder ich besitze lauter Weibchen von allen drei Arten.

1. *Stilbosoma* cyanea Ph. St. capite, corpore, pedibusque atrocyaneis nitidis; antennis nigris; alis nigricantibus, ad marginem anticum nigris. Long. corp. 5 lin., extens. alar. 10½ lin.

Prope Santiago et in prov. Valdivia occurrit, nullibi frequens.

Stirn, Scheitel und Hinterkopf sind mit aufgerichteten, schwärzlichen Härchen sparsam bekleidet, das Gesicht und der Fühlerhöcker sind kahl. Die Brust trägt an den Seiten, das gerandete Schildchen am Rande schwarze borstenähnliche; die ersten Hinterleibssegmente an den Rändern weisse Haare, auch das Untergesicht trägt weisse Haare. Die Flügelschuppen sind weiss, schwarz gerandet, und schwarz gewimpert. Die Härchen, welche Schenkel und Schienen bekleiden, sind schwarz,

---

[1]) στιλβος glänzend und σῶμα Körper.

die dichten bürstenförmigen Härchen der Unterseite der Tarsen weiss; weiss sind auch die Haftlappen und die Klauen bis auf die schwarze Spitze, was sehr auffallend aussieht.

2. *St. nigrinervis* Ph. St. capite, corpore, pedibus cyaneo-atris, antennis nigris; alis subhyalinis, nervis omnibus fusco-marginatis. Long. 6 lin., extens. alarum 13½ lin.

Valdiviae specimen cepi.

Mehr schwarzblau als die vorige Art, und durch die Färbung der Flügel verschieden. Sonst kann ich keinen Unterschied entdecken.

3. *St. rubiceps* Ph. St. thorace, abdomine pedibus atro-cyaneis; capite lacte rubro; antennis alisque nigris. Long. 5½ lin., extens., alar. 12 lin.

E prov. Santiago.

Ausser der lebhaft rothen Farbe des Kopfes kann ich keinen Unterschied von *St. cyanea* angeben.

Sterphus [1]) Ph.

Corpus lineare, sed satis latum depressum, pubescens. Oculi glabri, maris contigui. Frons producta, apice antennifera. Facies perpendicularis, ore haud producto, convexa. Antennarum articuli basilares breves, tertius suborbicularis, inferius paullo productus; seta simplici glabra armatus. Alarum cellula submargiualis aperta, nervus submarginalis parum flexuosus, fere rectus, cellula postica prima sinuata. Pedes postici multo longiores; femora paullulum incrassata, subtus setis crassioribus densis brevibus armata, tibiae parum arcuatae, ungues et pulvilli longi.

Steht wohl *Priomerus* Macq. nahe, die Seitenansicht des Kopfes ist durch den oben weit weniger geneigten Vorsprung der Stirn ziemlich abweichend, und die Hinterschenkel sind unten nicht gesägt. Leider sagt Macq. (hist. nat. des ins. Diptères 1. p. 511) nicht, ob die Submarginalader geschwungen oder gerade ist.

1. *Sterphus antennalis* Ph. St. atro-cyaneus nitidus; facie aureorufa, nitida; antennis, tibiis, tarsis, alis nigris. Long. corp. 7 lin., latit. 2¼ lin., extens. alar. 14.

In prov. Valdivia sub finem aestatis frequens.

Schwebt lange an derselben Stelle in der Luft, und fliegt dann pfeilschnell davon. Der Kopf ist beinahe noch breiter als die Brust, der kleine dreieckige Scheitel der Männchen, der Scheitel und der grösste Theil der Stirne bei dem Weibchen sind schwarz mit Bronceschimmer, bei dem Männchen ist der ganze obere Theil des Stirnhöckers ebenso rothgelb und metallisch glänzend wie das Gesicht, bei den Weibchen nur der Theil unmittelbar über den Fühlern. Scheitel und Stirn sind mit langen

---

[1]) στέρφος, eine Art Mücke oder Fliege bei den Alten.

schwarzen Härchen, das Untergesicht mit weissen bekleidet. Aufgerichtet
schwarze Härchen bekleiden auch die Brust, und noch mehr das Schildchen, das stark verlängert ist. Die Hinterränder der Vorderbrust sind
von oben gesehen silberweiss, und auf der Mittelbrust schimmern vier
Striemen glänzender als die übrige Brust. Der Hinterleib ist prachtvoll
blau, oben mit kurzen, anliegenden schwarzen Härchen, an den Seiten
mit längeren, weichen Haaren bekleidet, die in der ersten Hälfte der
Segmente weiss, in der zweiten schwarz sind, was besonders beim vierten auffällt. Der Bauch ist beinahe blaugrau, und ebenso glänzend wie
der Rücken. Schenkel und Beine sind mit schwarzen, die Tarsen unten
mit weissen, bürstenartigen Haaren bekleidet, wie bei *Stillbosoma* und
ebenso sind die Haftlappen und die Basis der Klauen weiss.

2. *St.* ? *cyanocephalus* Ph. St. obscure cyaneus, violacescens, nitidissimus, facie concolore; antennis, tibiis, tarsis, alis nigris. Long. 6¼ lin.,
extens. alarum 10½ lin.

Specimen prope Santiago lectum servo.

Prachtvoll dunkelblau mit violettem Schimmer, lebhaft glänzend,
das Gesicht von derselben Farbe. Die Härchen an den Seiten des Hinterleibes sind weit kürzer als bei der vorigen Art, und bilden keinen auffallenden Saum darum. Die Flügel sind noch schwärzer, aber die Schwinger rein weiss, während sie bei *St. autumnalis* schwarz sind. Die Tarsen
sind unten schwarz behaart. Die Klauen weit kleiner, schwarz, die Haftlappen aber weiss. Hinterleib und Beine sind etwas kürzer, das Gesicht
ist ausgehöhlt, und der Mundrand stärker vorstehend, fast wie bei *Stilbosoma*. Der die Fühler tragende Höcker, die einfachen Hinterschenkel,
die schwachen, fast geraden Hinterschienen sind wie bei *Sterphus*.

3. *St.* ? *flavipes* Ph. St. ater metallice nitens, subcaerulescens; antennis atris; pilis capitis, oculorum, thoracis, scutelli, ultimorum abdominis
segmentorum atris, primorum segmentorum aurantiis; alis basi et antice
flavescentibus, postice et apice infumatis; pedibus praeter basin nigram
femorum aurantiacis. Long. 5 lin., extens. alar. 10 lin.

An *Cheilosia aurantipes* Bigot.? Ann. Soc. entom. etc. Ser. 3.
tom. V. p. 298.

E coll. orn. Ferd. Paulsen.

Die Beschreibung, welche Bigot a. a. O. von seiner *Cheilosia aurantipes* gibt, passt bis auf folgende Verschiedenheiten auf vorliegende
Fliege: 1. die ersten beiden Fühlerglieder sind nicht röthlichbraun, das
dritte nicht dunkelbraun, sondern alle drei sind tief schwarz; 2. das Gesicht
ist nicht mit grauen, sondern mit schwarzen Haaren bekleidet; 3. die
Oberseite des Körpers zeigt keinen kupferrothen Schimmer „reflets d'un
cuivreux rougeâtre" sondern schimmert eher blassblau; 4. wenn „flaucs à
poitrine lisses" durch kahle Seiten und kahle Brust zu übersetzen ist,
so ist zu bemerken, dass bei unserer Fliege diese Theile mit schwarzen

Härchen dicht bedeckt sind. Von der Behaarung des Hinterleibes sagt Bigot kein Wort; unsere Fliege hat auf den ersten zwei Segmenten roth-gelbe, dichte Härchen, die an den Seiten recht lang sind, auf den folgenden Segmenten schwarze Härchen. Meine Fliege kann nach Macquart hist. nat. des Dipt. I. p. 555 keine *Cheilosia* sein, denn das Gesicht hat keinen Vorsprung und sieht ganz anders aus als die Abbildung des Gesichtes von *Cheilosia* bei Macq. t. 12. f. 14, auch ist die Fühlerborste vollkommen kahl. Die Bigot'sche Art scheint indess auch keine *Cheilosia* zu sein, denn ihr Gesicht hat auch keinen Vorsprung. Von der Fühler-borste sagt B. nichts. Die Submarginalader ist bei meiner Fliege voll-kommen gradlinig, wesshalb sie nicht zu *Eristalis* gebracht werden kann. Von *Sterphus* unterscheidet sie sich durch ihre Behaarung und die ganz gerade Submarginalader, von *Macrometopia* durch das schwach concave Ge-sicht. Wohin?

Priomerus? Macq.

1. *Priomerus?* *luctuosus* Ph. Pr. fronte et fascia sub antennis albi-dis; facie valde tuberculata nigra nitida; antennis aurantiacis; thorace nigro, griseo vittato, abdomine pedibusque atris, nitidis, alis hyalinis. Long. corp. 5 lin., extens. alar 10 lin.

Ad radicem Andium cepit orn. Ferd. Paulsen, mecumque com-municavit.

Sieht auf den ersten Blick einer *Sarcophaga* ähnlich. Das Unter-sicht zeigt, von der Seite gesehen, drei vorspringende Höcker, (der untere ist aber nur der nach unten vorspringende Mundwinkel), ist ganz kahl, schwarz und glänzend; der untere Abhang des Fühlerhöckers und die Stirn sind graulich oder gelblich weiss, der Scheitel trägt schwarze Borsten, auf dem Fühlerhöcker stehen etliche weisse Borsten, der Hinter-rand des Kopfes trägt kurze weissliche Härchen. Die beiden ersten Füh-lerglieder sind kurz, das erste braun, das zweite nur an der Basis braun, sonst lebhaft rothgelb wie das dritte, welches nahezu kreisförmig ist. Brust schwarz, mit vier hellgrauen Striemen, und hellgrauen Fleckchen der Vorderbrust. Sie ist mit sehr kurzen schwarzen Härchen besetzt. Schildchen ziemlich verlängert, schwarz gerandet, matt. Hinterleib glän-zend schwarz, mit weisslichen Härchen bekleidet, die an jeder Seite an den vorderen Winkeln der Segmente ein weissschimmerndes Fleckchen bilden. Bauch schwarzgrau, matt. Beine schwarz behaart; die Hinter-beine nicht sehr viel länger und dicker; die feinen borstenartigen Härchen der Unterseite der Tarsen gelblich; Haftlappen bräunlich, Klauen schwarz. Die Mediastinalzelle bräunlich; Marginalzelle offen, Submarginalzelle pedi-form, Submarginalader nicht geschwungen, die Unterseite der Schenkel scheint mir mehr mit kurzen, dicken Borsten, als mit wirklichen Zähn-chen besetzt zu sein.

Sollte diese Art Bigot's *Helophilus luctuosus* Ann. Soc. ent. ser. 3. tom. V. p. 296 sein? Seine Beschreibung passt vollkommen, bis auf folgende Punkte: 1. spricht er nicht von der weisslichen Querbinde unmittelbar unter den Fühlern; 2. nicht von den Dornen oder kurzen Borsten auf der Unterseite der Hinterschenkel; 3. erwähnt er nicht, dass die Submarginalader gerade verläuft, während sie bei *Helophilus* geschwungen ist, so dass unsere Art auf keinen Fall ein *Helophilus* ist.

2. *P.? haemorrhoidalis* Ph.

Pr. facie praeter tuberculum supra os et margines laterales oris nigros, cinereo-argentea; antennis aurantiacis; thorace nigro, griseovittato; abdomine nigro, nitido, apice rufo-ferrugineo; pedibus nigris, tibiis tarsisque rufescentibus. Long. 4 lin.; extens. alar. 9½ lin.

Prope Santiago, in floribus Conii atr., non frequens.

Der vorigen Art ähnlich, aber kleiner, die Brust mehr hellgrau, mit weisslichen Härchen bekleidet, auch die Beine sind mit weisslichen Härchen bekleidet, die Hinterschenkel bedeutend dicker, mit einer Reihe im Verhältniss stärkerer, schwarzer Dornen; die zweite Hälfte der Hinterschienen, und die beiden ersten Glieder der Hintertarsen braungelb.

Macrometopia [1]) Ph.

Corpus depressum, pubescens, nitidum. Oculi hirsuti (in mare contigui?) Frons in tuberculum antenniferum longe producta. Facies perpendicularis medio tuberculo minuto instructa. Antennarum articuli basales subelongati, tertius ovatus, transversus, seta simplex glabra. Abdomen suborbiculare. Alarum cellula marginalis aperta, submarginalis pediformis, nervus submarginalis haud flexuosus; cellula basilaris prima praelonga, postica prima apice marginem attingens. Femora postica haud incrassata.

1. *Macrometopia atra* Ph. D. atra nitidissima; scutello margine longe et dense albo-ciliato; alis pallidissime luteis, nervis nigris; parte anteriore tibiarum ferruginea. Long. 5 lin., extens. alar. 11 lin.

Specimen prope Corral Martio 1859 cepi.

Der Stirnhöcker, welcher die Fühler trägt, ist ganz wie bei *Sterphus*, schwarz, glänzend, mit abstehenden schwarzen Härchen bekleidet, die Augenränder weisslich schimmernd. Die beiden ersten Fühlerglieder sind länger, aber zusammen kaum so lang als der längere Durchmesser des dritten. Das Untergesicht nicht weiter nach unten als bei *Sterphus*, bildet an der Mundöffnung drei Zähne, von denen der mittelste ausgerandet ist, es ist der Länge nach beinah gekielt mit einem schwachen Höcker, schwarz glänzend, im obern Theil mit zwei grauschimmernden Striemen, die bevor sie den Mund erreichen, spitz auslaufen. Palpen dünn, fadenförmig, nach

----

[1]) μακρος lang und μέτωπον Stirne.

oben gebogen. Die Augen sind dicht mit weissen Härchen bekleidet. Die
Brust ist sehr glänzend, obgleich sie weisse aufgerichtete Härchen trägt;
an den Seiten ist sie länger behaart. Sehr auffallend sind die zahlreichen,
in mehrere Reihen gestellten, weichen weissen Haare am Rande des
Schildchens. Der Hinterleib ist ebenso glänzend und ebenso behaart wie
die Brust. Die Beine sind ziemlich lang und fein behaart. Die Unterseite
der Tarsen hat bräunlich weisse Borstenhaare. Bräunlichweiss sind auch
die Haftlappen. Die Klauen, welche viel kleiner als bei *Sterphus* sind,
sind schwarz.

Penium [1]) Ph.

Corpus satis latum, parallelum, depressum, dense pubescens. Oculi
hirsuti, in mare contigui. Facies absque prominentia. Antennae breves,
in protuberantia frontis sitae, articulo tertio ovato, seta brevi, glabra.
Alae cellula marginalis aperta, submarginalis pediformis, nervus submarginalis omnino rectus. Femora postica tenuia, inermia; tibiae posticae
paullulum arcuatae. Die falsche Ader ist kaum merklich.

Scheint *Eristalis* am nächsten zu kommen, wovon es sich sogleich
durch die gerade, nicht geschwungene Submarginalader, und das nicht
vorspringende Epistom unterscheidet.

1. *Penium triste* Ph. P. omnino nigrum; corpore pilis flavis dense
vestito; alis infumatis, tibiis luteis, medio nigris. Long. corp. 5 lin., latit.
thor. 2 lin.; extens. alar. 10 lin.

Specimen masc. prope Corral captum suppetit.

Der Scheitel ist schwarz, glänzend, mit langen schwarzen Haaren
besetzt, die braunen Augen mit schwarzgrauen Härchen, der Stirnhöcker
mit schwarzen, das Gesicht mit weisslichen Haaren. Die Gestalt des
Kopfes, von der Seite gesehen, ist ganz wie sie Bigot von seiner *Cheilosia aurantipes* abbildet, während *Cheilosia* nach Macq. eine face à proéminence au milieu hat. Brust, Schildchen, Hinterleib sind kohlschwarz,
mit aufrecht stehenden gelblichen Härchen dicht bekleidet. Die Schenkel
sind schwarz, dünn, und ziemlich lang behaart, ebenso wie die Schienen,
die Haare sind . . . Die Schienen sind gelb, am hellsten die hinteren,
und haben das mittlere Dritttheil schwarz. Die Tarsen erscheinen gelb,
indem sie mit anliegenden, goldglänzenden Härchen dicht bekleidet sind.
Klauen ziemlich klein, schwarz. Schwinger hellgelb.

Vielleicht gehört *Cheilosia aurantipes* Big. l. c. p. 297 hierher. Als
Art unterscheidet sie sich aber jedenfalls 1. durch „sehr kurze" Haare
des Gesichtes: 2. durch grösstentheils orangengelbe Beine, an denen nur
die erste Hälfte der Schenkel schwarz, und ein an den hinteren Beinen

---

[1]) πηνίον, Name eines Insektes.

wenig deutlicher Ring der Schienen braun ist; 3. durch gelbliche, nicht schwärzliche Flügel.

Pia [1]) Ph.

Corpus latum, depressum, subglabrum, nitidum. Oculi glabri, in mare contigui. Facies margine orali prominens, antennas in proeminentia, et infra eas tuberculum gerens. Antennarum brevium articuli primi breves, tertius suborbicularis, seta glabra. Alarum cellula marginalis aperta, submarginalis pediformis, nervus submarginalis haud sinuosus. Femora postica tenuia, inermia, tibiae posticae paullulum arcuatae.

Von voriger Gattung durch beinahe kahlen Körper, kahle Augen, den Höcker des Gesichtes verschieden. Die falsche Ader fehlt gänzlich.

Pia cyanea Ph. D. azurea; facie flava, dense pubescente, praeter proeminentias atras, glabras, nitidissimas; antennis aurantiacis; alis vix infumatis, cellula stigmaticali flavescente; corpore subtus pedibusque nigris. Long. corp. 3½ lin., extens. alar. 8 lin.

Ex itinere Illapelino attulit orn. Landbeck ♂.

Scheitel und Hinterkopf sind blauschwarz, glänzend, mit schwarzen nach vorwärts gerichteten Borsten besetzt. Das Gesicht ist blassgelb, auf dem Stirnhöcker mit einigen abstehenden weissen Börstchen, sonst mit feinen anliegenden Härchen bekleidet, bis auf die Höcker unter den Fühlern und den Mundrand, welche schwarz, kahl und glänzend sind. Die Wangen sind schwarz, und wie das Untergesicht mit weissen Härchen spärlich bekleidet. Brustrücken, Schildchen und Hinterleib ungemein glänzend, prachtvoll stahlblau, wenn auch mit aufgerichteten schwarzen Härchen bekleidet; auf der Brust zwei schmale graue, vorn genäherte, hinten divergirende Striemen, die kaum die halbe vordere Länge einnehmen. Hinterleib breit, länglich-eiförmig. Flügeladern schwarz. Gegend des Stigma gelb. Schenkel mit ziemlich langen weissen Härchen bekleidet, Schienen und Tarsen mit eben solchen, anliegenden. Klauen klein, schwarz, Schwinger schwärzlich.

Eristalis Latr.

Blanchard beschreibt bei Gay folgende drei Arten; ich kenne deren zwei mehr.

1. *Eristalis elegans* Macq.
„Von Coquimbo etc." Von Santiago bei Valdivia.

2. *E. quadraticornis* Macq.
„Von Coquimbo etc." Von Santiago bis Valdivia, häufig.

[1]) Eigenname.

3. *E. testaceiscutellatus* Macq.

„Von Coquimbo etc." Von Santiago bis Valdivia häufig.

4. *E. chilensis* Ph. E. vertice, antennis, margine oris nigris, facie omnino fulva; thorace nigro, haud vittato; scutello fulvo, unicolore; abdomine nigro, pilis brevibus albis hirto, (marginibus segmentorum albis nullis), in segmento secundo utrinque flavo maculato. Long. corp. 5¾ lin., extens. alarum. 10 lin.

Semel prope Santiago cepi.

Das Gesicht ist rothgelb, selbst der Höcker. Auf dem die Fühler tragenden Stirnhöcker stehen schwarze, auf dem Hinterkopf, Brust und Hinterleib dicht aufgerichtete weisse Härchen. Der dritte und der vierte Hinterleibsring haben am Grunde eine in der Mitte unterbrochene kahle, metallisch glänzende Querbinde, die Unterbrechung und die hintere Hälfte der Segmente sind dicht behaart. Die Flügel sind etwas gelblich. Die Schenkel sind schwarz, ebenso mehr oder weniger die Spitze der Schienen, sonst sind Schienen und Tarsen gelb. Die Augen sind kahl.

5. *E. concolor* Ph. E. aeneus; oculis glabris, rufis, nigro-punctatis; alis hyalinis; pedibus nigris, basi tibiarum omnium et articulo primo tarsorum anteriorum luteis. Long. corp. 5 lin., extens. alar. fere 10 lin.

Specimen prope Valparaiso lectum ornat. Det. Hartwig debeo.

Scheitel und Stirne sind dunkel broncegrün, mit braunen Längsstreifen, und mit ziemlich langen gelblichen Haaren bekleidet. Das Untergesicht ist weiss, mit weissen Haaren besetzt, nur der Höcker im Centrum desselben ist kahl, schwarz und glänzend. Augen hellbraun, mit schwarzen Punkten, die nach oben zusammenfliessen. Brust und Hinterleib sind ziemlich dicht mit gelblichen Härchen bekleidet. Flügel wasserhell, Adern braun; die cellula mediastina ist kaum länger als die marginalis. Die Spitze der Schenkel ist hellgelb, ebenso die erste Hälfte der Schienen an den vorderen Beinen; an den Hinterbeinen ist nur etwa der vierte Theil der Schienen gelb.

Helophilus Meig.

1. *Helophilus luctuosus* Bigot An. Soc. entom. Ser. 3. tom. V. p. 296. Ohne Angabe des Fundortes. Ist mir unbekannt, wenn es nicht mein *Priomerus luctuosus* ist.

2. *H. pictus* Ph. H. fronte et facie luteis; antennis nigris; thorace nigro, albido-quadrivittato; scutello lutescente; abdomine nigro, guttis bis tribus flavis albidisve ornato; pedibus nigris, genubus fulvis. Long. 5 lin., extens. alar. 11 lin.

Collectio Ferd. Paulsen.

Ein Weibchen. Der dunkelbraune Scheitel setzt gegen die bräunlich gelbe Stirn scharf ab, und ist wie diese mit schwärzlichen Haaren

besetzt, während die Haare des Hinterkopfes blassgelb sind. Die Augen
sind kahl, der Backenbart weiss, der Gesichtshöcker springt ziemlich stark
vor, und das Gesicht ist ziemlich nach unten in eine Spitze verlängert.
Die atlasgrauen Striemen der Brust sind an den Seiten weniger deutlich
als in der Mitte. Brustrücken und Schildchen sind mit gelblichen, ziemlich langen, aufgerichteten, der sammtschwarze Hinterleib nur mit sehr
kurzen Härchen bekleidet. Derselbe hat auf dem zweiten Segmente
zwei gelbe, auf dem dritten und vierten zwei weisse, quere Tropfen, nahe
am Seitenrand. Die Hinterschienen sind stark gekrümmt aber ohne Dorn
am Ende; die zwei oder drei letzten Glieder der Vorder- und Mitteltarsen sind gelb.

Dolichogyna Macq.

Dolichogyna fasciata Macq. Gay VII. p. 408. t. 4. f. 8.
„Scheint gemein bei Coquimbo.“ Gemein bis Valdivia.

In der Abbildung von Gay fehlen die gelben Striemen des Brustrückens. Männchen und Weibchen unterscheiden sich durch Färbung;
die gelben Flecke des Hinterleibes sind bei den ♂ grösser, lebhafter, der
Hinterleib stärker behaart; bei den ♀ sind die Flecke weisslichgelb.

Tropidia Meig.

1. **Tropidia** *rubricornis* Ph. Tr. facie albida; antennis rubris; thorace nigro: abdomine nigro, segmentis primo et secundo utrinque macula
magna lutea notatis, margineque segmentorum omnium luteo; tibiis luteis,
posticis nigro-annulatis. — Long. $3\frac{2}{3}$ lin., extens. alar. fere 6 lin.

Specimen in prov. Colchagua lectum servo.

Es ist ein Männchen. Die kahlen Augen stehen dicht beisammen.
Der fühlertragende Stirnhöcker springt stark vor, und vor demselben senkt
sich ein geradliniger Kiel bis zur Mundöffnung, welche nicht vorspringt
und sehr schmal und eng ist. Die Fühler sind kurz, nur halb so lang als
das Gesicht, das letzte Glied beinahe breiter als lang. Der Körper ist
beinahe kahl, mit äusserst kurzen Bürstchen besetzt, so dass er bei oberflächlicher Betrachtung punktirt erscheint. Der Hinterleib ist schmal,
linearisch. — Der nervus submarginalis der Flügel ist kaum etwas geschwungen; die erste hintere Zelle erreicht mit ihrer Spitze beinahe die
Flügelspitze. Die vorderen Schenkel sind bis auf die gelbe Spitze schwarz,
die Schienen und Tarsen gelb. Die Hinterschenkel sind sehr verdickt,
oben stark gebogen, unten mit einem vorspringenden grösseren und meh-
reren kleinen Zähnen versehen, ganz schwarz; die Hinterschienen etwas
gekrümmt, braungelb, mit einem schwärzlichen Ring im oberen Drittheil
und mit schwärzlicher Spitze, die Tarsen oben bräunlich, unten gelb.

2. *T. nigricornis* Ph. Tr. facie argentea; antennis et carina faciali nigris; thorace et scutello nigro-aeneis; abdominis segmentis primis luteis, quarto nigro-aeneo postice albo-marginato; pedibus atris. — Long. corp. 4 lin., extens. alar. 7½ lin.

Ad radicem Andium prov. Santiago cepit orn. Ferd. Paulsen mecumque communicavit.

Ein Männchen. Das Gesicht ist silberweiss, aber der Kiel kahl, schwarz und glänzend.

3. *T. flavimana* Ph. Tr. facie pallide flava; antennis rufo-fulvis; corpore nigro; abdomine maculis quatuor flavis ornato; alis paullulum infuscatis; pedibus anticis omnino flavis, reliquis luteo- et castaneo-annulatis. — Long. 3½ lin., extens. alar. 6 lin.

In prov. Santiago rara.

Ich besitze nur ein Männchen. Die Fühlerborste ist dunkelbraun. Das Schildchen ist gelb gesäumt. Der erste Hinterleibsring ist schwarz, der zweite hellgelb, sein Vorderrand, sein Hinterrand und ein Längsstreifen in der Mittellinie sind schwarz, so dass zwei hellgelbe Flecke entstehen; der dritte Ring ist ebenso, nur ist der Vorderrand nicht schwarz und der Hinterrand hat einen schmalen, gelben Saum; der vierte ist schwarz mit gelbem Hinterrand; der fünfte ganz schwarz. (Der Hinterleib ist also wie bei *Xylota pipiens*.) Die Vorderbeine sind ganz gelb; die Mittelbeine gelb mit einem schwarzbraunen Ring am Schenkel und einem schwarzen Fleckchen an der Schiene; die Hinterschenkel sind schwarz mit gelber Wurzel, die Hinterschienen braun mit gelbem Ringe in der Mitte, die Hintertarsen braun. — Das Gesicht ist kurz, mit schwachem Längskiel. Das letzte Drittel oder Viertel des Hinterschenkels springt unten in Gestalt einer zusammengedrückten Lamelle dreieckig hervor, welche mit nach hinten gerichteten Dornen besetzt ist. Der Submarginalnerv ist ziemlich gerade. Die Schwinger sind weiss.

Syrphus L.

Blanchard hat folgende neun Arten, von denen mir zwei unbekannt sind; ich kenne deren vier mehr.

1. *Syrphus Gayi* Macq. (*testaceicornis* Ejusd.) Gay VII. p. 409. „Coquimbo", geht bis Valdivia, ist nicht häufig.

2. *S. similis* Blanch. Gay l. c. p. 410. „Santa Rosa." Von Santiago, sehr selten.

3. *S. melanostoma* Macq. (*latefascies* Ejusd.) Gay p. 410. „Coquimbo." Bis Valdivia häufig. Ich kann an keinem Exemplare finden, dass die Seiten der Brust blassgelb sind, sie sind so broncegrün wie der Rücken.

4. *S. sexmaculatus* Macq. Gay VII. p. 411.

„Wahrscheinlich auch von Coquimbo." Ist mir unbekannt.

5. *S. Macquarti* Blanch. Gay VII. p. 411.

„La Serena." Geht bis Valdivia.

6. *S. calceolatus* Macq. Gay VII. p. 411.

„Coquimbo und anderwärts." Scheint in ganz Chile gemein zu sein.

7. *S. productus* Macq. Gay VII. p. 412.

„Von Coquimbo." Es ist keine Grösse angegeben und scheint nur das ♂ beschrieben zu sein. Dieses ist 4 Linien lang mit 7½ lin. Flügelspannung. Ich besitze diese Art auch von Valdivia. Als Weibchen rechne ich dahin eine Fliege mit **kurzem, länglich eiförmigem** Hinterleib und drei Paar weit grösseren gelben Flecken, auf welche freilich der Name *productus* nicht passt.

8. *S. auropulveratus* Macq. Gay VII. p. 412.

„Von Santiago etc." ist mir durchaus unbekannt.

9. *S. fenestratus* Macq. Gay VII. p. 413.

„Umgegend von Santiago." Sehr gemein bis Valdivia. Die atlasgrauen Querbinden des Hinterleibes sind in der Mitte unterbrochen, was a. a. O. nicht angegeben ist.

10. *S. poecilogaster* Ph. S. facie rufa, vertice virescente; antennis fuscis; thorace viridi-aeneo; scutello flavescente; abdomine supra nigro, guttis sex luteis ornato, apice nigro; pedibus fulvis, coxis femorumque basi nigris; alis vix infuscatis. — Long. 4½ lin., extens. alarum 10 lin.

In praedio meo Valdiviano cepi.

Es liegen zwei Weibchen vor. Der Körper ist mit weisslichen Härchen bekleidet, nur die Stirne trägt, wie gewöhnlich, schwarze Härchen. Von *S. Gayi* unterscheidet sich diese Art leicht durch die dunkleren Fühler, die weissliche nicht gelbe Behaarung, die geringe Grösse der gelben Flecken des Hinterleibes (bei *Gayi* nehmen sie mehr Raum ein als die schwarze Grundfarbe) und die ganzschwarze Spitze desselben. Näher scheint *S. sexmaculatus* zu stehen; dieser soll einen hellgelben (flavus) Kopf, grosse gelbe Flecke und braunrothe Spitze des Hinterleibes haben. Von einer broncegrünen Farbe der Stirn und des Scheitels ist bei *sexmaculatus* auch keine Rede.

11. *S. hortensis* Ph. S. facie flava, vitta nigro-aenea a vertice usque ad os producta; thorace viridi-aeneo, lateribus flavo; scutello flavo; abdomine lineari, nigro; guttulis duabus flavis in segmentis quatuor abdominis; pedibus luteo-ferrugineis. — Long. 3½ lin., extens. alar. 7 lin.

In hortis Santiago etc. usque ad Valdiviam frequens.

Der Körper ist mit weisslichen Härchen, die Stirn, wie gewöhnlich, mit schwärzlichen bekleidet. Sehr charakteristisch ist die breite broncegrüne, lebhaft glänzende Strieme des Gesichtes. Die Fühler sind gelb, das obere Drittel des letzten Gliedes aber braun. Die gelbe Strieme an den Seiten der Brust reicht vom Vorderrand bis an die Flügelwurzel. An den Seiten sind ein paar hellgelbe Flecke. Die beiden ersten gelben Flecken des Hinterleibes sind quergestellt, die folgenden stehen schräg und berühren sich bisweilen. Die Hinterschienen haben in der Mitte einen hellen Fleck.

Ich besitze eine Varietät, ein ♀, bei welchem die broncegrüne Strieme über den Fühlern durch eine gelbe Querlinie unterbrochen ist, und sich dann in Gestalt einer schmalen Linie nach unten fortsetzt. Es fehlen die schwarzen Striemen zwischen Auge und Mund und die Beine sind ganz hellgelb. Doch möchte ich sie vor der Hand nicht als eigene Art betrachten.

12. *S. chalconotus* Ph. S. capite aeneo, facie albo-micante; antennis rufo-fuscis; thorace scutelloque aeneis; abdomine nigro, maculis bis quatuor luteis ornato; pedibus luteis, tarsis nigrescentibus. — Long. corp. 3⅔ lin., extens. alar. 8 lin.

Semel prope Santiago cepi.

Scheitel, Stirn und Gesichtshöcker dunkel broncegrün, das Gesicht unter der Lupe weiss mit zahlreichen kreisrunden dicht gedrängten, bronceuen Fleckchen. Die ersten Fühlerglieder dunkelbraun, das letzte braunroth bis auf das obere Drittel, welches dunkelbraun ist. Der Körper ist mit weisslichen Härchen bekleidet. Die Brust, oben und unten, und das Schildchen dunkel broncegrün, die Hüften, Schenkel nud Schienen sind rothgelb. Von *S. melanostoma* sogleich durch das dunkel bronce-grüne Schildchen und die weit geringere Grösse verschieden.

13. *S. interruptus* Ph. S. facie scutelloque flavis; antennis rufis; thorace aeneo; abdomine nigro, fasciis quatuor luteis medio interruptis picto; pedibus flavis. — Long. 3¼ lin., extens. alar. 7 lin.

Frequens ab Illapel inde usque ad Valdiviam.

Anfangs habe ich diese Fliege für eine blosse Varietät von *S. cal-ceolatus* gehalten, allein man findet nie einen Uebergang. Zwischen ♂ und ♀ ist wie bei jener Art, vom Kopf abgesehen, kein anderer Unterschied, als dass letztere einen etwas breiteren Hinterleib hat. Die Zeichnung auf demselben ist allerliebst. Jede Hälfte der gelben Binde ist am Vorder-rande concav ausgebogen und nach der Mitte hin vorgezogen und wie in ein Knöpfchen abgerundet; auch haben die Seiten des Hinterleibes eine schmale gelbe Einfassung, welche bei *S. calceolatus* fehlt.

Doros Meig.

Doros? *odyneroides* Ph. D. corpore atro, opaco; antennis pedibusque rufis; abdomine basi valde coarctato, margine postico segmenti secundi tertiique flavo; alis striga mediana nigra, ante eam rufis, pone eam hya-linis. — Long. 6 lin., extens. alar. 11½ lin.

Specimina duo prope Corral capta suppetnut.

Vom Scheitel bis zur Wurzel der Fühler verläuft die Stirne in einer Ebene, dann ist das Gesicht etwas ausgehöhlt und der Mundrand wieder vorspringend, was nicht mit *Dorsos* übereinstimmt, von der Macquart sagt: tête obtusément conique, face convexe à proéminence. (Hist. nat. de ins. Dipt. I. p. 519.) Das Gesicht und der die Fühler tragende Höcker sind kahl, die Stirn mit kurzen schwarzen Härchen, der Scheitel mit schwarzen Borsten besetzt. Die Fühler sind ganz und gar rothgelb oder fuchsroth, selbst ihre Borste, welche kahl ist, der Rüssel ist schwarz, die Palpen spatelförmig, ziemlich lang. Auch dies will nicht recht mit *Doros* stimmen. Das erste und zweite Hinterleibssegment zusammen sind so lang als die Mittelbrust und genau in der Mitte der Länge eingeschnürt. — Die Schwinger sind braunroth mit gelblichem Stiel. Die Hälfte der Hinterschienen und die Hintertarsen sind schwarz. Augen kahl.

Ocyptamus Serv.

Wie bei der vorigen Art, so bin ich bei der gegenwärtigen zweifelhaft wegen des Genus.

Ocyptamus? *valdivianus* Ph. O. facie alba, antennis rufis; corpore supra aeneo; abdomine maculis quatuor luteis ornato; pedibus lutescentibus. — Long. 5 lin., extens. alar. 9 lin.

In prov. Valdivia, in praedio meo cepi.

Die kahlen Augen stossen beim ♂ zusammen. Der Scheitel ist broncegrün und mit weissen Haaren besetzt. Das Gesicht schimmert weiss, ist unter den Fühlern ausgehöhlt und hat ein ziemlich stark vorspringendes Epistom. Die braungelben oder braunrothen Fühler stehen in der halben Höhe des Kopfes auf einem bedeutenden, kegelförmigen Vorsprung; das dritte Glied ist kreisrund, mit langer, kahler, schwarzer Borste. Der Rüssel ist am Grunde und an der Spitze hellgelb, in der Mitte gelbbraun, die Palpen sind fadenförmig. Brust und Schildchen sind kahl, dunkel broncegrün, die Seiten der Brust sind weiss. Der Hinterleib ist schmal, linearisch, vorn nicht verschmälert, aber gegen das Ende verdickt und abgerundet, oben kahl, broncegrün, mit zwei Paar gelblichen Flecken geziert, das erste Paar auf dem zweiten Ring lang, schmal, seitlich gestellt, die auf dem dritten Ring kürzer, auf die hintere Hälfte beschränkt, bisweilen in der Mitte zusammenfliessend. Unten ist der Bauch gelb, mit dunkler Spitze. Die Seiten der Brust und des Hinterleibes tragen ziemlich lange weisse Haare. Die Flügel sind wasserhell mit gelblichem oder bräunlichem Stigma. Die Beine gelblich, ins Braune fallend. Beim Weibchen ist der Hinterleib kürzer, breiter, am Ende dreieckig, das letzte Segment mit gelblichen Seitenrändern.

Cheilosia Meig.

Cheilosia *aurantipes* Bigot. Ann. Soc. entom. Ser. 3. Tom. V. p. 297.

Ohne Angabe des Fundortes. Ist mir unbekannt.

Bacha Fabr.

1. *Bacha* *melanorrhina* Ph. B. corpore obscure aeneo; facie flava, macula sub antennis nigro-aenea; dorso thoracis flavido-limbato, lateribus flavo-maculatis, margine angusto scutelli maculisque parvis ad latera abdominis flavis; alis paullulum infumatis; pedibus posticis omnino nigris. — Long. 6 lin., extens. alar. 11 lin.

In praedio meo Valdiviano specimen cepi.

Scheitel und Stirn bis zum Fühlerhöcker sind dunkel broncegrün, das Gesicht schwefelgelb mit dunkel broncegrünem Gesichtshöcker. Fühler schwarz, Rüssel schwefelgelb. Die Brust hat oben zwei gelbweisse Striemen, die bis zur Flügelwurzel reichen und an den Seiten grosse weisse Flecke, die fast mehr Raum einnehmen als die Grundfarbe. Der Hinterleib ist am Grunde nur wenig verschmälert, das erste Segment hat eine gelbe, geschwungene Längsbinde an jeder Seite; das zweite, dritte, vierte haben einen hellgelben, dreieckigen Fleck jederseits am Grunde. Die Flügel sind etwas getrübt und die Stigmazelle bräunlich. Die Schenkel der vorderen Beine sind gelb, oben schwarz; die Schienen am Grunde hell, gegen die Spitze sowie die Tarsen schwärzlich. Die Hinterbeine sind durchaus schwarz.

2. *B.* *flavicornis* Ph. B. facie antennisque flavis; thorace supra aeneo, lateribus omnino flavo; abdomine nigro-aeneo, lateribus flavo-maculato; alis hyalinis, pedibus flavescentibus. — Long. 5 lin., extens. alar. 10 lin.

Pariter in praedii mei Valdiviani nemoribus cepi.

Scheitel und Stirn sind bis zum Fühlerhöcker broncegrün, aber das Gesicht, nebst dem Höcker weisslich gelb. Der Rüssel ist gelbweiss, die Fühler braungelb. Die Oberseite der Brust, Schildchen und Hinterleib sind broncegrün, wie bei der vorigen Art. Die Flügel sind fast ganz wasserhell, nur die Stigmazelle etwas getrübt. Sämmtliche Beine sind hell, gelblich, auf der oberen Seite etwas bräunlich. Die Schwinger braun auf weissem Stiel.

3. *B.* *lugubris* Ph. B. omnino atra, thorace aeneo-micante; alis valde infumatis, fuscis. — Long. 6 lin., extens. alar. $10\frac{1}{2}$ lin.

Prope Coral invenit orn. Krause.

Scheitel und Stirn sind mit schwarzen Härchen besetzt; die Seiten des Gesichts sind dunkelgelb, die breite Mitte dunkel schwarzgrün. Die Fühler sind klein; das letzte Glied rothbraun, Brust und Hinterleib sind durchaus grünschwarz, mit Metallglanz. Die Schenkel der vorderen Beine sind unten mit langen, feinen weissen Härchen besetzt, die der Hinterbeine sind kahl. Zwei gelbe Flecke an jeder Seite des Hinterleibes fallen wenig in die Augen, am meisten der hintere, der sich auf den Bauch fortsetzt. Im März d. J. habe ich in Corral ein Exemplar erhalten, bei dem das Gesicht an den Seiten hellgelb ist, eine gelbe, wenig in die Augen fallende Längsbinde vom Vorderrand der Brust jederseits bis zum Ursprung der Flügel reicht, und die gelben Flecke an den Seiten des Hinterleibes heller, grösser und sehr auffallend sind, die beiden hinteren vereinigen sich auf dem Bauch zu einer Binde. Die Augen stossen zusammen.

4. *B. conopida* Ph. B. nigra, facie rufo-castanea; striga abbreviata antica thoracis; scutello, basi segmenti secundi abdominis, margine angusto segmentorum 2. 3. 4., genubus, basique tibiarum flavis; alis hyalinis puncto centrali et stigmate elongato nigricantibus. — Long. 6 lin., extens. alar. 9½ lin.

Specimen ab orn. Ferd. Paulsen captum in prov. Santiago.

Der Leib erscheint auf den ersten Blick kahl, ist aber in Wirklichkeit mit sehr kurzen Härchen bedeckt. Die Fühler sind schwärzlich. Das zweite Glied des Hinterleibes ist sehr dünn, cylindrisch, und nimmt fast den dritten Theil der ganzen Körperlänge ein; die folgenden sind breit, biruförmig. Die hellgelbe Strieme der Brust fängt am Vorderrand an und erreicht nicht die Flügelwurzel. Die Mediastinalzelle der Flügel ist anfangs gelblich, dann schwarz; eine abgekürzt schwärzliche Querbinde in der Mitte der Länge am Ende der ersten Basilarzelle.

5. *B. valdiviana* Ph. B. fronte, thorace, scutelloque aeneis; facie flava; abdomine aeneo, flavo-annulato; alis hyalinis fusco-tripunctatis, pedibus testaceis. — Long. 4 lin., extens. alar. 6 lin.

In porta Corral sub finem Martii 1859 cepi.

Die Fühler sind hellgelb, am obern Rand dunkelbraun; der Rüssel braun, die Taster hellgelb. Beim Männchen ist die Brust einfärbig, beim Weibchen zeigt sie drei gelbe Striemen, auch hat bei diesem das Schildchen einen gelben Rand. Brust und Schildchen sind kahl, der Hinterleib schwach flaumhaarig. Von den blassgelben Binden des Hinterleibes haben die ersten beiden Glieder je zwei Binden, das dritte Glied nur eine am Grunde; diese Binden gehen rund um den Leib und sind auf der Bauchseite am breitesten, auf der Rückenseite schmal. Die Beine sind schalgelb, die Tarsen dunkler. Die Flügel sind glashell, das Flügelmal dunkler, auch die beiden Queradern sind bräunlich eingefasst, was beim ♀ mehr auffällt als beim ♂; sämmtliche Längsadern erreichen den Rand.

Hybotidae Meig.

Zu dieser Familie rechne ich eine kleine Fliege, die ich in keine der bekannten Gattungen unterbringen kann.

Sphicosa Ph.

Caput parvum, globosum. Proboscis horizontalis, capite longior; palpi (brevissimi?). Antennae in media attitudine capitis insertae, triarticulatae; articulis duabus basalibus subaequalibus, brevibus; tertio ovatooblongo, acuminato; stylus terminalis brevis, cylindricus. Thorax convexus; abdomen conicum, thoracem bis aequans. Alae cellulis submarginalibus duabus; posterioribus tribus; anali brevissima, minima, clausa. Pedes mediocres, femora postica haud elongata, neque incrassata.

Durch das Vorhandensein von zwei Submarginalzellen ausgezeichnet.

Sphicosa *nigra* Ph. Sph. omnino atra; alis hyalinis. — Long. corp. 1⅔ lin.

Bei Santiago im October 1859 gefangen.

Scheitel und Hinterkopf sind mit schwarzen, mässig langen Borsten besetzt, ebenso die Brust. Der Hinterleib ist ziemlich kahl. Der Rüssel ist etwa 1½ mal so lang als der Kopf, die Fühler fast eben so lang als dieser. Die Beine sind mässig behaart, ziemlich gleich lang; die Schenkel einfach, ziemlich dünn, die Schienen so lang als die Schenkel; die Tarsen fast so lang als die Schienen. Zwei Haftlappen.

Scelolabes [1]) Ph.

Caput globosum. Antennae articulis duobus primis brevibus, subcylindricis, subaequalibus, tertio antecedentes fere bis aequante, vix latiore, acuminato, seta fere aeque longa terminato. Proboscis brevissima (in cavitate buccali recondita). Alarum cellula submarginalis unica, posticae tres; analis clausa, parva; basiliares duae, elongatae, aequales; discoidalis. Abdomen gracile subcylindricum. Pedes anteriores simplices, postici raptatorii.

Die Bildung der Fühler und der kurze Rüssel sind ziemlich wie bei *Brachystoma*, allein die Hinterbeine sind von *Pachymeria* und das Aderwerk der Flügel ist wie bei *Hybos*, nur ist die Analzelle kleiner.

Scelolabes *bivittatus* Ph. Sc. thorace nitido, fulvo, atro-bivittato; abdomine nitido, fulvo et castaneo-annulato; alis hyalinis; pedibus testaceis. — Long 3¼ lin., extens. alar. 8 lin. — V. tab. IV. f. 1.

---

[1]) σκέλος, Schenkel, λαμβάνειν, ergreifen, der mit den Schenkeln ergreift.

In prov. Valdivia marem cepi.

Der Kopf ist hinten aschgrau. Die beiden ersten Fühlerglieder sind rothgelb, das dritte schwärzlich. Die Brust ist stark gewölbt, glänzend, mit feinem kurzem Flaum bedeckt, zwei lange schwarze Borsten stehen am Ursprung der Flügel, etwas entfernt von einander; zwei am Hinterrand des Schildchens. Die Schwinger sind hellgelb. Die Schenkel sind mit ziemlich langen, steifen Haaren besetzt, die Schienen sind kurz und dicht behaart und haben die eine und andere Borste; die Hinterschenkel sind verlängert und verdickt; ihre Schienen eingeschlagen, kaum ⅔ so lang.

Homalocnemis [1]) Ph.

Caput parvum globosum. Antennarum articulus secundus elongatus, lanceolato-subulatus, apice sensim in setam continuatus. Proboscis recondita. Thorax valde gibbosus. Alarum cellulae submarginales duae, cellulae posteriores tres, analis elongata. Femora non incrassata, tibiae apice nec non articuli duo primi tarsorum in mare dilatati.

Die lange Analzelle ist wie bei *Hybos*, allein die Hinterschenkel sind nicht verdickt, es sind zwei Submarginalzellen vorhanden, die Fühler sind anders beschaffen etc.

Homalocnemis nigripennis Ph. II. nigra; thorace nigro-cinereo, atrovittato; alis fere nigris. — Long. 2½ lin., extens. alar. 5½ lin.

E coll. orn. Ferd. Paulsen.

Ein Männchen. Der Kopf ist zusammengeschrumpft und der Rüssel ist nicht zu sehen; man erkennt aber, dass die Augen zusammenstossen; die Flügel haben noch das Ausgezeichnete, dass die Ader, welche die Marginalzelle von der Submarginalzelle trennt, sich vor dem Ende nach vorn umbiegt und unter einem rechten Winkel den Vorderrand trifft; im letzten Drittel der Marginalzelle ist ein fast schwarzes Randmal; die zweite Submarginalzelle ist kurz; die Analzelle ist gross, aber die Analader erreicht der Rand nicht.

Apalocnemis [2]) Ph.

Caput globosum. Proboscis horizontalis, brevis, vix ex ore prominens. Antennarum articulus terminalis ovatus, apice setam longam, crassiusculam gerens. Thorax satis gibbosus. Alarum cellulae submarginales duae, posticae tres, analis minuta. Pedes graciles, femora neutiquam incrassata.

Hat die zwei Marginalzellen mit *Hybos, Homalocnemis, Sphicosa* gemein,

---

[1]) ὁμαλός eben, platt und κνημις Schiene.
[2]) ἀπαλός zart und κνημις Schiene.

die kleine Analzelle mit *Ocydromia* und *Leptopeza*; die Fühler sind wie bei letzterer Gattung, von der sich *Apalocnemis* durch drei vollständige Hinterzellen und zwei Submarginalzellen wesentlich unterscheidet; *Sphicosa* hat ganz andere Fühler, langen Rüssel etc.

Apalocnemis obscura Ph. A. thorace cinereo, atro-vittato; antennis abdomineque atris; alis paullo infuscatis; pedibus piceis, tibiis tarsisque pallide fuscis. — Long. 2¼ lin., extens. alar 5½ lin.

E coll. ornat. Ferd. Paulsen.

Die Augen stossen auf dem Kopf zusammen, also haben wir es wohl mit einem ♂ zu thun. Von den vier tiefschwarzen Striemen der Brust sind die seitlichen breiter aber kürzer und ausserdem ist noch auf jeder Seite der Brust ein tief schwarzer Fleck. Das Schildchen ist aschgrau. Der ganze Körper ist mit abstehenden Haaren bekleidet. Die Flügel haben kaum eine Andeutung vom Randmal.

Empides Latr.

Empis L.

Bei Gay finden wir von Blanchard vier Arten aufgeführt, eine beschreibt Bigot a. a. O.

1. *Empis catoxanthus* Bl. p. 372. t. 3. f. 3.
„Von Coquimbo.“

2. *E. nudipes* Macq. p. 273.
„Von Santiago.“

3. *E. pachymera* Macq. p. 273.
„Von Santiago.“ Nicht gar selten. Das Männchen hat ganz gelbe Schenkel. Die Flügel haben einen, freilich wenig in die Augen fallenden Stigmafleck.

4. *E. polita* Macq. p. 273.
„Von Santiago.“ Ich besitze sie auch aus der Provinz Aconcagua. Auch die Hintertarsen sind gelblich.

5. *E. variabilis* Big. l. c. p. 291.
Ohne Angabe des Fundortes. Findet sich am Fuss der Cordillere von Santiago.

Das Museum besitzt noch folgende Arten:

6. *E. poecila* Ph. E. capite nigro; thorace rubro, abdomine atrocaeruleo, nitido; pedibus atris; alis nigris. — Long. 5½ lin., extens. alar. fere 12 lin.

Prope Corral in Valdivia lecta.

Ich besitze ein Männchen. Zwischen den Augen und unterhalb der Fühler stehen weisse Borsten. Der Rüssel ist etwa zweimal so lang als

der Kopf. Rücken und Seiten der Brust sind gelbroth, mit schwärzlichen
Härchen besetzt; die Unterseite der Brust ist schwarz. Auf dem Rücken
derselben erkennt man nur mit Mühe grauliche Striemen. Das Schildchen
ist gelbroth, mit einem grossen schwarzen Fleck auf der Oberseite. Der
Hinterleib ist glänzend blauschwarz, ins Violette ziehend und mit weissen
Härchen besetzt. Die Beine sind tiefschwarz, flaumhaarig, das erste
Tarsenglied der Vorderbeine ist nicht ausgezeichnet; die Hinterschenkel
sind fast doppelt so lang als die vorderen aber nicht verdickt; die Schienen sind so lang als ihre Schenkel. Die Flügel sind schwärzlich, nach
vorn selbst tiefschwarz. Schwinger schwarz.

7. *E. argyrozona* Ph. E. capite nigro; thorace nigro, cinereo-stri-
gato; abdomine supra nigro, holosericeo, segmentis quarto quintoque argenteis, subtus cinereo; pedibus pallide fuscis; alis parum infuscatis. — Long.
3 lin., extens. alar. $7\frac{1}{2}$ lin.

Prope Corral cepi.

Zwei Weibchen. Die Augen sind dunkelbraun, tief ausgeschnitten.
Scheitel und Hinterkopf sind sammtschwarz, letzterer schillert jedoch —
von der Seite gesehen — aschgrau; das Untergesicht ist mäusegrau, die
Fühler sind schwarz. Der Rüssel ist $1\frac{1}{2}$mal so lang als der Kopf, rothgelb
mit schwarzer Spitze; die Taster sind schalgelb. Die Brust ist oben schwarz
und zeigt im vorderen Theil graue Striemen; an den Seiten und unten
ist sie grau. Sehr schön macht sich die silberweisse Binde auf dem sammtschwarzen Hinterleib; sie nimmt gewöhnlich auch noch den Hinterrand
des dritten Ringes ein. Die Beine sind dicht, aber fein und ziemlich
kurz behaart. Die Flügel sind nur wenig getrübt, aber die erste Zelle
ist schwärzlich.

8. *E. Landbecki* Ph. E. capite, thorace, abdomineque nigris; margine segmentorum abdominis fusco; pectore griseo; alis hyalinis, stigmate
nigricante; pedibus fuscis, articulo primo tarsorum anticorum et mediorum
incrassato. — Long. 3 lin., extens. alar. 6 lin.

Prope Valdiviam ♂ cepit orn. Landbeck.

Das dritte Fühlerglied fehlt bei meinem Exemplare. Der Rüssel ist
zweimal so lang als der Kopf und schwarz; die horizontalen Palpen sind
rothgelb, lang behaart. Der Hinterleib endigt mit einer nach oben gerichteten, halbmondförmigen Platte und einer zweiten, grösseren, welche nach
oben in einen langen, fast nach vorn gekrümmten Dorn endet. Die Vorderschienen sind cylindrisch, erscheinen aber auf den ersten Blick keulenförmig, indem die Haare, welche sie bekleiden, gegen die Spitze hin immer
länger werden, das erste Tarsenglied ist eiförmig, gross, in der halben
Länge nach innen gebogen; die Schienen der mittleren Beine sind an der
Spitze mit 4—6 Dornen gekrönt, und vom Knie an lang und gleichmässig
behaart, das erste Tarsenglied ist auch breit und eiförmig, lang behaart,
nach vorne verschmälert, kleiner als das entsprechende Glied der Vorder-

beine; die Hinterschenkel sind nicht verdickt. — Die verbreiterten Tarsenglieder sind wie bei *Hilara*, aber die kurze zweite Submarginalzelle und der lange Rüssel sind von *Empis*.

9. *E. valdiviana* Ph. E. supra nigra, ad latera cinerea; rostro dimidiam corporis longitudinem aequante, testaceo; alis paullulum infumatis; regione stigmaticali fusca, pedibus testaceis, posticis obscurioribus; tarsis nigricantibus. Long. corp. $2\frac{1}{2}$ lin., extens. alar. $5\frac{1}{2}$ lin.

In praedio meo Valdiviano feminam cepi.

Auch die Hüften sind gelblich; die Schwinger sind weiss. Der oben gelbe, unten schwarze Rüssel ist wohl dreimal so lang als der Kopf.

10. *E. ochropus* Ph. E. cinerea; thorace vittis quatuor fuscis; abdomine subtus flavescente; antennis nigris; alis hyalinis, macula stigmaticali fusca; pedibus testaceis, tarsis obscurioribus. Long. corp. $2\frac{1}{2}$ lin.

In colli S. Cristóval dicto Nov. 1859 marem cepi.

Der Rüssel ist fast zweimal so lang als der Kopf, schwarz; die Palpen aber sind weiss, und ebenso die Schwingkölbchen und Flügelschuppen. Der Körper ist wenig behaart. Die Beine sind kürzer und die Schenkel verhältnissmässig dicker als bei den meisten Arten.

11. *E. flavinervis* Ph. E. corpore omnino cinereo; alis hyalinis, nervis flavis; pedibus flavis. Long. corp. $1\frac{2}{3}$ lin.

E prov. Colchagua feminam attulit ornat. Landbeck.

Der Rüssel ist sehr kräftig, zweimal so lang als der Kopf, glänzend schwarz. Die Fühler sind eben so grau als die Brust und der Hinterleib. Die Flügeladern sind gelb, was diese Art vor allen chilenischen auszeichnet. Schwingkölbchen und Beine, einschliesslich Trochanter und Hüften sind hellgelb, dünn und lang wie gewöhnlich.

12. *E. tephrodes* Ph. E. corpore omnino cinereo; thorace nigro-vittato; alis hyalinis, nigro-venosis; pedibus posterioribus subincrassatis. Long. corp. $1\frac{1}{2}$ lin.

Octobri 1859 in colli S. Cristóval cepi.

Der Rüssel ist nur wenig länger als der Kopf, tief schwarz, die Palpen sind weisslich. Die Fühler sind ebenfalls schwarz. Die Brust hat schwarzbraune Striemen. Die Flügel sind nur wenig getrübt; die Schwinger weiss. Die Hinterschenkel sind so lang als der Hinterleib.

13. *E. gracilipes* Ph. D. corpore pedibusque nigris; alis vix infuscatis; proboscide caput cum prothorace aequante; femoribus posticis elongatis, tenuibus. Long. corp. $1\frac{1}{2}$ lin.

Prope Corral in prov. Valdivia Martio 1859 ♀ cepi.

Die Brust ist oben mit einzelnen langen Haaren besetzt. Die Beine sind auffallend dünn; die Hinterschenkel ragen noch etwas über den Hinterleib hinaus, die Schienen sind so lang als die Schenkel.

14. *E. brachystoma* Ph. E. cinerea, rostro capite breviore, nigro;

alis hyalinis iridiscentibus; pedibus fuscis, posticis elongatis, incrassatis, valde villosis. Long. corp. 2 lin., extens. alar. 4 lin.

In prov. Valdivia ♀ cepi.

Auf den ersten Blick der *E. tephrodes* ähnlich, allein doch sogleich durch den kurzen Rüssel, die längeren Hinterbeine, deren Schenkel und Schienen stark verdickt und sehr dicht mit ziemlich langen, steifen Haaren besetzt sind, zu unterscheiden. Die Fühler sind schwarz und genau so wie bei den andern *Empis*-Arten beschaffen, von denen der kurze Rüssel sehr abweicht.

15. *E. fulva* Ph. E. antennis proboscideque basi fulvis, apice nigris; thorace fulvo, vittis tribus nigris ornato; abdomine supra nigro, subtus fulvo; alis infuscatis; pedibus fulvis, tarsis nigricantibus. Long. 4 lin.

Corral in prov. Valdivia.

Ich fing im März 1859 ein Männchen. Die Stirn ist breit, dunkel rostgelb, mit einer breiten, sammtschwarzen Längsbinde. Der Rüssel ist so lang als der Kopf. Von den drei Striemen der Brust ist die mittlere breit, die seitlichen schmal, jede trägt eine Reihe Borsten. Die Schenkel sind ziemlich gleich lang; das erste Tarsenglied an den Vorderbeinen ist verdickt. Am Ende des Hinterleibes sind zwei grosse, halbmondförmige Lamellen, deren oberer Winkel spitz und frei ist, und in eine horizontale, nach vorn gerichtete Borste ausläuft. Aehnlich wie bei *E. Landbecki.*

16. *E. dumetorum* Ph. E. cinerea; thorace nigrivittato; abdomine apice luteo; alis hyalinis; pedibus nigris; femoribus posticis basi et subtus luteis; proboscide nigra, caput ter aequante. Long. 3¼ lin., extens. alar. 6½ lin.

Prope Santiago ♀ cepi.

Kopf und Brust sind mit einzelnen schwarzen Borsten bekleidet. Der Hinterrand des Schildchens ist gelb, das Hinterschildchen grau, mit schwarzer Mittelstrieme. Der Rand des ersten Hinterleibssegmentes ist gelb, die letzten Segmente sind ganz gelb. Die Schwinger sind weiss; die Hinterschenkel nicht verdickt. Der in der hinteren Hälfte gelbe Hinterleib, der lange Rüssel, der Mangel des Stigmaflecks unterscheiden sie von *E. nudipes*; die schwarzen, nicht gelben Hinterschienen, der gelbe Hinterleib, die hellen Flügel von *E. polita* Macq., bedeutendere Grösse, längerer Rüssel, dunkle Beine, dünne Hinterschenkel von *E. pachymera.*

17. *E. collina* Ph. E. atra; thorace cinereo-vittato; abdomine aterrimo, nitidissimo; alis parum infuscatis; pedibus aterrimis, basi tibiarum posticarum luteo; proboscide caput quater et ultra aequante. Long. 2¾ lin., extens. alar. 6½ lin.

In colli S. Cristóval prope Santiago ♀ inveni.

Es ist kein Stigmafleck vorhanden. Kopf, Brust und Schildchen

sind schwarzborstig, die letzten Hinterleibsringe auf dem Rücken vollkommen kahl. Auch die Basis des ersten Tarsengliedes der Hinterbeine
ist braungelb. Auf dem linken Flügel ist in meinem Exemplare nur eine
Submarginalzelle vorhanden.

18. *E. pachystoma* Ph. E. e cinereo nigra; alis hyalinis, macula
stigmaticali nigrescente; tibiis basique tarsorum pallide fuscis; proboscide
caput sesquies aequante, incrassata. Long. fere 2 lin.

Eodem loco cum priore cepi.

Auf der Brust kann ich keine Striemen erkennen. Die Unterlippe
ist in den letzten zwei Dritteln verdickt. Hiedurch sowie durch die grauen
Stigmaflecken unterscheidet sie sich sogleich von *E. tephrodes*.

19. *E.? macrorrhyncha* Ph. E. cinerea; rostro capillari bis tertiam
corporis longitudinem aequante, basi testaceo; thorace supra nigro; abdomine in ♂ valde gracili, supra fusco; alis infumatis, pedibus longissimis, pallide fuscis. Long. 5 lin., extens. alar. 11 lin. Siehe Abbildung.

In praedio meo Valdiviano marem cepi.

Der lange Rüssel, die überaus langen Beine, der sehr schlanke
Hinterleib sind sehr abweichend von den übrigen Arten. Die Augen
scheinen braunroth gewesen zu sein. Die Fühler sind schwärzlich; das
zweite Glied ist beinahe kugelig, etwa den dritten Theil so lang als das
erste; das dritte ist kaum viel länger als die beiden ersten zusammengenommen, an der Basis kaum dicker, der Endgriffel kurz und dick. Der
Hinterleib ist oben schwärzlich, mit hellen Einschnitten; der letzte Ring
ist eine eiförmige spitzliche Platte auf dünnem Stiel mit zwei stark behaarten Griffeln oben, die mehr hervortreten als die analogen von *E.
fulva* und *Landbecki*. Die Flügel sind stark getrübt, namentlich in der
Gegend des Stigmas; die Schwinger sind hellbraun. Die Vorderhüften
sind stark verlängert; die Vordertarsen ringsum mit langen schwarzen
Haaren bekleidet; auch die Hintertarsen sind sehr haarig, wenn auch
nicht so stark wie die ersten.

20. *E. spinulosa* Ph. E. atra; thorace antice griseo-vittato; alis
hyalinis, stigmate infuscato; femoribus subtus spinuloso-setosis; tibiis
nec non primo tarsorum articulo obscure rufis. Long. 2½ lin.

In praedio meo Valdiviano ♂ Januario 1864 cepi.

Kurz und gedrungen. Der Hinterkopf, die Seiten der Brust und die
Hüften schimmern grau. Der Rüssel ist kaum länger als der Kopf, die
Unterlippe schwarz, die Borsten roth. Die Schenkel sind kaum, am ersten
noch die Vorderschenkel verdickt zu nennen, und auf der Unterseite mit
kurzen, dornenähnlichen Borsten besetzt. Das erste Tarsenglied der Vorderbeine ist etwas verdickt, nicht stärker behaart als die anderen Tarsenglieder. Die Schwinger sind weiss.

21. *E. dumicola* Ph. E. rostro caput vix superante testaceo apice
nigro; thorace cinereo, vittis obscuris; abdomine nigricante; alis hyalinis,

macula stigmaticali fusca; pedibus pallide fuscis, posticorum elongatorum
femoribus subtus brevissime spinuloso ciliatis. Long. fere 3 lin., extens.
alarum 7 lin.

Provinciam Santiago inhabitat; e coll. orn. F. Paulsen.

Ein Männchen. Gesicht und Scheitel sind aschgrau; die ersten Fühlerglieder gelblich, das dritte fehlt bei meinem Exemplare. Die Brust ist hell aschgrau mit weisslichem Schimmer und vier dunkleren braunen Striemen, von
denen die beiden mittleren sehr schmal, die seitlichen abgekürzt sind. Der
Hinterleib ist oben schwärzlich, unten röthlich, sein Zangenapparat
schwärzlichbraun. Die Flügel sind normal; die Schwinger bräunlich mit
weissem Stiel. Die Hüften und Trochanteren sind bräunlichweiss, die
Schenkel, Schienen und Tarsen blassbraun, das erste Glied der Vordertarsen mässig verdickt.

Aplomera Macq.

Aplomera Gayi Macq. Gay VII. p. 874.
„Von Santiago" ist mir unbekannt.

Pachymeria Macq.

1. *Pachymeria argentata* Ph. P. capite cinereo: antennis nigris,
thorace cinereo, nigro-vittato; abdomine supra argenteo; alis hyalinis,
pedibus fulvis. Long. 1½ lin.

E prov. Valdivia.

Der Rüssel ist schwarz, so lang als der Kopf. Der Hinterleib ist
im Verhältniss zu anderen Arten kurz und dick. Die Flügel sind glashell,
mit schwarzen Adern. Die Beine sind flaumhaarig und mit Ausnahme der
Hüften, welche grau sind, braungelb; die Hinterschenkel sind verlängert
und verdickt, die Hinterschienen gegen dieselben umgeschlagen, gekrümmt,
nur halb so lang. Die Schwinger sind blassgelb.

2. *P. annulata* Ph. P. capite, thorace, abdomineque atris, nitidis;
pedibus ferrugineo-testaceis; femoribus posticis abdomen parum superantibus, inferius denticulatis, nigro annulatis; tibiis anticis maris longe
pilosis; alis hyalinis. Long. 1½ lin.

Pariter prov. Valdiviam inhabitat.

Der Rüssel ist kaum kürzer als der Kopf, braun. Die Flügel sind
sehr schwach getrübt, beinahe wasserhell, und die Schwinger sind weiss.
Die Beine sind im Allgemeinen mässig behaart; die Vorderschienen des ♂
haben aber an beiden Seiten Haare, welche fast so lang sind als die
Schienen und unter einem rechten Winkel abstehen. Die Hinterschenkel
reichen über den Hinterleib hinaus und sind ganz gerade; ihre Tibien
sind drei Viertel so lang, mässig gekrümmt, am Ende mit einem Haken

oder Dorn. Die Farbe der Beine ist ein schmutziges, dunkles Gelb, und die Hinterschenkel sind in der hinteren Hälfte schwarz mit gelber Spitze.

3. *P. obscurata* Ph. P. omnino atra, nitida; alis infumatis. Long. 1⅔ lin.

Prope Corral Martio 1859 cepi.

Der Rüssel ist etwas kürzer als der Kopf. Der Hinterleib ist schlank. Die Hinterschenkel ragen bedeutend über denselben hinaus und sind gerade; die Hinterschienen sind etwa ⅗ so lang, wenig gekrümmt. Die Beine sind dicht und ziemlich lang behaart, vor Allem die Schienen und noch mehr die Vordertarsen des Männchens, deren erstes Glied auch etwas verdickt ist. Die Flügel sind getrübt und die Schwinger schwärzlich.

4. *P. brachygastra* Ph. P. corpore antennisque nigris, thorace aeneo-nitente; pedibus testaceis, annulo femorum posticorum, a b d o m e n b i s a e q u a n t i u m fusco; alis hyalinis. Long. 1¼ lin.

In prov. Valdivia inveni.

Der Rüssel ist etwas kürzer als der Kopf, dunkelbraun. Die Hinterschenkel sind gleichmässig vom Anfang an bis zur Spitze verdickt, die Hinterschienen drei Viertel so lang, fast ganz gerade, ohne Dorn am Ende. Die Flügel sind beinahe wasserhell, die Schwinger gelblich. Von *P. annulata* durch längere Hinterschenkel, die unten nicht gezähnelt sind und gerade Hinterschienen, ohne Dorn am Ende, verschieden.

5. *P. modesta* Ph. P. corpore, capite, antennisque fuscis; alis paullulum infumatis; proboscide pedibusque anterioribus pallide fuscis, posticis parum obscurioribus. Long. corp. 2¼ lin.

In prov. Valdivia ♂ inveni.

Der Rüssel ist so lang als der Kopf, von vorne gesehen braun, an den Seiten weisslich. Die vorletzten Hinterleibsringe sind mit langen, aufrecht stehenden, bräunlichen Haaren bekleidet. Die Beine sind ziemlich stark behaart. Das erste Tarsenglied der Vorderbeine ist verbreitert, aber auch sehr verlängert, etwa 4mal so lang als breit und ⅔ so lang als seine Schienen; die folgenden Tarsenglieder sind zusammengenommen so lang als das erste. Die Hinterschenkel ragen nicht sehr weit über den Hinterleib hinaus (beim Weibchen wahrscheinlich mehr); die wenig gekrümmten Schienen sind ⅔ so lang. Die Hüften sind beinahe weiss, dessgleichen die Schwinger.

6. *P. obscuripennis* Ph. P. capite cinereo; antennis nigris; thorace cinereo, fusco-vittato; abdomine nigro, glauco-micante; alis infumatis concoloribus; pedibus pallide fuscis. Long. 3 lin., extens. alar. 8⅓ lin.

In prov. Valdivia ♀ cepi.

Der Rüssel ist genau so lang als der Kopf; die Stirn schwarz, das Gesicht silberweiss glänzend. Die Flügel sind nussbraun mit schwarzem Randmal; die Schwinger grau. Der Hinterleib ist beinahe kahl, von der Seite gesehen grau, wie bereift. Die Beine sind mit feinen kurzen Härchen bekleidet. Die Hinterschenkel sind kaum länger als der Hinterleib, die Hinterschienen $^4/_5$ so lang als die Schenkel, wenig gekrümmt; die Tarsen so lang als die Schenkel.

7. *P. rubripes* Ph. P. corpore nigro; alis hyalinis; pedibus rubroferrugineis, posticis maximis; tibiis eorum valde incurvatis, modo dimidium femoris aequantibus. Long. $2^1/_2$ lin., extens. alar. fere 6 lin.

Valdivia.

Ich besitze ein Männchen, dem das dritte Fühlerglied fehlt; die beiden ersten sind schwarz. Der Rüssel ist schwarz, so lang als der Kopf, die Taster sind hellgelb. Die Brust ist flaumhaarig. Die Schwinger sind weiss. Die Beine sind rostroth, flaumhaarig, sehr lang, namentlich die hinteren, deren Schenkel weit über den Hinterleib hinausragen, und verhältnissmässig gegen andere Arten sehr stark verdickt sind. Die Tarsen sind so lang als die Schienen.

8. *P. fulvipes* Ph. P. capite corporeque nigris; halteribus pedibusque luteo-testaceis; femoribus posticis abdomine brevioribus, tibiis eorum fere $^3/_4$ femorum aequantibus; tarsis nigricantibus. Long. $1^3/_4$ lin.

E collect. orn. Ferd. Paulsen.

Der Rüssel ist so lang als der Kopf. Das zweite Fusspaar hat keine verdickten Schenkel. Von *P. argentata* unterscheidet sich gegenwärtige Art durch den kohlschwarzen Hinterleib, von *P. rubripes* durch geringere Grösse und im Verhältniss weit kürzere Hinterschenkel.

Rhamphomyia Mfmg.

Rhamphomyia tephrodes Ph. Rh. pallide cinerea; alis hyalinis, margine in regione stigmatis fusco; pedibus pallide fuscis. Long. $1^2/_3$ lin.

E prov. Santiago, ni fallor.

Ich besitze nur ein Männchen. Die Fühler sind schwarz, ebenso der Rüssel, welcher etwa $1^1/_2$–$1^1/_3$mal so lang als der Kopf ist. Der Brustrücken hat keine Striemen. Die Beine sind sehr lang, mit langen, abstehenden, weisslichen Haaren besetzt; das erste Tarsenglied der Vorderbeine ist verbreitert.

Hilara Meig.

1. *Hilara lugens* Ph. H. atra, abdomine pilis longis fulvis hirsuto; alis valde infumatis; pedibus valde hirsutis; articulo primo tarsorum anticorum dilatato. Long. fere 4 lin., extens. alar. 9 lin.

Prope Corral in prov. Valdivia vivit.

Ich besitze zwei Männchen; bei dem einen ist der Rüssel so lang als der Kopf, beim andern fast zweimal so lang! Der Kopf ist sammtschwarz mit einzelnen langen Härchen bekleidet. Die Fühler sind ebenfalls

tief schwarz; das dritte Glied so lang als die beiden ersten zusammen oder
noch etwas länger; der Griffel etwa den dritten Theil so lang als das
vorhergehende Glied, cylindrisch, mit ganz kleinem, dünnen Endglied.
Die Brust ist grauschwarz mit sammtschwarzen Striemen, oben mit kürzeren, an den Seiten mit längeren Härchen besetzt. Das Schildchen ist
oben glänzend schwarz, wie lackirt, mit langen schwarzen Borsten gewimpert. Der Hinterleib ist sammtschwarz, die Ränder seiner Segmente
mit langen, rothgelben Haaren besetzt. Die zweite Submarginalzelle ist
nicht viel länger als bei *Empis*. Die Haare am untern Theil der Vorderschienen und auf dem verbreiterten ersten Tarsengliede der Vorderbeine
sind kaum länger als die übrigen Haare der Beine, stehen aber weit
dichter, auch das erste Glied der Mitteltarsen ist verbreitert, aber nur
halb so gross als das entsprechende Glied der Vordertarsen. Der Ge-
nitalapparat ist zusammengedrückt, aber nicht wohl mit ein paar
Worten zu beschreiben.

2. *H. priseiventris* Ph. H. nigra, thorace antice griseo-vittato; alis
hyalinis, ad marginem anticum vix infuscatis; ventre griseo; pedibus
fuscis. Long. ♂ 3⅓ lin.

E prov. Valdivia.

Die Fühler sind von *Hilara*; der Rüssel ist kaum so lang als der
Kopf, vorgestreckt 1¼mal so lang, gelbroth mit schwarzer Spitze, aber
die Unterlippe ist schwarz. Die Haare des Hinterleibes sind graulichgelb,
auf dem Rücken sehr kurz, an den Seiten lang; die Unterseite desselben
ist hellgrau, und dieselbe Farbe zeigen die Seiten der Brust. Die Füsse
sind ebenso behaart wie bei der vorigen Art, und ist ebenfalls beim ♂
das erste Tarsenglied der Vorder- und Mittelbeine verbreitert, eiförmig.
Ein ♀. welches ich zu dieser Art rechne, ist nur 2⅓ Lin. lang und hat
weit schwächer behaarte Beine.

3. *H.? pallida* Ph. H. pallide testacea s. flavescens, abdomine vix
obscuriore; antennis nigris, basi testaceis; alarum hyalinarum nervis
flavis. Long. 2⅕ lin.

E prov. Valdivia.

Die Fühler sind von *Hilara*, indem der Griffel mit einer kurzen,
feinen Borste endigt. Der Scheitel ist grau. Der Rüssel ist so lang als
der Kopf, kastanienbraun, am Grunde hell gelblich; der Rücken der
Brust trägt schwarze, kurze, zerstreute Borsten. Die Beine des ♀ sind
einfach, schwach behaart. Das ♂ ist mir unbekannt.

4. *H.? argyrozona* Ph. H. grisea; thorace fusco-vittato; abdomine
argenteo-zonato; alis hyalinis; pedibus testaceis. Long. 3 lin., extens.
alar. fere 8 lin.

E collect. orn. Ferd. P a u l s e n.

Der Kopf ist aschgrau. Die beiden ersten Fühlerglieder sind hellgelb, das dritte nebst der Borste schwarz. Der Rüssel ist schwarz, beim

♀ kaum so lang als der Kopf, beim ♂ fast 1½mal so lang. Auf der Brust sind vier schmale, braune Striemen. Die Endhälfte des zweiten und der ganze dritte Hinterleibsring sind silberweiss. Die Flügel sind wasserhell. Der Vorderrand ist an der Stelle, wo er sich mit dem nervus mediastinus vereinigt, verdickt und schwarz; die zweite Submarginalzelle ist kurz, wie bei *Empis*. Die Schwinger sind blassgelb. Die Beine sind bei Männchen und Weibchen gleich beschaffen, schlank; die Hinterbeine verlängert. Verschieden von *Empis argyrozona* mihi durch kürzeren Rüssel, blässeren, aschgrauen (nicht braunen) Brustrücken und wasserhelle Flügel.

5. *H.? breviventris* Ph. H. pallide rufa; apice antennarum nigro; vittis thoracis in ♂ cinereis, in ♀ rufis; alis hyalinis, antice flavescentibus. Long. 2¼ lin., extens. alar. 6½ lin.

Prope Santiago, invenit orn. Ferd. Paulsen.

Die Fühler sind blass röthlichgelb; die letzte Hälfte des dritten Gliedes und die Borste sind schwarz. Dieses dritte Glied ist etwa dreimal so lang als breit. Beim ♂ stehen die Augen zusammen. Der Rüssel ist kaum so lang als der Kopf, an der Spitze schwarz; die Palpen sind in die Höhe gebogen. Die Brust ist hell, gelblich, beim Männchen mit vier grauen, beim Weibchen mit vier braunrothen Striemen; sie ist mit schwarzen Borsten an den Seiten besetzt, und eben solche stehen am Rande des Schildchens. Der Hinterleib ist bald einfarbig, röthlichgelb, bald mit einer tiefschwarzen breiten Binde, bald schwarz mit silberweissem Schimmer; er ist auffallend kurz. Der Vorderrand und die nächste Ader der Flügel sind gelb, die andern Adern sind schwarz und fein. Die Schwinger sind hellgelb, und ebenso die Beine, die nichts Ausgezeichnetes haben. Die bisweilen aschgrauen Hinterschenkel sind dünn, die Haare der Schienen fein, dünn und kurz. Die zweite Submarginalzelle ist nicht länger als bei *Empis*.

Brachystoma Meig.

1. *Brachystoma leptidea* Ph. Br. thorace pallide fusco, nigro vittato; abdomine antice flavo, postice nigricante; alis paullo infumatis, macula stigmaticali fusca; pedibus testaceis. Long. 4½ lin.

Prope Corral, Valdivianorum portum cepi.

Die Augen stossen dicht zusammen, also wohl ein ♂; der Scheitel ist klein, dreieckig, sammtschwarz, mit drei Punktaugen; die hintere Seite des Kopfes ist aschgrau. Die beiden ersten Fühlerglieder sind schalgelb, mit schwarzen Haaren, das dritte ist schwarz, kegelförmig, so dick als das vorhergehende, aber zweimal so lang; die schwarze Endborste ist fast zweimal so lang als die drei vorhergehenden Glieder zusammengenommen. Der blassgelbe Rüssel ist senkrecht, den dritten

Theil so lang als der Kopf; die Taster, ebenfalls blassgelb, sind breit spatelförmig, so lang als der Rüssel. Die Brust ist hell röthlichbraun, mit graubraunen Striemen, und trägt schwarze, in Längsreihen gestellte, mässig lange Haare. Der Hinterleib ist mit langen schwarzen Haaren locker bekleidet, beinahe durchsichtig; die ersten vier Glieder sind braungelb, die folgenden schwärzlich. Der After ist ohne Lamellen. Die Beine sind dicht aber kurz behaart, lang und schlank; die Schienen tragen einzelne, längere, borstenförmige Haare; alle Haare sind schwärzlich. Die Klauen sind schwarz, dünn, lang, ebenso sind die beiden weissen Haftlappen sehr lang, was wohl nur den ♂ zukommt.

2. *Br. testacea* Ph. Br. corpore, basi antennarum pedibusque testaceis; thorace unicolore, haud vittato; alis latis, lutescentibus, macula stigmaticali vix cognoscenda; tarsis nigrescentibus. Long. 3 lin.

In prov. Valdivia inveni.

Die Gestalt der Fühler ist wie bei der vorigen Art. Die Augen stehen entfernt, also ein ♀, Stirn und Scheitel sind hellgrau, und — wie Brustrücken und Hinterleib — mit spärlichen schwarzen, ziemlich langen Borsten bekleidet. Auch die Borsten der Beine sind schwarz, und ebenso die Härchen der Tarsen, wodurch diese schwärzlich erscheinen. Die Flügeladern sind gelb. Der blassgelbe Rüssel ist so lang als der Kopf. Die Klauen und Haftlappen sind kurz.

3. *Br. nigricornis* Ph. Br. capite antennisque nigris; thorace testaceo, vitta obscure fusca, posterius bifida; abdomine supra fusco, subtus cum pedibus testaceo; alis fuscescentibus, macula stigmaticali parum conspicua. Long. $3\frac{1}{2}$ lin.

In praedio meo Valdiviano, S. Juan, cepi.

Die Fühler genau wie bei der ersten Art, bis auf die Färbung, indem auch die beiden ersten Glieder grauschwarz sind. Der hellgelbe Rüssel ist kürzer als der Kopf. Die Behaarung ist dieselbe. Das Afterglied tritt ziemlich hervor, ist nach oben gerichtet und zeigt auf der abgestutzten, fast horizontalen Fläche vier kurze Dornen. Klauen und Haftlappen beim ♂ gross, beim ♀ klein.

4. *Br. fusca* Ph. Br. corpore fusco; capite, proboscide, caput superante, antennisque nigris; alis infumatis; coxis femoribusque anticis pallide testaceis, reliquis pedibus pallide fuscis. Long. $2\frac{1}{2}$ lin., extens. alarum $5\frac{1}{2}$ lin.

Valdivia.

Die Flügel sind so dunkel als bei *Br. leptidea*. Die Behaarung ist dieselbe wie bei den andern Arten, von denen sie leicht zu unterscheiden ist, schon durch den schwarzen längeren Rüssel.

5. *Br. stigmatica* Ph. Br. basi antennarum, thorace, pedibusque testaceis; tertio antennarum articulo, capite nec non majore abdominis parte cinereis; alis hyalinis, macula stigmatica fusca valde conspicua, nervis luteo-fuscis. Long. corp. $2\frac{1}{2}$ lin.

E praedio meo S. Juan.

Der Rüssel ist kürzer als der Kopf, blassgelb. Die Behaarung ist dieselbe wie bei den andern Arten, von denen sie auf den ersten Blick durch ihre Flügel zu unterscheiden ist. Die zweite Längsader ist auffallend wimperig bedornt.

Subgenus: *Heterophlebus* Ph. Nervulus primus transversus, cellula secundum submarginalem formans, non cum margine alae sed cum nervo antecedente junctus.

6. *Br. melanogastra* Ph. Br. capite antennisque nigris; thorace testaceo, fusco-vittato; abdomine supra nigro, subtus testaceo; pedibus testaceis; alis fuscescentibus macula stigmaticali parum distincta. Long. $3\frac{1}{2}$ lin.

In prov. Valdivia reperitur: Corral; S. Juan.

Der Rüssel ist blassgelb, kürzer als der Kopf. Der Rücken der Brust ist beinahe braunroth; indem die braunen Striemen mehr Raum einnehmen als der Grund. Die Behaarung mit schwarzen Borsten ist wie bei den andern Arten. Es liegen zwei Weibchen vor.

7. *Br. thoracica* Ph. Br. capite antennisque cinereo-nigris: thorace e cinereo-fusco, concolore; abdomine supra fusco, subtus basi testaceo; pedibus fusco-testaceis; alis fuscescentibus, macula stigmatica parum conspicua. Long. $2\frac{2}{3}$ lin.

E praedio meo S. Juan.

Ein Männchen. Von voriger Art sogleich durch geringere Grösse und dunklen, graubraunen Thorax, dem die Striemen fehlen, zu unterscheiden. Rüssel kürzer als der Kopf, blassgelb.

8. *Br. ambigua* Ph. Br. capite antennisque cinereo-nigris; thorace fulvo, vittis tribus fuscis ornato; abdomine supra fusco, subtus cum pedibus testaceo; alis fuscescentibus, nervis rufo-fuscis. Long. $2\frac{2}{3}$ lin.

E prov. Valdivia.

Von der vorigen Art durch den blass rothbraunen oder gelben Brustrücken, der deutlich drei braune Striemen zeigt, von denen die seitlichen kürzer sind, zu unterscheiden, von *Br. nigricornis* durch die Flügeladern etc.

9. *Br. nemoralis* Ph. Br. capite cinereo; antennarum articulis primis proboscideque testaceis; thorace supra fusco-bivittato; abdomine supra nigricante; alis paullulum infumatis; cellula submarginali unica; macula parum distincta stigmatica in cellula marginali. Long. $2\frac{2}{3}$ lin., extens. alar. fere 6 lin.

In prov. Valdivia cepi.

Das erste Fühlerglied ist fast so lang als die beiden folgenden zusammengenommen, das zweite ist kurz, wie gewöhnlich, das dritte nicht

viel länger als das zweite, zwischen dreieckig und kreisförmig, fein
flaumhaarig; die Borste entspringt auf dem Rücken, ist 2½mal so lang
als der Fühler selbst, dicht und kurz behaart. Das Dreieck, auf welchem
die Punktaugen stehen, trägt zwei schwarze Borsten; eine Reihe solcher
Borsten steht auf dem Hinterkopf, und auch auf dem Rücken der Brust
und des Hinterleibes stehen schwarze Borsten. Die Submarginalzelle
ist ungetheilt. Die Beine sind fein behaart, und die Schienen mit
einzelnen Dornen besetzt. Sicht dem *Br.* (*Heterophlebus*) *ambiguus*
ähnlich, von dem ihn sogleich die einfache, ungetheilte Submarginalzelle
unterscheidet.

10. *Br.* *vittigera* Ph. Br. testacea, capite antennisque nigris; thoracis dorso laete fulvo, fusco univittato; alis fuscescentibus. Long. 3 lin.,
extens. alar. 7½ lin.

E prov. Valdivia attuli.

Rüssel und Taster sind hellgelb; das dritte Fühlerglied ist breit
eiförmig und geht plötzlich in eine feine, lange Borste über, während es
bei der sehr ähnlichen *Br. testacea* schmal und allmälig zugespitzt ist.
Der Brustrücken ist weniger behaart als bei der genannten Art, glänzender, lebhafter rothgelb und die dunkelbraune Strieme derselben
fällt sehr in die Augen. Sonst sind beide Arten sehr ähnlich.

Ceratomerus [1]) Ph.

Caput globosum. Antennarum articulus primus elongatus, caput
aequans, secundus brevis, obconicus, tertius longitudine priores simul
sumtos aequans, ovato-lanceolatus, sensim in setam dimidiam articuli
ipsius longitudinem aequantem terminatus. Proboscis perpendicularis,
caput saltem bis aequans; palpi in cavitate buccali inclusi. Alae cellulis
submarginalibus duabus, posticis tribus, basali prima brevissima, anali
nulla. Abdomen cylindricum, ante apicem attenuatum, apice ipso in
mare inflato. Pedes saltem ♂ valde singulares, graciles; femora antica
basi uncinato-dentata; tibiae anticae in latere interiore paullo infra genu
tuberculo munitae, infra id ciliatae; tarsorum articulus primus, sicut etiam
in posterioribus, tibiam aequans, imo superans, reliqui articuli simul sumti
primum aequantes; femora intermedia in latere superiore paullo ultra
medium cornu magno, antrorsum verso, apice bispinoso armata, subtus
pilis fasciculatim dispositis, setisque tribus munita; tibiae primum paullo
incurvae, intus paullo infra genu submarginatae, deinde biseriatim sed
breviter ciliatae; femora postica paullulum incrassata, caeterum simplices; tibiae elongatae, rectae, versus apicem dilatatae et ultra inser-
tionem tarsi in lobum productae, puberulae, non ciliatae. Pedes feminae ...

---

[1]) κέρας, κέρατος Horn und μηρός Schenkel.

Der Verlauf der Flügeladern und die Fühlerbildung sind sehr eigenthümlich, abgesehen von der ganz abenteuerlichen Bildung der Beine, die vielleicht beim Weibchen einfacher ist.

Ceratomerus paradoxus Ph. C. capite, antennis, parte dorsali thoracis abdominisque fuscis; pectore, coxis, parte inferiore femorum testaceo-flavis; tibiis versus apicem tarsisque nigrescentibus; alis infumatis. Long. corp. 2½ lin. Siehe Abbildung.

In oppido Valdivia Aprili 1859 ♂ cepi, ♀ mihi ignota.

Fig. 2 a. stellt den Fühler, Fig. 2 b. den Mittelschenkel und Trochanter vor. *Fig. 46. h.XXVIII.*

Hemerodromia Hfmsg.

Von diesen kleinen Fliegen ist bisher noch keine Art aus Chile bekannt gemacht, das Museum besitzt folgende Arten:

1. *Hemerodromia flavipes* Ph. H. capite antennis et abdomine nigris; thorace cinereo; pedibus et halteribus flavis. Long. 1¼ lin.

Prope Santiago legi.

Es sind zwei Submarginalzellen und eine Discoidalzelle vorhanden.

2. *H. semilugens* Ph. H. capite, thorace, abdomine aterrimis; antennis, proboscide, pedibus albidis. Long. 1½ lin.

Prope S. Fernando cepi.

Von der vorigen Art sogleich durch die kohlschwarze Färbung des Körpers, welche auch die Brust einnimmt, und die hellen Fühler zu unterscheiden.

3. *H. pratincola* Ph. H. cinerea; thorace fusco, univittato; abdomine apice atro; antennis pedibusque pallide testaceis; alis hyalinis, macula stigmaticali pallide fusca. Long. fere 2 lin.

In prato humido prope Santiago cepi.

Zwei Submarginalzellen, eine Discoidalzelle. Der Hinterleib schimmert bei gewissem Licht sammtschwarz mit grauen Rändern.

4. *H. pallida* Ph. H. capite corporeque griseis; antennis, rostro pedibusque pallide testaceis; alarum cellula postica secunda petiolata. Long. 1½ lin.

Ad radicem Andium prov. Santiago.

Kopf, Brust und Hinterleib sind hellmäusegrau, der After hellbraun. Von *H. flavipes* durch hellgrauem Kopf und Hinterleib und durch die gestielte zweite hintere Zelle verschieden. Zwei Submarginal- und eine Discoidalzelle, wie bei den vorhergehenden Arten.

5. *H. bivittata* Ph. H. antennis, proboscide, pedibus, ventre albis; capite prothorace, postscutello, dorso abdominis atris; scutello et mesothorace fulvis, hoc atro bivittato. Long. 1⅔ lin.

E praedio meo Valdiviano.

Das Untergesicht schimmert weiss. Die glänzend schwarzen Striemen des Brustrückens beginnen von den Ecken des Schildchens und nehmen etwa zwei Drittel der Länge der Brust ein. Zwei Submarginalzellen; keine Discoidalzelle; die zweite Basilarzelle ist so weit verlängert, dass sie mit ihrer Spitze die zweite hintere Zelle trifft. Die Adern sind gelb, nur die, welche die Submarginalzellen von der ersten hintern Zelle trennt, ist schwarz.

6. *H. bicolor* Ph. H. antennis, proboscide, pedibusque albidis; mesothorace et scutello fulvis; capite, prothorace, postscutello, abdomineque etiam infra atris. Long. 1½ lin.

Santiago?

Schon auf den ersten Blick von *H. bivitatta* durch den Mangel der schwarzen Striemen auf der Brust, so wie durch den schwarzen Bauch verschieden. Zwei Submarginalzellen, eine Discoidalzelle; alle Adern gleich. Stirn und Untergesicht schimmern weiss.

7. *H. nigrimana* Ph. H. capite et thorace murinis, hoc fusco lineato; abdomine nigricante; pedibus flavis; femoribus anticis valde incrassatis, tibiisque apice nigris. Long. 1¾ lin.

Patria: Illapel?

Ein Männchen. Die Fühler sind abgebrochen. Auf dem Brustrücken erblickt man fünf braune Längslinien, von denen die mittelste die schmalste, die äussersten die breitesten sind. Die Vorderhüften und Trochanteren sind nebst den Schenkeln schwarz, doch ist die äusserste Spitze der letzteren gelb. Die Flügel haben eine Discoidalzelle und ein blassbraunes Randmal. Der Hinterleib endet mit einer grossen, inwendig stark gezähnten Zange.

Platypalpus Macq.

1. *Platypalpus chilensis* Ph. Pl. capite, antennis, abdomine atris; pectore nigro-aeneo; halteribus pedibusque flavis; nervis alarum flavis. — Long. 1 lin.

Prope Santiago inveni.

Auf dem Scheitel stehen ein paar lange, nach vorn gerichtete Borsten; Hinterkopf und Unterkopf sind mit kürzeren Börstchen besetzt; am Rande des Schildchens stehen lange Borsten; sonst ist das Thierchen kahl.

2. *P. testaceus* Ph. Pl. rufo-testaceus; capite, articulo secundo antennarum, rostro, nigris; abdominis dorso saepe nigrescente; femoribus anticis parum incrassatis. Long. 1 lin.

Ad radicem Andium prov. Santiago cepi.

Die Flügel sind wasserhell mit hellbraunen Adern. Die Vorderschenkel sind kaum verdickt, ohne Zähnchen oder Borsten am Rande,

und offenbar nicht zum Greifen geschickt; hiezu dient das zweite Fusspaar, dessen Schenkel am Rande gezähnt sind.

3. *P. Paulseni* Ph. Pl. capite griseo; antennis nigris, basi testaceis;
thorace lacte rubro; abdomine atro; pedibus fulvis, femoribus mediis
maxime incrassatis. Long. 1½ lin.

E collect. orn. F. Paulsen.

Der Rüssel ist schwarz. Von *Pl. testaceus* durch die lebhaft rothe
Färbung der Brust und noch lebhaftere Färbung der Beine verschieden;
vielleicht blosse Varietät.

Drapetis Megerle.

1. **Drapetis** *valdiviana* Ph. Dr. facie nigro-cinerea; corpore atro;
alis hyalinis, nervis praeter secundum tenuissimis; pedibus halteribusque
fuscis. Long. 1 lin.

In prov. Valdivia habitat.

Die Augen meines Exemplares sind zusammengefallen, so dass ich
nicht sehen kann, ob sie behaart sind. Die Gegend des Stigma ist verdickt, und am Rande mit längeren Borsten gewimpert als der übrige
Theil des Vorderrandes. Der Kopf ist borstig. Bei 90 maliger Vergrösserung zeigt die Borste der Fühler am Grunde zwei kurze Glieder.

2. *D. obscuripennis* Ph. Dr. fusca; pedibus pallidioribus; alis valde
infumatis. Long. 2 lin., extens. alar. 4⅓ lin.

Cum priore habitat.

Auf dem Scheitel stehen vier lange, nach vorwärts gerichtete
schwarze Borsten. Die Fühlerborste ist so lang als der Kopf. Die Brust
ist mit einzelnen, nach hinten gerichteten Borsten bekleidet. Die erste
Basalzelle ist so kurz, dass man richtiger sagt, es sei gar keine vorhanden; die Schwinger sind bräunlich weiss.

Cyrtoma Meig.

Cyrtoma? *collina* Ph. C. nigra; nervis alarum flavis; pedibus
testaceis s. pallide fuscis. Long. 1 lin.

In colli S. Cristóval prope Santiago cepi.

Der Rüssel ist den vierten Theil so lang als der Kopf, schwarz.
Das zweite Fühlerglied ist eiförmig-kegelförmig, stark behaart, wie die
eben so lange Borste. Die Flügel haben zwei Basilarzellen und eine geschlossene Analzelle, sowie drei lange hintere Zellen. Alle Schenkel sind
dünn; das erste Tarsenglied der Hinterbeine ist dünn, fast so lang als
sein Schienbein. Vielleicht ein eigenes Genus?

Xylotomae Meig.

Thereva Latr.

Blanchard führt bei Gay drei Arten auf.

1. *Therera notabilis* Macq. Gay VII. p. 416.

„Von Santiago." Ich selbst habe sie noch nicht gefunden, wohl aber Herr F. Paulsen.

2. *Th. lugubris* Meig. Gay VII. p. 417. t. 4. f. 4 mala, pedes nimis breves.

„Von la Serena, Santiago etc." Sehr gemein in den Häusern an den Fenstern in ganz Chile, wenigstens bis Valdivia, sehr selten im Freien auf Blumen. Im Leben sind die Augen lebhaft ziegelroth.

3. *Th. chilensis* Macq.

„Von Santiago".

Ich besitze noch folgende Arten.

4. *Th. luteiventris* Ph. Th. facie alba, albosetosa; thorace pallide cinereo, fusco-vittato; abdominis primo segmento nigro, reliquis luteis; femoribus nigris albo-hirsutis; tibiis tarsisque pallide testaceis; alis hyalinis, macula stigmatica fusca. Long. 4 lin., extens. alar.

Prope Santiago capta.

Die Augen sind dunkelbraun, kahl. Die Fühler sind kürzer als der Kopf; das erste Glied doppelt so lang als das zweite, und beide mit starken, dicken Borsten besetzt; das dritte kaum länger als die beiden ersten zusammengenommen, länglich eiförmig, der Endgriffel kurz und dick. Hinterkopf und Unterseite des Kopfes sind mit weissen Haaren besetzt. Die hellaschgraue Brust zeigt oben drei breite, hellbraune Striemen, wenige weissliche Haare und einzelne, schwarze Borsten; an den Seiten und unten lange, weisse, büschelförmig gestellte Haare. Der Hinterleib ist beinahe kahl; der erste Ring ist ganz und gar, der zweite oben zur Hälfte schwarz. Die Schenkel sind mit anliegenden weissen Haaren, die Tarsen und Schienen mit ziemlich kurzen schwachen Borsten besetzt. Der zweite Längsnerve der Flügel ist gelb.

5. *Th. vittata* Ph. Th. albo-grisea, nigro-vittata; abdomine subglabro, nigro, praesertim ad latera argenteo-micante; alis hyalinis, macula stigmaticali obsoleta. Long. 5½ lin., extens. alar. 10 lin.

Orn. Ferd. Paulsen specimen debeo.

Die Stirn ist grau und so wie der Scheitel dicht mit schwarzen Borsten bekleidet; auf dem Scheitel ist ein kahler schwarzer Fleck, auf dem die drei sehr kleinen Punktaugen stehen. Die ersten Fühlerglieder sind schwarz, und mit schwarzen Borsten besetzt, das dritte fehlt in meinem

Exemplare. Der Hinterkopf ist grau, das Untergesicht weisshaarig. Auch die ganze Unterseite des Körpers ist grau. Die Oberseite der Brust ist grau, mit drei breiten, braunschwarzen Striemen, die mehr Raum einnehmen als die Grundfarbe, sie ist vorne mit kurzen schwarzen Härchen, an den Seiten und hinten mit schwarzen Borsten besetzt. Das Schildchen ist schwarz, ringsum hellgrau eingefasst. Der Hinterleib erscheint auf den ersten Blick kahl, ist aber mit feinen, weissen Härchen bekleidet; das Schillern desselben kommt indessen nicht von diesen Härchen. In der Gegend des Stigmas hat die hintere Randader eine sehr schmale, bräunliche, leicht zu übersehende Einfassung.

6. *Th.* albiventris P h. Th. ♂ nigra; facie alba, albo-hirsuta; thorace griseo; abdomine pilis mollibus, longis, appressis, argenteo-albis vestito; segmentis posterius carneis, albo-marginatis; alis hyalinis, macula stigmaticali nigra. Long. 3½ lin., extens. al. 6 lin.

Prope Santiago semel cepi.

Die Fühler sind braun, das dritte Glied rothbraun mit braunem Griffel; die Borsten der ersten Glieder, so wie des Scheitels sind schwarz, sonst ist das Gesicht weiss und weisshaarig. Die Brust ist oben mit kurzen weisslichen Haaren, an den Seiten und am Hinterrande, so wie der Hinterrand des Schildchens mit schwarzen Borsten bekleidet. Die Brustseiten, die Unterseite der Brust, der Bauch, und der Rücken des Hinterleibes sind mit langen, weichen, weissen Haaren bekleidet. Die Schenkel sind dunkelbraun, unten mit einzelnen schwarzen Borsten, oben mit feinen, weissen, anliegenden Härchen bekleidet, namentlich die Hinterschenkel; die Schienen sind hellbraun, die Tarsen gegen die Spitze schwärzlich; beide sind schwarzborstig. Die Flügel sind an allen Queradern mit einem schmalen, bräunlichen Saume eingefasst; die vierte hintere Zelle ist geschlossen.

Deuteragonista [1]) Ph.

Caput breve, transversum. Oculi glabri, maris contigui. Antennae caput vix superantes; articuli duo basales subaequales, tertius elongato-conicus; anteriores simul sumtos bis aequans; stylus terminalis, dimidiam longitudinem articuli tertii superans, triarticulatus, articulus primus brevissimus, secundus elongatus, cylindricus, tertius setula brevissima. Proboscis brevissima, perpendicularis; Palpi horizontales spathulati. Abdomen conico-depressum, articulorum sex. Alarum cellulae submarginales duae, posteriores quatuor, basilares sat breves, analis clausa, brevissima. Pedes normales; tibiae apice haud calcaratae; ungues mediocres, pulvilli duo.

---

[1]) δευτεραγωνιστειν eine Nebenrolle spielen, wegen der Verwandtschaft mit *Thereva*, *Chiromyza*, *Rüppellia* und *Empis*.

Der Habitus ist von *Thereva*, doch gedrungener; der Umstand, dass nur vier hintere Zellen vorhanden sind, erinnert an *Chiromyza*, der dreigliederige Griffel an *Rüppellia*; Flügeladern und Fühler erinnern auch an *Empis*.

Deuteragonista bicolor Ph. D. thoracis lateribus rufo-fulvis, dorso griseo, nigro-bivittato; scutello rufo-fulvo; abdomine albo-cinereo, incisuris albis; pedibus fuscis. Long. 3½ lin., extens. alar. 8½ lin.

Mas a Krauseo prope Corral captum suppetit.

Der Scheitel ist dunkelbraun, kahl, und trägt drei Punktaugen. Das Untergesicht ist zwar schmal aber etwas breiter als die Stirn, und liegt in derselben Wölbung wie die Augen. Die Fühler sind schwarz, ebenso der Rüssel. Die Augen haben einen Einschnitt der von den Fühlern ausgeht. Der Brustrücken ist mit ziemlich feinen Borsten besetzt, nur die Borsten an den Seiten vor den Flügeln, und ebenso eine Reihe auf dem Schildchen sind länger. Der Hinterleib ist so lang als die Brust, zweimal so lang als breit. Oben ist das erste Glied vorne schwarz, in der Mitte weiss, hinten dunkel atlasgrau; das zweite bald hinter seiner Basis scheinbar quergetheilt, im vorderen Theil schwärzlich, mit zwei Querreihen schwarzer Punkte, im hinteren Theile, so wie die folgenden Segmente, hell atlasgrau, mit weissem Rande, und auf dem grauen Theil mit schwarzen Punkten, die Börstchen tragen. Die Unterseite ist schwärzlich. Das männliche Glied ist zusammengedrückt, und in die Höhe gerichtet, und steht unten mehr hervor als oben. Die Flügel sind schwach getrübt mit braunen Adern; die Basis und das Randmal sind gelblich. Die Beine haben nichts Ausgezeichnetes, sind mässig lang, die Schenkel mässig dick, die Tarsen sind länger als die Schienen, ihr erstes Glied ist dicker als die andern, länger als der dritte Theil der Schienen; das letzte Glied so lang als das dritte.

Dasyomma Macq.

Dasyomma caerulea Macq. Gay VII. p. 418. Tab. 4. fig. 3.

„Ziemlich gemein bei Santiago etc." ist mir noch nie vorgekommen.

Leptides Meig.

Es scheint bisher keine Fliege dieser Familie aus Chile bekannt geworden zu sein; ich kenne folgende Arten:

Leptis Fabr.

1. *Leptis* subannulata Ph. L. pectore scutelloque nigris; abdomine subtus lateribusque segmentorum priorum fulvo, caeterum nigro; alis in-

fumatis; pedibus fulvis, tibiis tarsisque posticorum nigris. Long. 4½ lin., extens. alar. 8½ lin.

In prov. Valdivia nemoribus plus semel cepi.

Der Scheitel ist kohlschwarz; der Hinterkopf trägt blasse, fast kammartige Haare. Die Fühler sind schwarz; das Gesicht schwarz und kahl. Auch der Rüssel ist schwarz, aber die Palpen blass, bräunlich und mit langen, weisslichen Haaren gewimpert. Der nervus marginalis der Flügel ist behaart, die Analzelle vollständig geschlossen. Die Schwinger sind gelb. Die gelben Flecken an den Seiten des zweiten, dritten und vierten Hinterleibsegmentes sind rundlich, und bilden unterbrochene gelbe Ringe. Die Flügel sind ziemlich dunkelbraun.

2. *L. nemoralis* Ph. L. capite thoraceque nigris; abdomine basi fulvo, nigro univittato, deinde nigro; subtus omnino luteo; alis hyalinis, cellula mediastinali pallide fusca; coxis femoribusque anterioribus albidis, coxis posticis nigris; tibiis tarsisque fuscescentibus. Long. corp. 3 lin., extens. alarum 6½ lin.

Pariter nemora prov. Valdivia inhabitat.

Scheitel und Stirn sind kohlschwarz, und ebenso die Haare des Hinterkopfes, der Rüssel und die Taster. Die Fügeladern sind wie bei der vorigen Art braun, und die Analzelle kaum geschlossen. An den mittleren Beinen ist Hüfte und Trochanter schwarz, die Schenkel am Grunde gelblich, an der Spitze schwarz.

3. *L. praefica* Ph. L. omnino nigra; margine postico segmentorum abdominis, pectore ventreque pallidioribus; alis antice fuscis; tibiis tarsisque fuscis. Long. 3½ lin.

Prope Santiago inveni.

Die beiden ersten Glieder der Fühler und namentlich die Palpen sind dicht mit langen schwarzen Haaren besetzt. Die Haare des Brustrückens sind aufrecht, lang, schwarz, die des Hinterleibes gelblich, kürzer und schräger gestellt. Die Unterseite des Körpers, die Seiten und die Ränder der Hinterleibssegmente sind grau, mit schwarzen Punkten. Brust und Hüften sind grau, Trochanter und Schenkel tief schwarz; Schienen und Füsse dunkelbraun. Die Flügel sind vorne dunkelbraun, sonst mässig getrübt; die Schwinger dunkelgelb.

4. *L. nigrata* Ph. L. capite corporeque omnino nigris; articulo ultimo antennarum globoso, abrupte in setam continuato; alis hyalinis, macula stigmaticali nigra notatis; coxis trochanteribusque nigris; femoribus luteo-testaceis; tibiis tarsisque nigris. Long. 3½ lin., extens. alar. 7½ lin.

Prope Corral legi.

Von der vorhergehenden Art sehr leicht durch den ganz schwarzen Hinterleib, die hellen Flügel mit schwarzem Randmal, die gelben Schenkel, die Gestalt des dritten Fühlergliedes zu unterscheiden.

5. *L. claripennis* Ph. L. capite corporeque cinereis; abdomine

supra nigro, segmentis duobus primis lateribus luteis; alis omnino hyalinis etiam absque macula stigmaticalis; femoribus anterioribus testaceis, posticis testaceis, apice nigris; tibiis tarsisque omnibus nigris. Long. corp. $3\frac{1}{2}$ lin., extens. alar. $7\frac{1}{2}$ lin.

E prov. Valdivia (Corral) attuli.

Der Kopf ist graulichgelb, der Scheitel grau, mit schwarzen Borsten, das Untergesicht mit weissen Borsten besetzt. Die Fühler sind schwarz; das dritte Glied ist nicht dicker als die vorhergehenden, eiförmig, spitz. Auf der Brust erkennt man drei braune Striemen. Die Flügeladern sind braungelb, die Analzelle geschlossen. Von *L. nemoralis* sogleich durch den hellgrauen gestriemten Brustrücken zu unterscheiden.

6. *L. setosa* Ph. L. cinerea, thorace fusco-trivittato; segmentis 2. 3. 4. abdominis medio macula triangulari fusca, et utrinque lineola obliqua fusca pictis; alis parum infuscatis. Long. $3\frac{1}{2}$ lin., ext. alar. 8 lin.

Ad radicem Andium prov. Santiago (Valle de S. Ramon) cepi.

Der ganze Körper ist mäusegrau, mit schwarzen Haaren bekleidet, der Scheitel bräunlich. Die Fühler sind stärker borstig als bei anderen Arten, und der Endgriffel ziemlich dick und lang. Rüssel und Taster sind hellbraun, und letztere ebenfalls sehr borstig. Die Striemen der Brust sind schmal und reichen nicht bis zum Hinterrand. Brust und Schildchen sind mit langen, aufgerichteten Borsten bekleidet. Die Flügel sind bräunlich getrübt, mit braunen Adern und gelblichem Randmal. Auch die Schienen sind stacheliger als bei andern Arten.

7. *L. lugens* Ph. L. corpore omnino nigro; alis infumatis, cellula marginali omnino nigra; femoribus luteis, apice nigris; coxis tibiis tarsisque nigricantibus. Long. $3\frac{2}{3}$ lin., extens. alar. $8\frac{1}{3}$ lin.

E prov. Valdivia.

Der Kopf fehlt bei meinem Exemplare. Die Vorderbrust ist mit weissen Borsten besetzt; die Mittelbrust und Hinterbrust mit langen, schwarzen, steifen Haaren; der Hinterleib mit langen, weichen, gelblichen Haaren. Die Flügel sind bräunlich, so dunkel wie bei *L. praefica*, die hinteren Adern braun, die vorderen schwarz; die Marginalzelle ist dunkelschwarz. Die Schwingkölbchen sind schwarz, auf bräunlichem Stiel.

8. *L. basalis* Ph. L. corpore omnino nigro; alis basi infumatis, caeterum hyalinis; pedibus pallide fuscis. Long. $3\frac{1}{2}$ lin., ext. alar. 8 lin.

E coll. orn. Ferd. Paulsen.

Fühler, Palpen, Rüssel sind schwarz, und erstere beide Organe mit langen, schwarzen Borsten besetzt. Auch die Borsten des Hinterkopfes sind schwarz, die der Kinngegend aber weiss. Wie bei *L. lugens* ist die Brust mit schwarzen steifen, der Hinterleib mit weichen, gelblichen Härchen bekleidet. Die Basis der Flügel und die Costalzelle sind bräunlich, sonst sind die Flügel glashell mit bräunlichen Adern. Die Schwinger sind gelb.

9. *L. grisea* Ph. L. omniuo grisea, vittis thoracis nullis; alis parum infuscatis; pedibus pallide fuscis, tarsis nigricantibus. Long. 2¾ lin., ext. alar. 6¼ lin.

In praedio meo S. Juan Januario 1864 cepi.

Auch der Rüssel, die Palpen und die ersten Fühlerglieder sind grau, das dritte nebst der Borste dunkelbraun. Die Brust trägt ebenso lange schwarze Borsten wie *L. setosa*, auch die Schienen sind sehr stachelig. Ueberhaupt sind beide Arten einander sehr ähnlich, allein *grisea* unterscheidet sich sogleich durch den gänzlichen Mangel von Striemen auf der Brust, helle, röthlichbraune Schenkel, geringere Grösse.

Anmerkung. Sämmtliche neue Arten haben eine geschlossene, oder fast geschlossene Analzelle und weichen hierdurch von *Leptis* ab; die Taster sind schräg geneigt, weder aufsteigend, noch dem Rüssel anliegend.

Chrysopila Macq.

Chrysopila valdiviana Ph. Chr. corpore nigro, sericeo, aureomicante; alis hyalinis, macula stigmaticali lutea; femoribus albidis, tibiis tarsisque nigricantibus. Long. 3¼ lin., extens. alar. fere 8 lin.

Anno 1861 in prov. Valdivia ♀ cepi.

Der Scheitel ist breit, flach, braun, sammtartig glänzend, fast ganz kahl, scharf von der grauen Stirne abgegränzt. Die Fühler sind sehr kurz; das Untergesicht tritt blasenartig hervor; der hintere Rand der Mundöffnung ist mit langen, weissen Haaren besetzt. Brust, Schildchen und Hinterleib sind schwarz, dicht mit anliegenden, braungelben Härchen bekleidet, seidenartig glänzend. Die Querader, welche die zweite Submarginalzelle abtreunt, ist stark nach hinten gekrümmt. Die Beine sind sehr lang und dünn, kahl, namentlich ohne Spur von dornigen Haaren an den Schienen, aber Mittel- und Hinterschienen enden mit zwei Dornen. Die Klauen und die drei Haftlappen sind ausserordentlich klein.

Dolichopoda Latr.

Bei Gay sind nur zwei Arten aufgeführt; ich kenne folgende chilenische Arten dieser Zunft.

Rhaphium Meig.

Rhaphium Paulseni Ph. Rh. cinereum; facie argentea, vertice atro-velutino; dorso thoracis abdominisque viridi-aeneis; femoribus, praesertim anticis, viridi-aeneo micantibus; alis paullulum infuscatis. Long. corp. 2 lin.

In planitie prov. Santiago cepit orn. F. Paulsen, mecumque ♀ communicavit.

Die Augen sind braun, mit dichter weisslicher Behaarung; Gesicht und Scheitel kahl, der Hinterkopf mit langen, schwarzen Haaren bekleidet; die Taster grau, die Fühler schwarz. Der Thorax und der obere Theil des Hinterleibes tragen kurze Härchen; die Schenkel ebenfalls kurze, entfernt stehende, die Schienen längere. Die Schwinger sind weiss. Das Untergesicht hat jederseits einen Höcker.

Chrysotus Meig.

1. *Chrysotus basalis* Ph. Chr. obscure aeneus; antennis nigris; lateribus pectoris cinereis; femoribus nigris, basi testaceis; halteribus flavis. Long. 1¼ lin.

In prov. Valdivia cepi.

Der Scheitel ist dunkelbraun mit broncegrünem Schimmer, das Gesicht schwarz. Die Schienen der vorderen Beine sind weisslich, die der Hinterbeine, so wie sämmtliche Tarsen bräunlich.

2. *Chr. thoracicus* Ph. Chr. thorace pedibusque testaceis, abdomine fusco. Long. 1¼ lin.

Pariter in prov. Valdivia occurrit.

Fühler und Scheitel sind blassbraun, aber doch dunkler als die Brust, die Tarsen sind dunkler, braun zu nennen. Man muss wenigstens eine dreissigmalige Vergrösserung anwenden, um die Härchen der Fühlerborste zu sehen.

Psilopus Megerl.

1. *Psilopus nigripes* Macq. Gay VII. tab. 4. f. 1.

„Bei Santiago gefunden". Die Figur ist sehr auffallend durch kurze Beine.

Dolichopus Latr.

1. *Dolichopus bipunctatus* Macq. Gay. VII. p. 415. t. 4. f. 2.

„Bei Santiago." Die Exemplare, welche ich zu dieser Art rechne, haben zwei, nicht drei glänzende grüne Striemen auf grauer, kupferig schillernder Brust.

2. *D.? horticola* Ph. D. thorace aeneo-micante; abdomine gracili viridi-aeneo; antennis nigris; pedibus gracilibus coxisque anticis pallide flavis, tarsis posticis nigricantibus. Long. 2½ lin.

In hortis urbis Santiago.

Die Augen sind behaart, im Leben lebhaft goldgrün, später braunroth, sie stossen unterhalb der Fühler dicht zusammen. (Bei *Dolichopus* ist nach Macquart das Gesicht des ♂ ziemlich breit.) Die graue Stirn trägt vier lange schwarze Borsten, der Rand des Scheitels eine Reihe kürzerer Borsten. Das dritte Fühlerglied ist ziemlich herzförmig, die Borste entspringt auf dem Rücken in der unteren Hälfte, ist eingliederig, schwach flaumhaarig. Die Brust ist oben broncegrün, mit grauem Schimmer, und einer dunkleren Mittellinie, auf welcher im Anfang eine dichte Reihe kurzer Borsten steht, sonst ausser den grösseren Borsten kahl. Der Hinterleib ist schlank, wie bei *Psilopus*, broncegrün, die Basis der Segmente jedoch braun. Das Copulationsorgan ist bei beiden vorliegenden ♂ zurückgezogen. Die Beine sind lang und schlank wie bei *Psilopus*: die Hüften der Mittel- und Hinterbeine wie die Brustseiten grau, die Hinterhüften tragen eine lange nach hinten gerichtete Borste. Die Vorderschienen sind unbewehrt, die Mittelschienen tragen 4 — 5, die dickeren und längeren Hinterschienen 6 — 7 lange Borsten. Das erste Tarsenglied ist fast so lang als die folgenden zusammengenommen, dünn und schlank. Der nervus externo-medius der Flügel ist fast ganz gerade. Dieser Umstand und die Gestalt des dritten Fühlergliedes erlaubt nicht diese Fliege zu *Psilopus* zu bringen, der nicht gegliederte Fühlergriffel entfernt sie von *Medeterus*, wohin also?

3. *D.* ? *lamprostethus* Ph. D. antennis basi flavis, apice nigris; thorace pulcherrime aeneo- et chalybeo-micante; abdomine aeneo, incisuris blancis; coxis pedibusque gracilibus pallide flavis. Long. 2⅓ lin.

E prov. Valdivia ♀ attuli.

Die Stirn ist atlasgrau, das schmale Gesicht silberweiss. Auf dem Scheitel stehen zwei lange Borsten; eine Reihe kürzerer am Hinterrand. Die Augen sind kahl. Der Brustrücken ist ausser den langen schwarzen Borsten dicht mit halb so langen Haaren bedeckt. Die Beine eben so lang und dünn als bei der vorigen Art, die Dornen der Schienen schwächer, kürzer, weniger zahlreich, was vielleicht beim ♂ anders ist. Die Flügeladern ebenso. Das dritte Fühlerglied erscheint noch spitzer. Die Legeröhre ist blassgelb. Die Seiten der Brust sind prachtvoll atlasgrau.

4. *D.* ? *dubiosus* Ph. D. corpore abdomineque griseis, aeneo-micantibus; antennis nigris; pedibus gracilibus flavo-testaceis, tarsis obscurioribus. Long. 2 lin.

E prov. Valdivia ♀ attuli.

Obgleich das dritte Fühlerglied bei meinem Exemplare fehlt, so zeigt sich, dass diese Art offenbar den beiden vorhergehenden ganz nahe steht und das Schicksal derselben theilen muss. Die Seiten der Brust und die Vorderhüfte sind grau. Die Stirn ist dunkelgrau; das Gesicht hellgrau, die Palpen weisslich, der Rüssel braun, die Augen behaart. Die

Struktur der Beine und der Flügel ist ganz wie bei den beiden vorhergehenden Arten.

5. *D.*? *nemoralis* Ph. D. viridi-aeneus, thorace obsolete fusco-vittato; antennis nigris; pedibus testaceis, basi femorum anticorum, lineola dorsali posteriorum tibiis posticis, tarsisque omnibus nigricantibus. Long. 2 lin.

Valdiviae marem bis cepi.

Die Augen sind behaart und stossen unten zusammen, unmittelbar unter den Fühlern bleibt ein ganz schmaler silberweisser Streifen vom Gesicht frei; die Stirn ist braungrün. Das dritte Fühlerglied ist wie bei den vorhergehenden Arten herzförmig, dreieckig, ziemlich spitz. Die Brust lässt bei gewissem Licht bräunliche Striemen erkennen, und ist abgesehen von den grossen Borsten kahl. Die Beine sind immer noch lang genug, aber doch kürzer als bei den drei vorhergehenden Arten; die Hüften atlasgrau; die Mittelschienen haben wenige, entfernte Dornen; die Hintertarsen haben das erste Glied nur halb so lang als die folgenden vier Glieder zusammengenommen. Die Vordertarsen sind schlank. Die Copulationsorgane sind nicht sichtbar, so wenig wie bei *D. horticola*.

6. *D. concolor* Ph. D. omnino obscure aeneo-viridis; antennis, tibiis tarsisque nigris. Long. 1½ lin.

Prope Santiago cepi, nec non in prov. Valdivia.

Ein Männchen. Die Augen sind behaart. Das Gesicht zwischen denselben ist schmal, silberweiss; die Stirn ist schwarz. Das dritte Fühlerglied ist wie bei der vorigen Art gestaltet, die Borste ist bald über dem Ursprung geknickt und wohl zweigliedrig. Die Brust ist sehr dicht mit Borsten besetzt, und auch der Hinterleib ist borstig zu nennen, wenn gleich die Borsten weit kürzer sind. Die Seiten der Brust und die Hüften sind dunkelgrau. Die Beine sind kurz wie bei *D. bipunctatus, unguilatus etc.*, und die Hinterschienen, wie bei diesen Arten, stark bedornt; die Tarsen der Vorderbeine sind nicht verdickt. Die Copulationsorgane sind fadenförmig.

7. *D.*? *flavifrons* Ph. D.? fronte lata, flava; antennis basi flavis, apice nigris; thorace nigro utrinque flavo-vittato; abdomine nigro; pedibus flavis, brevibus, tarsis nigricantibus. Long. 1⅓ lin.

In prov. Valdivia 1859 cepi.

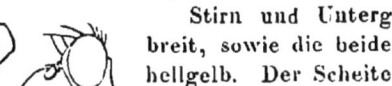

Stirn und Untergesicht sind auffallend breit, sowie die beiden ersten Fühlerglieder hellgelb. Der Scheitel zwischen den Punktaugen braun, wie gewöhnlich mit ein paar Borsten besetzt. Die Augen sind kahl, kleiner als gewöhnlich, so dass ein guter Theil des Kopfes unterhalb derselben sichtbar ist. Das dritte Fühlerglied ist eiförmig, nicht dreieckig-herzförmig, die flaumhaarige Borste entspringt in halber Höhe. Die hell-

99 *

gelben Striemen an den Seiten der Brust reichen von vorn bis zum Ursprung der Fühler. Die Beine sind für eine Dolichopide auffallend kurz;
die Hinterschenkel reichen etwa bis $\frac{3}{5}$ des Hinterleibes; die Schienen
sind so lang als die Schenkel ohne Borsten; das erste Tarsenglied nimmt
nicht viel mehr als den dritten Theil der Tarsen ein, und ist an den
Vorderbeinen nicht verdickt. Die Klauen sind im Verhältniss gross. —
Diese Abweichungen von der bei *Dolichopus* gewöhnlichen Bildung recht-
fertigen vielleicht die Aufstellung eines eigenen Genus, welches man
wegen der kleinen Augen *Micromma* nennen könnte.

8. *D. exilis* Ph. D. omnino aeneus; facie, fronte et thorace
saepius chalybeis; antennis, tibiis tarsisque nigris. Long. vix 1 lin.

In horto quodam Santiagino Novembri 1858 cepi.

Auch das schmale Untergesicht der Männchen ist wie die Stirn
prachtvoll stahlblau oder broncegrün. Die Fühler haben die gewöhnliche
Gestalt. Die Augen sind kahl. Der Scheitel scheint borstenlos, und
auch der Rücken der Brust und des Hinterleibes sind im Verhältniss
schwächer behaart als bei den meisten Arten. Die Beine sind ziemlich
lang und kräftig, und die Schienen borstig bedornt. Die Schwinger sind,
wie gewöhnlich, gelb.

9. *D.? longipes* Ph. D. viridi-aeneus; pedibus longissimis, tibiis
tarsisque anteriorum pallide fuscis, posticorum tibiis multisetosis tarsisque
nigris. Long. 2 lin.

Prope Corral Martio 1859 ♂ cepi.

Die Augen sind behaart, rothbraun und stossen unten zusammen;
unterhalb der Fühler bleibt ein schmaler silbergrauer Raum frei. Der
Scheitel ist grau, aber broncegrün schimmernd, und die Stirnseiten mit
Borsten besetzt. Die Fühler sind braun oder schwarz, so lang als der
Kopf, das dritte Glied in Gestalt eines verlängerten Dreieckes, mit einem
Absatz im ersten Drittel der Länge, von welchem die Borste entspringt.
Diese ist fast so lang als die Brust, zweigliedrig, das erste Glied kurz,
so dass es bei Weitem nicht die Spitze des Fühlergliedes erreicht, das
zweite Glied ist besonders gegen die Spitze hin behaart. Die Brust ist
broncegrün, mit drei braunen Striemen, und mit einzelnen, langen,
schwarzen Borsten besetzt, sonst kahl. Der Hinterleib ist schlank. Alle
Beine sind auffallend schlank und dünn; die Hinterschenkel erreichen
beinahe das Ende des Hinterleibes, ihre Schienen sind ein klein wenig
länger als die Schenkel, weit dicker als die vorderen Schienen, auf der
hinteren Seite mit ziemlich langen, zahlreichen Borsten besetzt. Auch die
Tarsen sind bedeutend dicker als an den vorderen Beinen, und ihr erstes
Glied fast so lang als die folgenden vier zusammengenommen. Diess
Verhältniss findet auch an den vorderen Beinen statt, an denen kein
Glied verdickt ist. Die Schwinger sind weiss, die Analader hinter der

Querader etwas gekrümmt, mit der Convexität nach innen oder hinten gerichtet.

10. *D. inornatus* Ph. capite thoraceque cinereo-fuscis; abdomine vivae testaceo, mortuae rufo, incisuris nigris, subtus pallido; pedibus testaceis; alis infuscatis. Long. 1⅔ lin.

Valdiviae Aprili 1859 ♀ cepi.

Die Fühler sind schwarzbraun, die Schwinger im Leben beinahe weisslich, jetzt blassbraun. Keine Spur von metallischem Schimmer.

11. *D. punctiger* Ph. D. corpore cinereo, supra aeneo-micante; alis infuscatis, metallice iridescentibus; pedibus fusco-testaceis; femoribus posticis viridi-aeneis. Long. 1⅔ lin.

Valdiviae, cum priore legi.

Beim lebenden Thier sind die Augen prachtvoll broncegrün, das Gesicht grau, die Fühler schwarz. Der Hinterkopf trägt weisse Haare. Die Schwinger sind gelb. Der Hinterleib ist dunkler, trägt auliegende schwarze Härchen, die Brust wie gewöhnlich einzelne, aufgerichtete Borsten. Die Rückenplatten des Hinterleibes zeigen an jeder Seite etwas oberhalb des Randes eine Reihe von vier schwarzen Punkten, die beim lebenden Thier sehr auffallen, bei dem eingeschrumpften Hinterleib des todten aber nur mit Mühe zu sehen sind. Die Brust zeigt oben drei schmale braune Striemen.

12. *D. collinus* Ph. D. corpore cinereo, absque nitore aeneo; alis vix infuscatis, pedibus omnibus pallide testaceis. Long. 1⅓ lin.

In colli S. Cristoval dicto cepi.

Kürzer und gedrungener als die vorige Art, ohne allen Metallglanz; die Flügel heller, im Verhältniss kürzer und breiter.

Bei allen diesen Arten ist das dritte Fühlerglied nicht kreisrund, sondern in eine stumpfe Spitze vorgezogen, und die Behaarung der Borste nur bei starker Vergrösserung sichtbar.

Hydatostega[1]) Ph.

Oculi pilosi, in ♀ satis distantes. Labrum linea transversali elevata distinctum. Antennae supra mediam altitudinem capitis insertae, triarticulatae; articulus tertius ovatus, paulo infra apicem stylum crassum, triarticulatum, articulum tertium bis aequans gerens; articulus primus styli satis longus, secundus major, tertius setula tenuis. Alae ut in genere Dolichopode, i. e. nervus externo medius paullulum incurvatus. Pedes antici raptatorii, femora satis incrassata, subtus serie duplici setarum armata, tibiae inflexae serie spinularum confertarum apice

---

[1]) ὑδατοστεγής wasserdicht.

majorum intus armatae; tarsi et reliqui pedes normales, femora poste-
riora tenuia, serie duplici setarum distantium sicut tibiae armata.

Hydatostega poliogastra Ph. H. supra pulchre aenea, subtus
cinerea; coxis, femoribusque anticis cinereis, pedibus caeterum fuscis.
Long. 2¼ lin.

In urbe Santiago ♀ cepi.

Ich fand in einem Garten auf einem Wasserreservoir wohl ein
Dutzend umherlaufen, wie die *Hydrometra*, konnte aber nur eine erhaschen. Die Augen sind im Leben grün, nach dem Tode dunkelbraun;
das Gesicht ist silberweis, bei gewissem Licht mit schwarzer Querbinde
über der Oberlippe. Der Scheitel ist schwarzbraun, mit den gewöhnlichen Borsten; auch Gesicht, Hinterkopf und Unterkopf sind mit
Borsten besetzt. Die Brust ist graubraun, aber stark goldgrün glänzend,
mit drei dunkleren, wenig in die Augen fallenden Binden; sie trägt nicht
die gewöhnlichen langen Borsten, sondern nur dichte mässig lange
Härchen. Der Rand des Schildchens aber trägt aufgerichtete, schwarze
Borsten. Auch der Hinterleib ist kurzhaarig; die Seitentheile der
Rückenplatten sind grau und zeigen eine Längsreihe schwarzer Punkte.
Die Flügel sind wasserhell mit schwarzen Adern; die Schwinger, wie
gewöhnlich, weiss.

Ich füge hier noch die Beschreibung einer höchst merkwürdigen
Tipulacee bei, welche im März d. J. bei los Ulmos in der Prov. Valdivia
in einem männlichen Exemplare gefangen worden war. Los Ulmos ist
eine Gegend in der Mitte des Küstengebirges, welches hier ziemlich
niedrig ist, etwa 800 bis 1000 Fuss über dem Meeresspiegel, und ziemlich
in der Mitte zwischen den Städtchen Valdivia und la Union liegt, wo
einige deutsche Kolonisten mitten im Urwald angesiedelt sind, den sie
schon fleissig gelichtet haben. Da diese Schnacke besonders wegen ihres
langen dünnen Halses (eigentlich Prothorax) sehr abenteuerlich aussieht, so nenne ich die neue Gattung, zu welcher sie den Anlass bietet,
nach diesem Merkmale und lasse nun die Beschreibung folgen:

Tanyderus Ph. [1]).

Der Kopf ist klein und wird fast ganz (beim ♂ wenigstens) von
den Augen gebildet. Der mässig gewölbte Scheitel ist klein, ohne Neben-
augen. Die Fühler sind mässig lang, etwa so lang als Mittel- und
Hinterbrust zusammengenommen. ziemlich stark behaart, und bestehen
aus wenigstens 25 Gliedern, von denen die letzteren schwer zu unter-

---

[1]) Nach Analogie von ταννπλόκαμος, τανύῤῥιζος u. s. w., von δέρη
Hals und τανύω ausdehnen.

scheiden sind; das erste ist dick und walzenförmig, das zweite kaum halb so lang, beinahe kugelförmig, die folgenden ziemlich walzenförmig. Der Rüssel ist so lang als der übrige Theil des Kopfes, und die Unterlippe deutlich abgesetzt. Die Taster sind viergliedrig, das erste Glied wenig kürzer, das vierte wenig länger als das zweite oder dritte. Der Prothorax ist etwas abwärts geneigt, lang, dünn, cylindrisch, nebst dem vordersten Stück des Mesothorax so lang als der Rest der Brust, welche nichts Auffallendes zeigt. Dasselbe gilt vom Hinterleib, der beim Männchen mit zwei Fäden endigt. Die Flügel zeigen zwei kurze Basilarzellen, von denen die vordere höchstens zwei Fünftel der Flügellänge erreicht, während die hintere noch kürzer ist. Desto länger ist die Discoidalzelle. Die Marginalzelle ist sehr lang, aber nicht durch eine Querader in zwei getheilt. Es sind zwei Submarginalzellen vorhanden, von denen die erste lang gestielt ist. Es sind sechs hintere Zellen da, von denen die erste durch eine Querader etwa in drei Fünfteln ihrer Länge noch in zwei getheilt ist; keine derselben ist gestielt, die dritte und die vierte sind sehr kurz. Es ist keine Axillarader vorhanden. Auch die Gestalt der Flügel ist sehr sonderbar; der Hinterrand zeigt an seiner Basis einen sehr auffallenden spitzen Winkel, wie bei den Libellulinen, und kurz vor der Spitze ist dieser Rand schwach ausgebuchtet. Die Ränder und die Adern der Flügel sind mit kurzen, schwachen Härchen besetzt. Die Beine haben nichts Besonderes; sie sind lang und schlank; die mittleren Schienen sind kürzer als die hinteren, ja sogar als die vorderen; die vorderen Tarsen sind die längsten, die hinteren sind unbedeutend kürzer als die mittleren.

Diess neue Genus erinnert zwar an *Polymera* W. durch die grosse Zahl der Fühlerglieder, weicht aber wesentlich nicht nur durch die höchst auffallende Halsbildung, sondern auch durch das Geäder der Flügel ab. Die Art nenne ich

Tanyderus pictus.

Die Körperlänge beträgt 12 Linien, die Flügelspannung 26 Linien. Der Kopf ist ganz schwarz, nur die Fühler sind blassgelb bis auf die zwei ersten Glieder, welche ebenfalls schwarz sind. Die lange, dünne halsartige Vorderbrust ist auch schwarz und zeigt oben in der vordern Hälfte eine rinnenartige Vertiefung, welche mit einer erhabenen Längslinie durchzogen ist, die sich bis zum hinteren Rande fortsetzt. Das vorderste Stück der Mittelbrust ist gelb mit einem schwarzen Fleck in der Mitte; der übrige Theil des Mittelbrustrückens ist grösstentheils schwarz, an der Seite vor den Flügeln ist ein gelber Fleck, und der Raum vor dem Schildchen ist ebenfalls gelb; die Brustseiten selbst sind gelb mit schwarzen Flecken. Die Hinterbrust ist gelblich mit vier schwarzen Flecken am Hinterrand. Die Ringe des Hinterleibes sind gelb mit

schwarzem Hinterrand und schwarzen Längsflecken, von denen auf de
Rücken je vier in zwei Reihen stehen. Die Flügel haben gelbe Ader
und eine gelbliche Flügelhaut, namentlich in der Mitte, und zeigen ver
ästelte, gelbe, schwarzgesäumte Querbinden, mit kleinen, weisser
schwarzgesäumten Augenflecken darin, welche diese Art zu einer de
schönsten Tipulaceen machen. Die Beine sind gelblich mit schwarze
Hüften, und einen schwärzlichen Ring oberhalb und unterhalb des Kniees
sie sind ziemlich stark behaart. Die Schwingkolben sind schwarz m
hellem Stiel.

Die Abbildung stellt unsere Art in natürlicher Grösse vor. a. zei
Brust und Kopf von der Seite in natürlicher Grösse; b. ist der Ko
von der Seite gesehen und schwach vergrössert; c. zeigt den Aderverla
der Flügel.

Verzeichniss der Abbildungen.

d.k.k. zool. bot. Ges
Bd. XV 1865.

Tab. XXIII.

Dr. R.A Philippi
Neue chilenische Dipteren

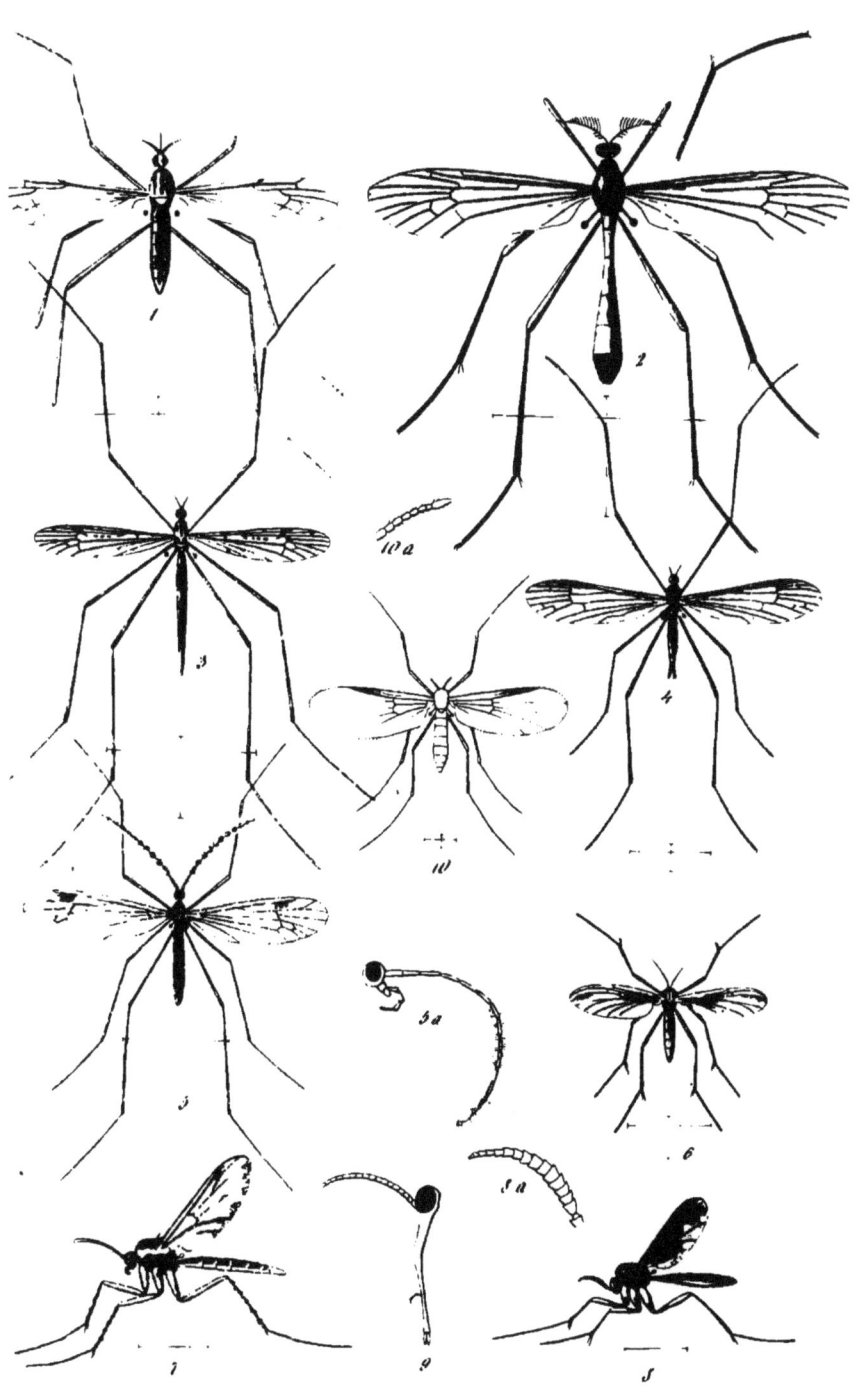

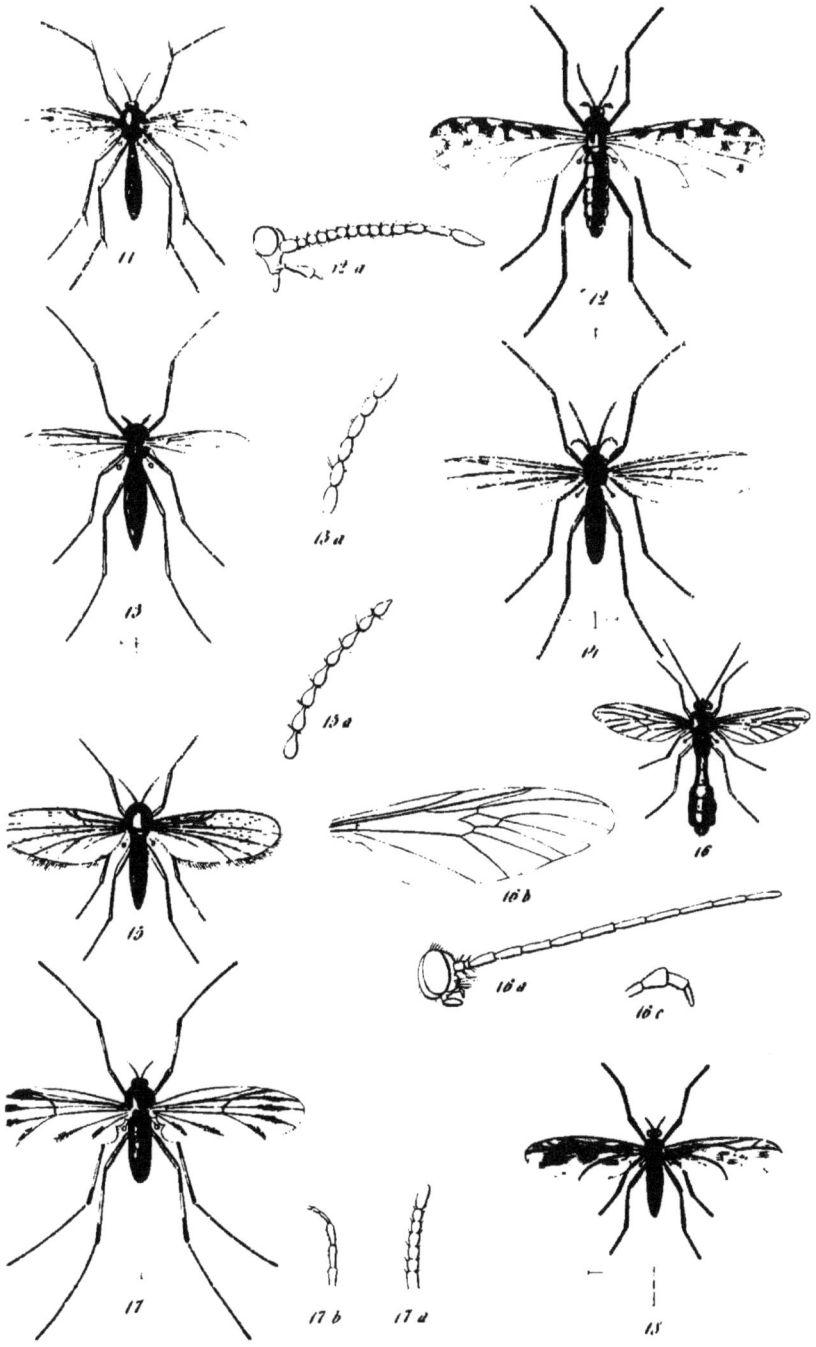

Verh. d. k.k. zool. bot. Ges
Bd. XV. 1865

Tab. XXV.

D.R.A.Philippi.
Neue chilenische Dipteren

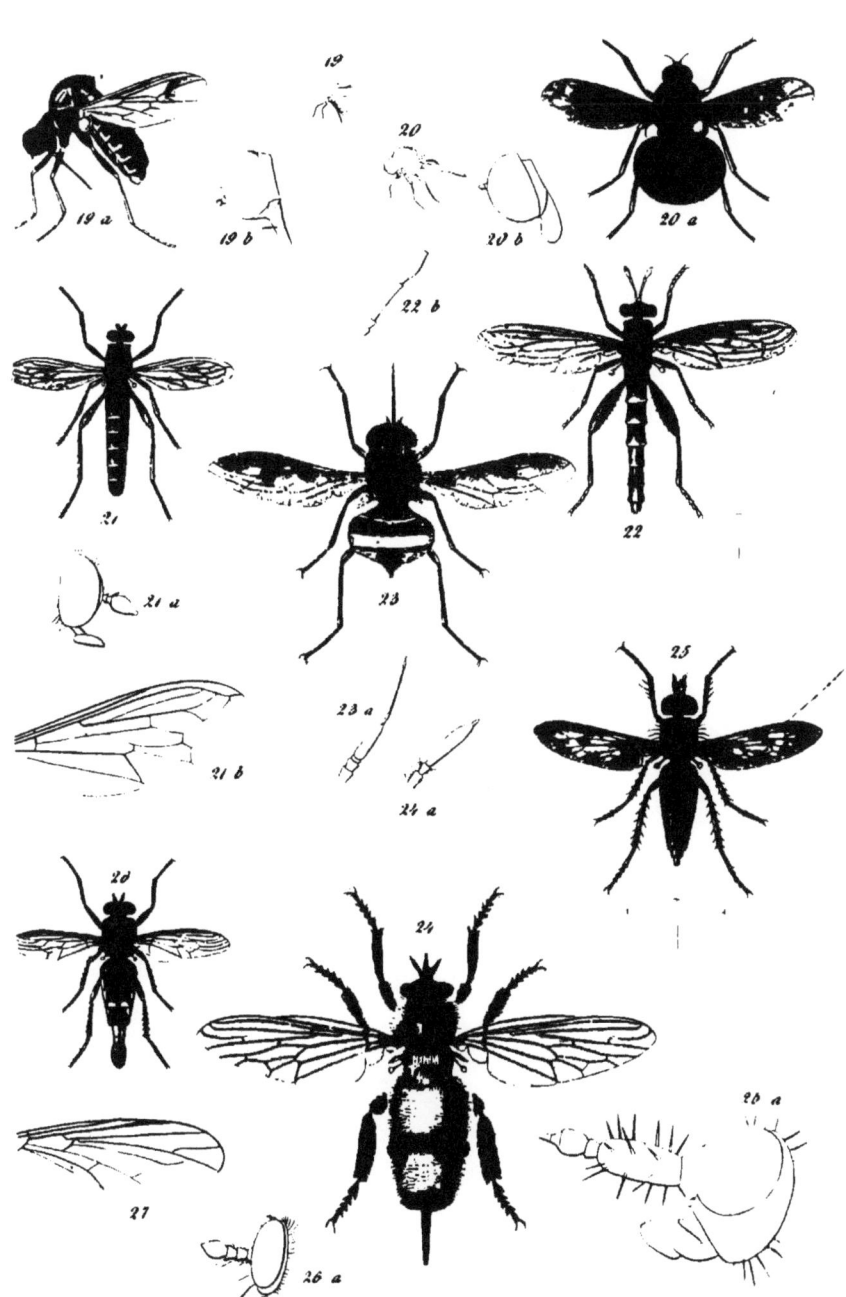

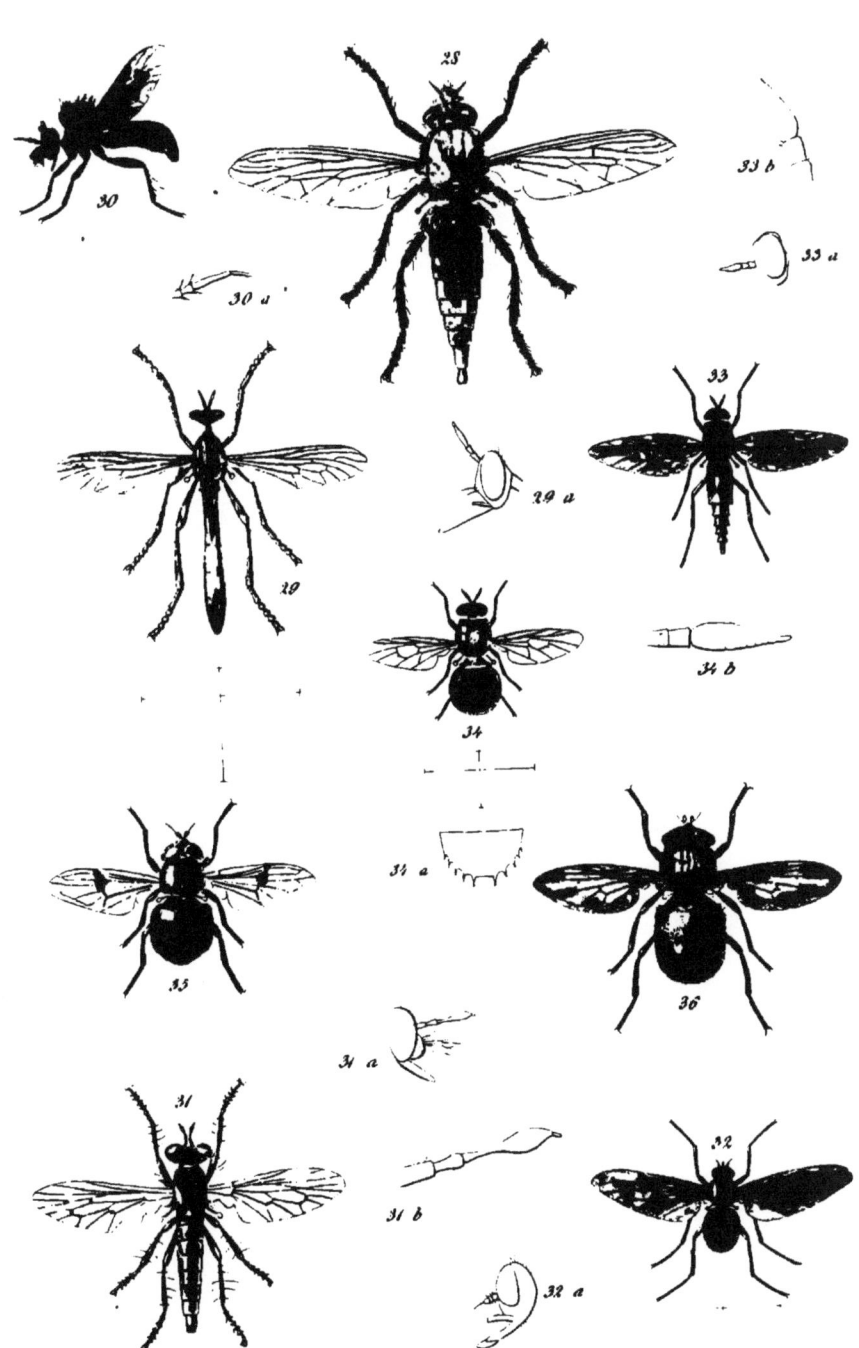

37

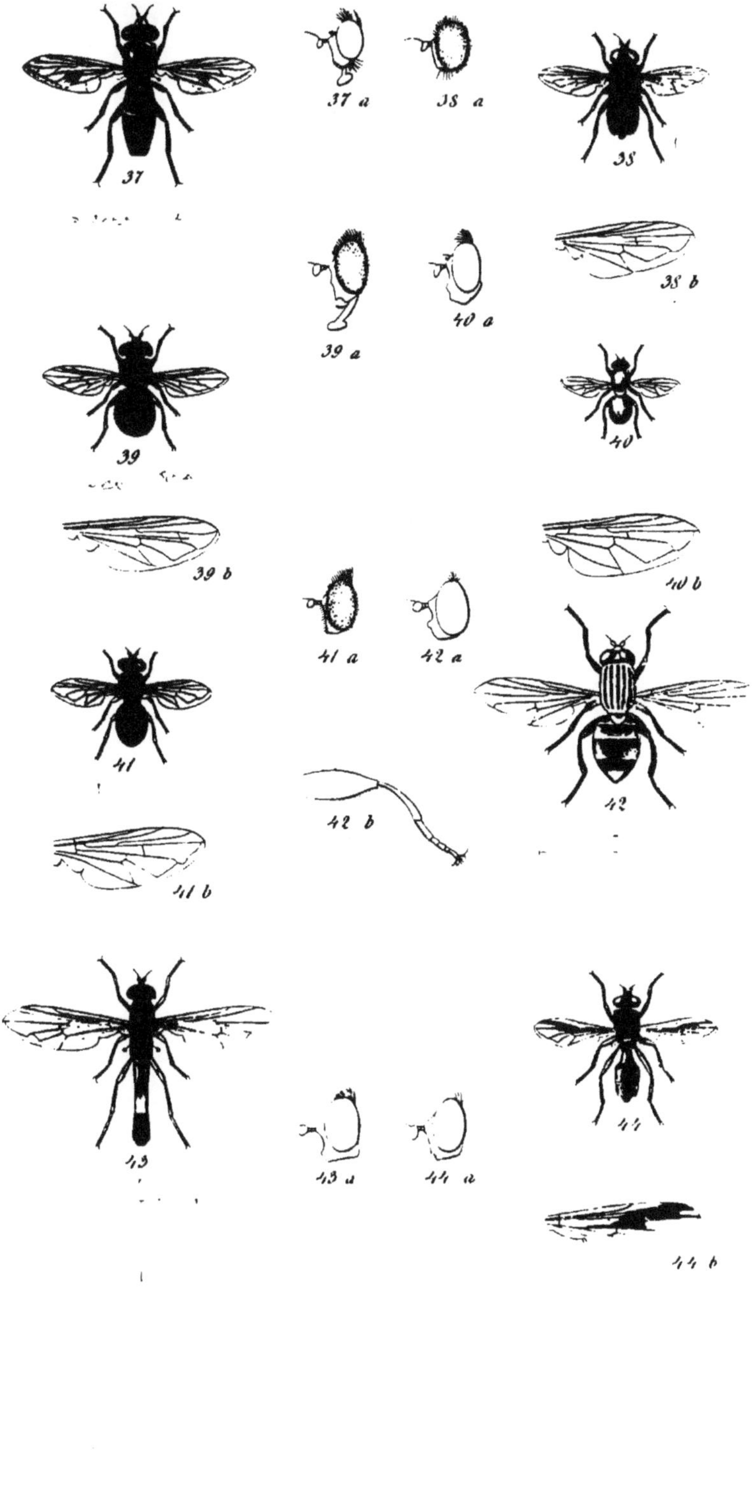

37 a   38 a

38

39 a   40 a   38 b

39

40

39 b   40 b

41 a   42 a

41   42

41 b   42 b

43   43 a   44 a   44

44 b

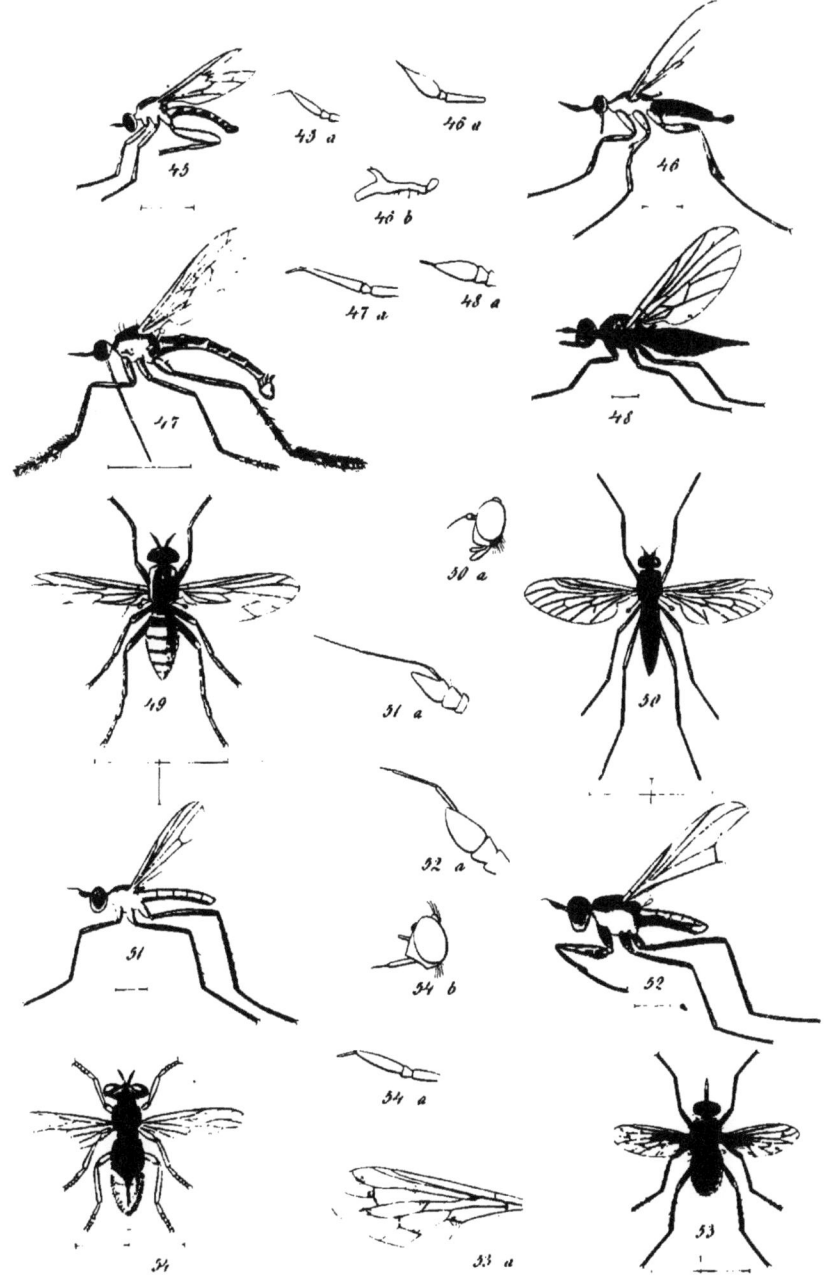

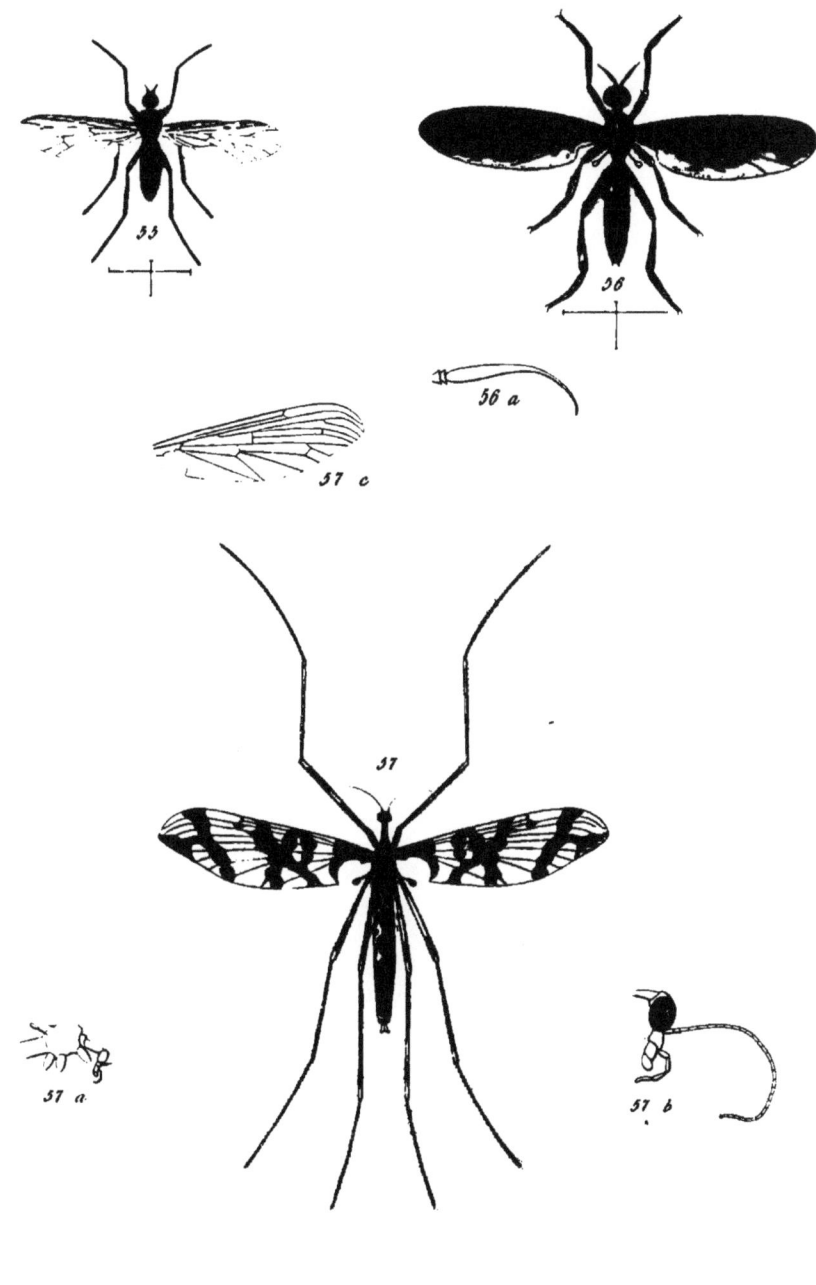

55

56

56 a

57 c

57

57 a

57 b

Philippi del   *Ged b A Peyertug Stadt Maria Stiege*   *Sonnenleithner sculps*

INDEX